# DER WEG NACH LUV

Gesamtgestaltung: Eugen Kunz
Titelfoto: Alte Ölmühle bei Lemgo-Brake
(W. Meier, ZEFA, Düsseldorf)
Druck: Dönges-Druck KG, 6340 Dillenburg

# Der Weg nach Luv

*Alte Erzählungen – neu entdeckt*

Band IX

1986

Christliche Schriftenverbreitung
Postfach 10 01 53
5609 Hückeswagen

,Luv' ist in der Seemannssprache die Seite eines Schiffes, die dem Wind zugekehrt ist.

,Lee' ist die Seite, die vom Wind abgekehrt ist.

Der Kapitän eines Segelschiffes achtet auf See nicht nur auf den Kompaß, sondern orientiert sich beim Steuern grundsätzlich auch nach der Windrichtung, nach der ständig gegenwärtigen Linie von Luv nach Lee, die immer den Drehpunkt seines Schiffes schneidet.

Luv ist oben, Lee ist unten.

Den Weg nach Luv — gegen den Wind — muß man sich erkämpfen, nach Lee kommt man von selbst, treibt man, versackt man. Also ist Luv das Mühsame, Zeitraubende — zugleich aber das Bessere, Sicherere. Lee dagegen ist das Zweitrangige, Mindere — auch das Gefährlichere.

„. . . damit ihr prüfen möget, was das Vorzüglichere sei . . ."

(Philipper 1, 10)

# Inhalt:

# Schiffbruch

Strahlend blau wölbte sich der Himmel über Rügens schneeweißen Kreidefelsen. Durch die leise plätschernden Wellen zogen majestätische Dampfer mit lustig flatternden Fähnchen. Helle Kinderstimmen tönten hinauf zu den alten Buchen. Wie herrlich war es, über Steine zu hüpfen, zwischen denen die sanften Wellen Verstecken spielten, manchmal ein blankes Füßchen beleckend wie in plötzlichem Mutwillen, und dann weiter rauschend in gleichmäßigem Takt, als sei nichts geschehen. Bunte Kleider schimmerten überall hervor: zwischen den Buchen am Strand, aus den kleinen Segelbooten und von den Balkonen der Villen und Gasthäuser. Mit einigem Nachdenken sahen die Einheimischen diesem bunten Treiben zu. Sie liebten die Stille und den Kautabak, ihre kurzen Pfeifen, einen tüchtigen Sturm und einen wärmenden Trank. Sie hätten besser in die alten Zeiten gepaßt, wo man den Dänen und den Schweden zeigte, was eine tüchtige Faust war, wo die Piratenschlucht Schätze barg, die nur harter Mannesmut zu erwerben vermochte. Aber das half nun einmal nichts, die alten Zeiten waren vorüber, und vom Fischfang allein konnte man auf Rügen nicht leben. Doch wenn die Herbststürme über die Insel heulten, dann zählten die Rügener ihre Einnahmen, machten es sich mit Weib und Kind recht behaglich in den leergewordenen Zimmern und freuten sich der Ruhe.

Sie waren kernige Gestalten, die braven Fischer, und die kleinen Buben standen schon ebenso breit und gewichtig da wie ihre Väter, die Mädchen so sauber, ehrbar und mit ein wenig sorgendem Ausdruck in den frischen Gesichtern wie ihre Mütter. Treu und rechtschaffen waren sie und hatten sich ihre eigenen Gesetze gemacht, die vielleicht nicht unbedingt den Geboten Gottes entsprachen, aber den Bewohnern der Insel doch allen göttlichen und menschlichen Ansprüchen genügend erschienen. Sie hatten auch ein Kirchlein, das lag höher als alle anderen Häuser. Nicht oft, aber doch hin und wieder pilgerten sie da hinauf und ließen ihre Stimmen an die Kirchwände und des Predigers Stimme an ihre Herzenswände schallen, und dann hatten sie einen Gottesdienst gehabt, der für längere Zeit reichte. Daß der alte, ehrwürdige Prediger den Heiland Jesum Christum predigte, das war gewiß sehr gut für die Feriengäste, die vielen Fremden – ihnen, den braven Einheimischen, half es ungefähr geradeso viel oder so wenig, wie es ihnen half, daß sie einen berühmten Badearzt hatten, der seine Sache praktisch verstand und für all die mageren, bleichen Stadtkinder gewiß ein großer Trost war. Sie brauchten ihn nicht – wozu? – sie waren ja ohne ihn braun, kräftig und gesund. Und wenn ihnen gesagt wurde, was der Herr Jesus Christus für die Sünde der Welt getan hat, dann verneigten sie sich bei Seinem heiligen Namen, aber sie wußten sich in ihrer ganzen Verwandtschaft auf keinen besonders großen Sünder zu besinnen.

Vor Jahren einmal – da hatte einer unter ihnen gelebt, der hatte über den christlichen Glauben so seine eigenen Gedanken gehabt. Er hatte diese Gedanken schön ausdeuten können. Wenn er aus der Bibel vorlas, dann mußten sie sich immer wundern, daß dieser Malte Ethé einer der Ihren war, ein echtes Kind der Insel. Wo kam ihm das nur alles her?

Nun, durch einen kleinen christlichen Traktat war er zum Glauben gekommen, als junger Ehemann, und von da an hatte er von seinem Heiland gezeugt. Wenn er dann so geredet hatte über Sünde und Gnade, dann konnte es einem da drinnen im Herzen ganz sonderbar werden – der alte Clas Ralfsen hatte einmal gesagt: „. . . als wenn der Malte mir alle meine Ballaststeine geradewegs ins Herz hineingepackt hätte." Und wenn einer fragte: „Wenn das so ist, wer kann d a n n selig werden?", dann hatte Maltes Gesicht gestrahlt, und er hatte erst recht vom Herrn Jesus geredet, daß die Frauen ergriffen waren und die Männer ihre Pfeifen ausgehen ließen, weil etwas in ihnen zu reden anfing: „Der Malte hat recht!"

Damals war es für den Prediger eine gute Zeit gewesen. Er merkte den Einfluß des Malte am fleißigen Kommen zum Hören des Wortes Gottes.

Doch dann – dann war das Schreckliche geschehen.

Es war ein sehr schöner Sommertag gewesen. Eine frische Brise ließ die Wellen lustig springen, und das Wasser glitzerte hell im Sonnenschein. Die Schiffer saßen am Ufer; einige wuschen ihre Netze, andere sahen auf die schaukelnden Boote oder starrten hinaus in die weite Ferne.

„Sieh mal, Jentsch", sagte plötzlich der alte Ohlerich und zeigte mit dem Daumen nach dem Süden, „is dat en Schipp?"

Jentsch schwieg und sah hin. Dann stand er auf, steckte die Hände in die Hosentaschen und ging schwerfällig ein Stück näher ans Wasser heran. „Rook seh ick, weeder nicks", sagte er unruhig.

Schweigend starrten beide auf die kleine Rauchsäule. Plötzlich schlug aus der schwarzen Wolke eine rote Lohe.

„Gott stah uns bi! Jung – dat brennt!" Ohlerichs Stimme schwoll in wachsender Erregung. „Dat is'n Unglück – dat is'n Schippsbrand! Dat Boot kloar! Roop de annern! – wie hew keen Tied!"

Nein, da war keine Zeit zu verlieren. Unheimlich zuckte der rote Feuerschein übers Wasser. Die Schiffer waren schnell im Boot, sie ruderten mit Macht, aber würden sie nicht zu spät kommen?

Pfeilschnell schoß der Feuerball ihnen entgegen. Die da drinnen im Schiff hatten den Kessel mächtig geheizt, sie wußten ja, daß sie um ihr Leben fuhren. Am Steuer des brennenden Schiffes stand Malte Ethé. Der Wind trieb die Flammen gerade auf das Steuer zu. Die Passagiere drängten sich alle ans andere Ende des Schiffes, schreiend, weinend, betend.

Die Insel kam immer näher. Wenn doch nur einige Minuten noch das Schiff seinen Kurs behielte, sie näher ans Land brächte, dann hätten sie eine Chance . . . Malte Ethé wußte das. Seine Kleider begannen zu brennen, aber unentwegt stand er am Steuer.

Und so kam es, daß all die Menschen auf dem Schiff gerettet werden konnten.

Ja alle – nur einer nicht, einer der das Leben ließ für seine Brüder. –


Es ist dann viel Klagens und Weinens gewesen um den Malte Ethé. „Gott sei uns gnädig, es ist keiner von uns wie er!" So ging es damals von Mund zu Munde. Ja, damals! –


Sie vergaßen den Malte nicht; sie mußten die Geschichte immer wieder erzählen, und die dankbaren Geretteten hatten ihm auch ein Denkmal gesetzt, das stand den Schiffern immer vor Augen; aber daß sie sündige, heilsbedürftige Menschen waren, das vergaßen sie allmählich wieder; und daß Maltes Heiland ihr Herz bewegt hatte, das vergaßen sie auch. So war allmählich alles wie früher, nur daß Malte fehlte und niemand mehr Steine ins Herz gepackt bekam.

Sein Sohn wuchs unter ihnen auf, und obgleich er ein zartes Kind war, das seiner Mutter glich, so hatten sie ihn doch lieb. Sie nannten ihn „Unser Prinz", und jedermann war gut zu ihm. Er trug feine Kleidung wie die Stadtkinder, Matrosenröckchen mit blanken Knöpfen und himmelblauen oder weißen Kragen. Unter den Geretteten waren reiche, vornehme Leute gewesen, sogar ein Prinz – sie alle zeigten sich dankbar. Darum brauchte Frau Ethé sich nicht mit harter Arbeit zu quälen und konnte ihr Kind schön kleiden. Für sie war das vielleicht ein Glück, denn sie war eine zarte, kleine Frau. Aber war es auch ein Glück für das Kind?

Der kleine Malte war ein herziges Kind; er hatte die Augen seines Vaters, die so blau waren wie das Meer, wenn der Himmel sich darin spiegelt und die Sonne lacht. In Malte Ethés Augen hatte immer Sonnenschein gelacht. Das kam wohl, weil in seinem Herzen das große Licht brannte, das alle Menschen erleuchtet, die aufgestanden sind von ihrem Sündenschlaf und den Heiland Jesus Christus gesucht und gefunden haben. In des kleinen Maltes Augen lag oft eine fragende Traurigkeit, und daher kam es vielleicht, daß sich so manche Augen mit Tränen füllten, wenn der Kleine sie ansah, und mancher rauhe Seebär unwillkürlich die Stimme dämpfte, wenn das Kind bei ihm stand.

„Das kommt von seines Vaters Sterben. Das Entsetzen ist ihm im Herzen sitzen geblieben", sagte Kaven Doodt, die allgemein als die klügste Frau auf der Insel galt. Dann streichelte man ihn, und der kleine Malte hörte, daß niemals ein Schiffer aus ihm werden dürfe, dazu sei er zu zart und zu fromm. Ein Prediger müsse er werden, weil sein Vater doch solch ein frommer Mann gewesen sei.

Durch solche Reden kam es vielleicht, daß Malte das blonde Köpfchen schließlich recht hoch trug und in seinem kleinen Herzen dachte, daß es für alle Welt von gar großer Wichtigkeit sei, was aus ihm, dem Malte Ethé, einmal werden würde. Wenn er am Strand in der Sonne lag, dann konnte er stundenlang träumen und denken, und in all den Träumen war, bewußt oder unbewußt, er, Malte Ethé, der Held. Er blickte den weißen Möwen nach, wie sie hin- und herflogen, mit ihren Flügeln das Wasser berührten, daß es in silbernen Tröpfchen aufblitzte, und dann hoch und höher schwebten – ja, hoch und höher wollte auch er „fliegen" und gut und fromm sein, schneeweiß wie die Möwen, ein Kind des Himmels, über das Gott sich freuen und die Menschen sich wundern sollten. Wie sein Vater dagestanden hatte, mitten in den Flammen, ganz allein, so, ja so wollte auch er dastehen, ganz allein, anders als die anderen. War er nicht schon jetzt anders als alle anderen?

„Wer ist das Bübchen?" fragten die Badegäste, „es ist doch kein Seemannskind?" Und wenn sie dann die Geschichte seines Vaters gehört hatten, dann streichelten sie ihn, schenkten ihm Süßigkeiten und Spielsachen, und törichte Damen flüsterten etwas von „wunderbaren Augen".

„Mußt nicht so viel mit den anderen Jungen sein", sagte die Mutter, „sie sind wild und rauh, und das paßt nicht für dich."

Jeden Morgen las die Mutter mit Malte ein Kapitel aus Vaters Bibel, und dann knieten sie nieder und beteten. Sie waren vielleicht die einzigen auf der ganzen Insel, die beim Beten knieten. Die Mutter tat das, weil der Vater sie das so gelehrt hatte, nicht aus einem inneren Bedürfnis, nicht weil sie fühlte, daß das die einzige passende Stellung ist vor Dem, dem alle Knie sich beugen sollen. Es hatte in Frau Ethés Leben nie eine Stunde gegeben, in der sie selbst sehr klein und schuldbewußt geworden war. Der Heiland – ? Nun, Er war ihres Maltes Heiland gewesen und darum natürlich auch der ihrige. Warum Er ihren Malte nicht aus dem Feuer errettet hatte, wie damals die drei Männer aus dem Feuerofen, das war eine Frage, über die seufzte sie, sooft ihr Herz sie stellte. Ein Freund war ihr der Heiland nicht; Er hatte ihren Mann wohl selig und passend für den Himmel gemacht, aber ihn nicht für sie gerettet.

„Schweig still, Malte! Gott ist Gott und kann tun, was Er will!" So hatte sie ihrem kleinen Sohn geantwortet, als die stille Frage ihres Herzens plötzlich aus seinem Munde an ihr Ohr schlug. Und Malte schwieg und schlich sich hinaus auf den Friedhof, wo zwar des Vaters Leiche nicht ruhte, die war versunken. Auf dem Friedhof stand nur das Denkmal, das dankbare Liebe dem Vater gesetzt hatte. Hoch ragte das Kreuz von schwarzem Granit über all die Grabsteine, und hell leuchtete es darauf in großen Goldbuchstaben: „Dem treuen Schiffer Malte Ethé, der sein Leben ließ für seine Freunde."

An dieses schwarze Kreuz lehnte Malte der Kleine gern den Kopf, und sein Herz schwoll in Liebe und in unbändigem knabenhaftem Stolz auf den Vater, den er kaum gekannt hatte. Wo würde man i h m wohl sein Denkmal setzen?

Jeden Sonntag ging Frau Ethé mit ihrem Malte unter Gottes Wort, denn das hatte ja auch der Vater getan. Malte trug seinen besten Anzug und hielt wichtig Vaters Gesangbuch unter dem Arm. Er ging gern dorthin, was man von seiner Mutter nicht unbedingt behaupten konnte. Er liebte die Stille und achtete aufmerksam auf das, was geredet wurde.

„Mutter", sagte der Junge einmal, als sie von dort heimkamen, „warum sind die Menschen nicht alle wie wir und wie Vater war?" Frau Ethé wußte im Augenblick nicht, ob sie darüber schon einmal nachgedacht hatte, und darum schwieg sie. „Sie gehen nicht unter Gottes Wort wie wir, und sie beten auch nicht wie wir. Warum tun sie das nicht, Mutter?"

„Weil sie es nicht mögen", erklärte die Mutter, „sie sind rauh und gottlos." Sie dachte nicht viel bei dem, was sie sagte, denn wichtiger war ihr, daß sie morgen nach Stralsund fahren und sich ein neues Kleid und für Malte eine Mütze besorgen wollte. Als sie jetzt in ihres Kindes Augen blickte, die so fragend sie ansahen, da fügte sie erklärend hinzu: „Es hat immer mehr Gottlose gegeben als fromme Leute."

„Für die Gottlosen starb der Herr Jesus, nicht wahr, Mutter?"

„Ja, Junge."

„Waren das auch Gottlose, für die Vater starb?"

„Ich weiß nicht, Junge – ich kenne sie nicht. Aber sie haben sich dankbar gezeigt, und das war schön von ihnen."

Malte schwieg. Nach einer Pause fing er wieder an: „Aber das mußten sie doch, Mutter?"

„Was, Malte?"

„Wenn Vater doch starb und sie deswegen nicht gestorben sind, dann muß das doch so sein, daß sie uns Geld geben und daß sie ihm das Denkmal gemacht haben! Sonst könnte das ja nicht jeder lesen, daß Vater für sie starb, wenn sie kein Denkmal machten."

„Ja, Malte."

„Wenn einer für mich stirbt, dann muß ich auch Geld geben und ein Denkmal machen, ja, Mutter?"

„Man muß immer dankbar sein", sagte Frau Ethé kurz und schritt dann rascher vorwärts. Es ward ihr plötzlich so heiß im Herzen. In ihrem Zimmer hing ein kleiner Wandspruch, den hatte ihr Mann ihr einmal geschenkt. Sie erinnerte sich in diesem Augenblick deutlich, daß Malte ihn öfters las. „Das tatst Du für mich – was tue ich für Dich?" hatte sie ihn einmal flüstern hören. Ihr Malte war kein Gottloser gewesen, nein, wahrhaftig nicht. Oft hatte er von sich als von einem Sünder gesprochen, und was ihr kleiner Malte sie heute gefragt hatte, das war ihres großen Malte Trost gewesen, den er sich und anderen aus der Bibel herauslas: daß Jesus Christus für Gottlose gestorben ist. Für Gottlose – nun ja – s i e war jedenfalls nicht gottlos! Warum aber schrie ihr Herz und Gewissen in diesem Augenblick so weh und wund? Fehlte ihr doch etwas? – etwas sehr Wichtiges? – gar das Wichtigste?

„Bubi", sagte sie an jenem Abend und packte fest des Jungen Hand, „hast du auch den Heiland lieb?"

„Ja, Mutter, den Heiland und die Englein und den Himmel, wenn er so blau ist und so rein, und die weißen Möwen, die sind auch rein und schön, nicht wahr, Mutter?"

Die Mutter nickte und küßte ihn. „Mein gutes Kind, Gott segne dich!"

Da freute der Junge sich und lachte sie an. Er wollte ja nicht wild sein wie die anderen Buben . . .

Ach, erkannte die Mutter nicht, daß der große Widersacher Gottes am Werk war? Die Geringschätzung, mit der Malte die „bösen Buben" ansah, die war ein guter Nährboden für all den Hochmutssamen, den Frau Ethés Ehrgeiz und tote Frömmigkeit auf diesen Boden aussäten. Der braven Fischer ehrfürchtiges Verhalten aber war die Sonne, die das Ganze wachsen machte. Niemand sah das, auch der Prediger nicht. Wie der Vater Malte die Freude seines alten Herzens gewesen war, so war es nun auch der Sohn. Er sah nichts an dem Jungen wie lauter Licht und las den offenen Himmel aus seinen Augen. Darum holte er ihn auch oft in seine Stube, setzte ihn zu sich und erzählte ihm von dem Heiland, der ihn segne und liebe, und von seinem Vater im Himmel, der auf ihn warte. Das hörte Malte gern. Er fand es auch ganz natürlich, daß der Heiland ihn lieb hatte, hatten ihn doch alle Menschen lieb – nur etliche böse Buben nicht, die schlecht und gottlos waren und es nicht gut sehen konnten, daß er fromm war und gut. –

Als Malte größer und ein Schuljunge geworden war, gefiel ihm das Leben nicht sonderlich, und der Lehrer sagte nicht immer: „Gut! gut!" Ja, er sah manchmal recht unzufrieden aus und faßte den kleinen Malte unsanft am Ohr. Dann lachten die anderen Jungen und freuten sich, daß es diesem Bürschlein auch einmal nicht besser ging als ihnen allen. Malte aber stand in solchen Augenblicken stolz da; er weinte nicht, er biß die Lippen fest aufeinander, und die blauen Augen sahen den Lehrer so traurig und vorwurfsvoll an, daß dieser den Blick nicht lange ertragen konnte, seine Hand sank sachte herab, und bei der nächsten Gelegenheit bekam Malte ein freundliches Kopfnicken. Dann fühlte Malte, daß dem Lehrer sein Mahnen leid tat, und sein Herz regte sich in großmütigem Verzeihen.

Malte wäre gern in der Schule Erster gewesen, und er gab sich auch Mühe. Mit hochroten Wangen saß er stundenlang zu Hause über seinen Arbeiten; aber es half nun einmal nichts – weder im Lesen, noch im Rechnen, Schreiben oder der Erdkunde konnte er sich unter den Klassenkameraden hervortun. Für Frau Ethé war das sehr enttäuschend, hatte sie doch geplant, daß Malte zumindest Lehrer werden müsse! An des Jungen Unbegabtheit scheiterten ja diese hohen, ehrgeizigen Pläne. Es gab mürrische Stunden, in denen Frau Ethé ihrem Sohn harte Dinge sagte. Warum nur, warum hatte der große Gott da oben, der alles Gute schafft, ihrem Sohn nicht mehr Lernverstand geschenkt? Das war wieder so ein Warum, das Frau Ethé oft bewegte, und wenn Malte sich ungelehrig zeigte, kam dieses Warum zum Vorschein und hinterließ allemal einen häßlichen Widerschein auf Frau Ethés Gesicht.

Malte hatte ein feines Empfinden für das, was Gott betrübt, nur seines eigenen Herzens wachsenden Hochmut, den spürte er nicht. Wie kam das nur? Ach, er wußte noch nichts von dem „Betrug der Sünde", vor dem das heilige Wort Gottes warnt, ebensowenig wie Frau Ethé jemals daran dachte, daß das Murren wider Gott eine Sünde ist, die dem Volk Israel das Land Kanaan verschloß.

Es gab unbehagliche Stunden, in denen es sich Frau Ethé schwer aufs Herz legte: „Was soll aus dem Jungen werden? Zum Seemann taugt er nicht, zum Lehrer auch nicht!" Dann bekam Malte die bittere Anklage zu hören, daß er ganz sicher ein Taugenichts und ein Nichtsnutz werden würde, wenn er sich weiter in der Schule so dumm anstelle, dummer als die dummen Schifferjungen. Das mochte Malte nicht hören, machte ein völlig gleichgültiges Gesicht, blickte dann die Mutter vorwurfsvoll an, ging still hinaus, legte sich weit abwärts an den Strand, wo kein Mensch ihn sah, und weinte. Es waren Tränen – nun, des Selbstmitleides. Niemand verstand ihn, selbst die eigene Mutter nicht! „Vater, Vater, warum hast du sterben müssen – für fremde Menschen! Komm doch zu deinem Malte, den niemand versteht!" Niemand sah seine Tränen, und aus dem Herzen dieses kleinen Jungen, der auf den Händen getragen wurde wie wenige Kinder, quoll es heraus heiß und bitter: „Mich hat niemand, niemand lieb!"

Zu Füßen eines mächtigen Kreidefelsens lag das kleine Menschenkind und kam sich mit seiner eigenen Person gar wichtig vor. Gern flüchtete er sich hier in seine Träumereien von Ansehen und Heldentum. Das wiederum war den Schulaufgaben gar nicht zuträglich. –

Der alte Lehrer war ein leidenschaftlicher Raucher, und die unehrerbietigen Jungen, die oft auf böse Streiche sannen, mochten nichts lieber tun, als ihm seine Pfeifenköpfe zu zertrümmern. Es war niemals gelungen, einen der Übeltäter zu fassen, denn die wußten sich immer behende aus dem Staub zu machen. Malte war der einzige, der sich an diesem Unfug nicht beteiligte, und der die Belustigung, die sich auch bei ihm regte, unter einer Miene stolzer Mißbilligung verbarg. Das reizte die andern gegen ihn, und Fritz Breunlich war der erste, der es vor einigen der Jungen auszusprechen wagte, daß er an Malte Ethé mal ordentlich Rache nehmen werde.

Als dieser eines Tages im Klassenzimmer war – er wollte in einer Freistunde noch ein wenig an einem Gedicht lernen –, da flog plötzlich durch das offene Fenster des Lehrers Pfeife herein und zerbarst genau vor des erschrockenen Maltes Füßen in Scherben. Sekunden später kam der Lehrer vor Zorn bebend aus dem Nachbarzimmer herein. „Hab ich dich endlich, du Schlingel, du?" schrie er, und ehe noch Malte ein Wort sagen konnte, hatte der Lehrer ihn gepackt und hieb mit seinem langen, dünnen Stock unbarmherzig auf ihn ein. Wenn die Jungen draußen erwartet hatten, Malte weinen und schreien zu hören, so irrten sie sich. Kein Laut kam über seine Lippen, und als der Lehrer ihn endlich losließ, sah Malte ihn stolz und ruhig an, daß es dem alten Mann ganz unbehaglich unter dem Blick der großen blauen Augen wurde. Einen Augenblick dachte Malte daran, seine Unschuld zu beteuern, aber da strömten die Schüler ins Klassenzimmer, und unter ihren teils lustigen, teils ängstlichen Blicken schloß sich Maltes Mund. „Die Feiglinge lügen ja doch", dachte er verächtlich, „und wenn der Lehrer mir dergleichen zutraut – meinetwegen, mag er's tun!" Er warf den Kopf zurück und setzte sich schweigend auf seinen Platz.

Im Herzen des Lehrers stiegen unterdessen bange Zweifel auf; er bereute seine Heftigkeit und fürchtete sich auch ein wenig vor Frau Ethé. Als der Unterricht zu Ende war, hielt er Malte zurück.

„Malte, wie konntest du das tun?"

„Ich habe es nicht getan."

„Aber du warst doch allein hier im Klassenzimmer . . .?"

„Ich habe Ihre Pfeife nicht angerührt."

„Malte", rief der Lehrer erregt, „wer hat es denn getan?"

Malte schüttelte den Kopf. „Ich bin kein Angeber, ich verrate niemanden!" – Das klang sehr stolz.

„Es tut mir leid, wenn du unschuldig bist", sagte der Lehrer mit unsicherer Stimme, „aber der Schein war gegen dich, du mußt das selbst zugeben, Malte."

Dieser sagte aber kein Wort mehr, und der Lehrer ging langsam fort. Er mußte an Maltes Vater denken, wie er mitten in den Flammen ausgehalten hatte. Er besann sich darauf, daß er diesem braven Mann, diesem Helden Gottes, manche schwere Stunde gemacht hatte. Des Schiffers geistliche Richtung war ihm nie lieb gewesen; in öffentlichen Versammlungen hatte er keine Gelegenheit ausgelassen, ihm zu widersprechen und ihn verächtlich zu machen, und nun –

nun hatte er Ethés Sohn geschlagen – und der war genau wie sein Vater! Warum schrie er nicht, wie andere schrien? Es steckte auch ein Held in ihm!

Von dem Tage an behandelte ihn der Lehrer mit Achtung und Sanftmut. Malte aber war nicht wenig stolz auf sich selbst. Die Schmerzen hatte er verbissen und der Mutter nichts gesagt; und als Fritz Breunlich ihn etwas verlegen fragte: „Malte, du Dummkopf, warum hast du dir das gefallen lassen, wenn du unschuldig bist?", da antwortete Malte: „Es ist besser, unschuldig zu leiden, als schuldig zu sein." Da wurde Fritz rot und ging schweigend davon.

Malte aber lag an jenem Tag lange am Strand, obwohl er eigentlich viele Schulaufgaben zu machen hatte. Er war so stolz, so stolz auf sich selbst! Gott der Herr im Himmel droben konnte sich freuen, daß es auf der Insel solch einen Malte Ethé gab. Und wenn er nun bald aus der Schule entlassen wurde . . .?

„Junge, was soll nur aus dir werden?" hatte gestern noch die Mutter geseufzt. Aber sie würde es schon noch sehen. „Ich werde es dem Vater gleichtun, vielleicht noch etwas Größeres – vielleicht . . ."

Der feierliche Tag der Schulentlassung war herangekommen. Tief bewegt stand der alte Prediger vor seinen Schülern. Manches ernste Wort ließ er sie hören. Malte Ethé war eines Hauptes länger als der größte unter seinen Kameraden, aber heute trug er das Haupt nicht hoch. Es gibt Gnadenstunden, die erweisen sich mächtig auch über stolze Herzen. Seine Augen wurden feucht, und eine Flut guter Vorsätze stürmte durch Kopf und Herz. „Gott widersteht den Hochmütigen, den Demütigen aber gibt er Gnade", das war das Wort, das ihm besonders zugerufen wurde.

„Den Demütigen Gnade!" Das wollte Malte gern auch für sich nehmen, obwohl er weder recht wußte, was Demut, noch was Gnade war. –

Malte hatte zum Beginn der Lehrzeit viele Geschenke bekommen, darunter sogar eine goldene Uhr, eine schön gebundene Bibel und eine größere Geldsumme. Die anderen Jungen sahen noch einmal mit Neid auf ihn; er aber wußte, daß dies die Schlußgabe war, das letzte, was dankbare Liebe für den Sohn des Vaters tun würde.

„Die Summe genügt, um ein Handwerk zu lernen", sagten gute Freunde. In Stralsund wohnte ein Schneider, der war ein gottesfürchtiger Mann und verstand sein Handwerk vorzüglich. Er hatte Maltes Vater gut gekannt und ab und zu dessen Zusammenkünften beigewohnt, – „. . . darum wird Schneider Rolaf den Jungen gern in die Lehre nehmen; er wird die Lehre nicht zu viel kosten lassen, Malte ins Haus nehmen und ihn nach Leib und Seele treu versorgen." So rieten gute Freunde.

Frau Ethé und ihr Sohn fühlten sich beide – nun, ein wenig gekränkt bei diesem Vorschlag. Sie sagten das beide nicht; Frau Ethé sagte vielmehr nur, daß sie den Rat noch recht bedenken müsse, damit sie klar erkenne, ob dies auch Gottes Wille sei. Der Prediger bedauerte, daß Maltes Mutter mit ihrer Zustimmung zögerte, und er fragte daher, ob Frau Ethé das Schneiderhandwerk nicht gut genug erachte und welche Pläne sie denn sonst für ihren Jungen habe. Da hatte Frau Ethé viel zu klagen über ihre Lage als Witwe, die nichts weniger sei als eine Kette von Enttäuschungen.

An jenem Abend mußte Malte noch einen Spaziergang machen mit dem Prediger. Er fühlte sich dadurch sehr geehrt und erfreut. Er mußte den treuen alten Freund seines Vaters bis an dessen Lieblingsplätzchen führen zu den hohen Steinen, unter denen das Wasser spielte, an die steilen, schneeweißen Kreidefelsen, zu deren Füßen die uralten Buchen rauschten. Da setzten die zwei sich hin zu einer ernsten Unterredung. Das Meer war so still, als hielte es den Atem an.

Malte hatte den Kopf gesenkt, und Tränen fielen auf seine Hände. Es war ihm selber ganz wunderbar, daß er sich dessen gar nicht schämte, er, der seine Tränen sonst mannhaft hinunterzwang. Noch vorher am Kaffeetisch seiner Mutter hatte er sich stolz, groß, selbstsicher gefühlt, und nun betrug er sich wie ein Kind; er weinte, weil er gescholten ward. Er versprach aber auch Demut lernen zu wollen. – Still gingen sie nebeneinander nach Hause.–


Frau Ethé war recht übler Laune, und ihr „Warum?" flog gleich einem vergifteten Pfeil immer wieder durch ihre Seele. Ihr Gesicht trug immer den selben mürrischen Ausdruck gekränkter Würde, ob sie am Herd hantierte, ob sie Maltes Sachen in Ordnung brachte oder sich zur Nachmittagsruhe in den großen Lehnstuhl setzte.

Malte fühlte sich erleichtert, als alles abgemacht war, Schneider Rolaf zustimmend geantwortet hatte und er mit Sack und Pack an der Seite der Mutter auf dem Bahnsteig stand.

„Geh mit Gott, mein Junge, und mach mir keinen Kummer. Sieh nun zu, daß du wenigstens ein tüchtiger Schneider wirst. Ach, ich hatte mir das alles anders vorgestellt, wünschte etwas anderes für dich . . ."

„Ja, ja", erwiderte Malte nachdenklich.

Da fuhr der Zug in den Bahnhof ein. „Auf Wiedersehen, Mutter, auf Wiedersehen!" –

Schneider Rolaf war ein kleiner, verwachsener Mann mit großem Kopf, einem runden, wohlwollenden Gesicht und klugen Augen. Er begrüßte Malte sehr herzlich; er drückte ihn sogar kurz an sich, was er sonst bei seinen Lehrlingen nicht tat. Dann sah Meister Rolaf ihn mit seinen klugen Augen prüfend an. „Du gleichst deinem Vater, was die Augen betrifft, sonst hast du deiner Mutter Gesicht. Hm, hm! Nun, wir werden ja sehen." Malte wurde rot unter den prüfenden Blicken, und dazu nickte Rolaf wohlgefällig. Er war noch aus der alten Schule, und deshalb nannte er die forschen Jungen, die alles zu können meinten, Grünschnäbel, und die nie rot wurden, die waren ihm verdächtig.

Er nickte also wohlgefällig und sagte dann: „So, nun iß und trink, mein Sohn, und dann komm her und zeig uns, was du kannst. Der da sitzt, das ist Fritz, – fängt gerade an, das Schneider-A-B-C zu können, aber es sitzt noch viel Wind in seinem Kopf, das macht wohl, weil er aus Berlin ist. Der da" – und er wies auf ein blasses Bubchen zu seiner Rechten, „ist Anton, mein eigener."

In diesem Augenblick steckte auch die Frau Meisterin den Kopf zur Tür herein. Sie hatte ein frisches, fröhliches Gesicht, und ihr „Willkommen, Junge!" klang herzlich.

Dies war nun Maltes neues Heim, und es hätte jedem vernünftigen Jungen wohl sein müssen in dieser Luft des Frohsinns und der Liebe. Aber das Unglück war, daß Malte weder ein solches Zuhause haben noch Schneider werden wollte. Sein Kopf war so voller Pläne und Vorstellungen wegen seiner Zukunft, daß die einfache Weisheit des alten Schneiders keinen rechten Raum mehr darin fand. Wenn sie abends allein miteinander waren, dann mußte Fritz dem Malte von Berlin erzählen. Fritz war ein lustiger Strick, und als er merkte, daß sein Kamerad „von nichts nich" wußte, da tat er zu allen

Berliner Herrlichkeiten noch viele hinzu. Er riet ihm, „mal hin zu machen" nach Berlin. „Wenn der Kaiser dir sehen duht, dann steckt er dir gleich mang in die Garde – oder wenn du bei's Wasser bleiben willst, dann kommst du zu die Marine, und da wird man schnell was Großes . . ."

Malte glaubte nun zwar dem Fritz nicht alles, aber vieles glaubte er ihm doch, und darüber wurde ihm das Schnei-dern immer verdrießlicher.

Schneider Rolaf beobachtete unterdessen seinen Lehrling schärfer, als dieser ahnte. Er hatte den Jungen gern, und darum war er oft recht betrübt. „Verzogenes Bürschchen! Lernt nichts – hat guten Verstand, aber schlechten Willen. Der Kopf sitzt ihm voller Wolkenkuckucksheime." So lautete das Zeugnis, das nach etlichen Wochen der Meister seinem Lehrling ausstellte. Der Prediger, der dieses Zeugnis in einem längeren Brief bekam, seufzte und sprach: „Wir alle hier haben es falsch gemacht, haben ihn mit falscher Liebe so groß werden lassen; nun mach Du es gut, unser Meister und Herr! Stelle Du Dich ihm in den Weg mit Deiner starken Heilandsliebe, daß er zu den Kleinen, den Demütigen gehö-ren möge, denen Du Gnade schenken kannst."

Ob der Malte etwas spüren würde von der Macht echter Für-bitte? –


Er saß am Hafen mit dem lustigen Fritz und starrte ins Was-ser. Der mürrische Mund paßte schlecht zu dem hübschen Gesicht und dem friedlichen Abend. Malte hatte Ärger ge-habt und aus diesem Ärger heraus erst auf den kleinen Schneider, seinen Lehrherren, und dann auf das Schneider-handwerk im allgemeinen gescholten. Sein Ärger aber war daher gekommen, daß die Nadel stets anders lief als er sie haben wollte, daß die Stiche so verschieden ausfielen, daß

Fritz und Anton stets früher fertig waren als er und der Meister ihm in aller Ruhe versichert hatte, er stelle sich dummer an als alle dummen Lehrjungen, die er bisher gehabt hätte, zusammengenommen. Weil Fritz dazu gelacht, fand Malte, daß es seine Ehre fordere, eine unziemliche Antwort zu geben. Der alte Rolaf aber fand, daß zu solcher Antwort eine Strafe passe, und diese brannte wenig auf Maltes Backe, aber wie Feuer in Maltes Herzen. Das Abendessen rührte er kaum an, und dann ging er mit Fritz zum Hafen hinunter. Da saßen sie nun, die zwei. Über Maltes Toben hatte sich Fritz gefreut, aber sein mürrisches Schweigen fand er unerträglich langweilig. „Na, nu hör auf mit dem Gemurkse. So'ne Ohrfeige ab und an kriegt ja jeder Lehrling einmal", sagte er endlich gutmütig. „Was ist denn groß dabei? Man paßt dann mal ein bißchen forscher auf . . ."

„Das ist es ja gerade, daß ich ein Lehrling bin, das paßt mir nicht; ich halt's nicht mehr lange aus. Ein rechter Schneider werde ich doch niemals."

„Was willst du denn werden?" erkundigte sich Fritz.

Darauf antwortete Malte nicht.

Nach einer langen Pause stand Fritz auf. „Mensch, wie bist du doch langweilig!" sagte er, reckte die Arme und gähnte. „Merkst wohl gar nicht, wie schön der Abend ist?"

Ja, freilich war der Abend sehr schön, und Malte hatte das auch wohl bemerkt. Aber die spiegelklare Flut und das stille, goldig leuchtende Abendlicht taten seinem Herzen weh. Er mußte an jenen Abendspaziergang mit dem Prediger denken, und an alles, was damit zusammenhing. Gott widersteht den Hochmütigen – was Malte auch für Pläne zu machen versuchte, er wußte in diesem Augenblick, daß alles, alles scheitern und fehlschlagen würde, wenn Gott ihm in den Weg trat.

„Wir wollen nach Hause gehen", sagte Malte plötzlich, „ich bin heut abend zu nichts zu brauchen. Der Meister hat mich aus dem Kurs gebracht."

„Laß gut sein, Malte, er ist nicht schlimm. Weißt du, ich kenn' ihn. Er kann das nicht vertragen, wenn man mault."

„Und ich kann Grobheiten nicht vertragen", fuhr Malte auf. –

Wenn Malte sich der Hoffnung hingegeben hatte, daß der alte Rolaf am anderen Tag besonders freundlich sein würde, so irrte er sich. In den alten Augen schimmerte ein sehr energischer Ernst, daß es Malte doch geraten schien, wirklich einmal mit angestrengtem Fleiß zu arbeiten. Der Meister sah ihm dabei scharf auf die Finger und ließ ihn ohne Erbarmen auftrennen, was nicht ganz nach der Schnur genäht war. Malte fühlte sich dabei zwar recht gedemütigt, hatte aber kaum Zeit, sich darüber klar zu werden, weil der Meister ihn so drängte.

„So, mein Sohn, nun einen Augenblick Pause", sagte der Meister, und Malte ließ die Hände sinken in der stillen Hoffnung auf ein Lob. Prüfend musterte der Meister die Arbeit, dann gab er sie schweigend zurück.

„Du möchtest ein Lob hören?" sagte er dann zu dem Jungen, dessen Gesicht sich glühend rot färbte. „Nun, du hast dir heute zum ersten Male Mühe gegeben. Zum erstenmal! Verstehst du, daß das eine Schande für dich ist? – Ruhig, ruhig!" fuhr er fort, als Malte zornig aufsprang, „setz dich nur hin, mein Sohn. Nicht gleich so empfindlich. Wer nichts leistet und doch die Nase hoch trägt, ist ein Narr. Hüte dich davor, Malte Ethé!"

Malte hütete sich ein paar Tage, denn er fürchtete sich vor den Augen seines Meisters. Aber wenn er mit Fritz allein war, dann mußte dieser ihm die Welt beschreiben, die große, schöne Welt, in der man frei war, frei wie der Adler, der zu den höchsten Höhen fliegt. –

Eines schönen Morgens trat Malte im Sonntagsstaat vor seinen Meister. „Meister", sagte er mit leisem Beben in der Stimme, „ich möchte fort von hier."

„So, hm", sagte der Meister, und in seinen Augen blitzte etwas, vor dem Malte seine Augen schnell niederschlug.

„Zum Schneider tauge ich nicht!"

„So! Wer hat dir das gesagt? Ich etwa?"

„Nein", antwortete Malte und blickte seinem Meister fest in die klugen Augen. „Ich möchte ein Seemann werden wie" – er stockte – „wie mein Vater."

Über des Meisters Gesicht legte sich ein Zug tiefen Mitleids: „Gott steh dir bei, mein Junge! Willst du werden, was dein Vater war, so bekehre dich zu deinem Heiland, und dann laß dir ein Herz schenken, wie dein Vater es hatte, demütig, stark und treu. Dein Vater stand auf seinem Posten, Malte, bis – bis in den Tod! Und du? Du willst jetzt schon davonlaufen, weil das Arbeiten dir nicht gefällt und dein Meister dir zu scharf ist."

„Arbeiten will ich schon", entgegnete Malte kleinlaut, „aber – nicht hier! Laßt mich fort, Meister! Ich tauge nicht zum Schneider!"

Nun aber ward der Alte zornig, und Malte bekam harte Dinge zu hören. Meister Rolaf hatte sein ganzes Leben lang eine tiefe Verachtung vor den „Windbeuteln" und „Wetterfahnen" gehabt. „Ein Mann soll wissen was er will, und ein Junge soll tun was er soll! Erst frage Gott den Herrn um Rat, dann gehe vorwärts und kehre niemals um. Die Dornen schaden nichts, und über die Berge kommt man hinüber an Gottes Hand. Wer aber vor jedem Schatten ausweicht, der fällt, und wer den Schweißtropfen fürchtet, der wird ein Taugenichts." Das war Meister Rolafs Lebensgrundsatz gewesen, danach hatte er gehandelt und hatte es, in aller Demut konnte er es sagen, unter Gottes Segen zu etwas gebracht.

„Deine Lehrzeit hältst du aus – verstanden? Und daß du arbeiten lernst, dafür laß mich sorgen." Das war das Ende der Unterredung; Malte aber lief in seine Kammer und weinte, auf seinem Bettrand sitzend, Tränen ohnmächtiger Wut. Er redete sich ein, daß er den Alten haßte, und wußte im Grunde doch, daß er ihn achtete und mochte. Er machte törichte Pläne, wie er sich rächen wollte für alle „Härte" und „Grobheit", und er hätte doch viel darum gegeben, wenn die grauen Augen ihn einmal so freundlich angesehen hätten wie gestern den kleinen blassen Anton und er auch einmal das Lob: „Gut, gut, mein Sohn!" hören könnte.

Malte gab sich am folgenden Tag viel Mühe. „Er soll mich nicht wieder so anknurren!" Meister Rolaf nickte auch zweimal mit dem Kopf, aber bis zu einem: „Gut, gut, mein Sohn!" kam es nicht. Er war jedoch freundlich und erzählte mancherlei aus seiner eigenen Lehrzeit, von der schmalen Kost und der kalten Kammer, wo das Wasser zu Eis fror.

„Warum liefen Sie dann nicht weg?" fragte Fritz erstaunt, während Malte dachte: Wie kann man so etwas erzählen, ohne sich zu schämen, daß man es sich gefallen ließ!

„Weglaufen?" antwortete der Meister, „warum ich nicht weglief? Weil ich ein Mann werden wollte und kein Taugenichts, und weil ich Gott fürchtete und meine Eltern liebte." –

„Weglaufen!" – Wie doch einzelne Worte den Fliegen gleichen. Man verscheucht sie, aber sie kommen immer wieder zurück.

„Weglaufen!" Als ob Malte keinen Schmerz empfand bei den Plänen, die ihm keine Ruhe ließen und immer festere Gestalt gewannen! Er wußte nicht, was ihm das Schrecklichste war: die Furcht vor dem Mißlingen, der Gedanke an seiner Mutter Jammer, des alten Predigers Betrübnis oder – eine dunkle Glut färbte seine Wangen – seines Meisters Verachtung. Schrecklich war die ganze Sache, und doch . . .

„Weglaufen!" hieß es immer dringender. Aber wie? Die Sache war ja äußerst schwierig. Demnach war es aber auch sehr kühn und ein Zeichen von Tüchtigkeit, wenn es gelang. Das fachte Maltes Mut mächtig an. Auf dem Schneidertisch sitzend starrte er mit solcher Entschlossenheit ins Weite, daß Meister Rolaf ihn unsanft anstieß. „Machst ja ein Gesicht, als könntest du ein Kriegsvolk bezwingen! Versuch mal erst die Unlust zum Handwerk zu verjagen!"

Hastig fuhr Maltes Nadel durch das Zeug. „Wie fang' ich das Weglaufen an? Der Alte ist zu klug, und –." Ein Gedanke kam ihm. „Nein, nein, das nicht! Ich habe noch nie gelogen!" Eine glühende Röte brannte auf seinen Wangen, und der Faden zerriß, so mächtig hatte er angeruckt. „Nein, nein! – Aber Sonntag ist Vaters Todestag – er würde mir Urlaub geben! – Die Arbeit drängt, aber er täte es doch. Er hat ein gutes Herz. Wenn ich ihn bitte, so läßt er mich eine Nacht fortbleiben, und das wäre Zeit genug. Ich könnte bis Hamburg kommen – auf ein Schiff mich verstecken – und fort – egal wohin. Erst nur einmal f r e i sein – und dann . . ." Malte reckte sich und holte Atem, dann aber beugte er den Kopf tief über die Arbeit.

„O Malte, was hast du vor?"

Woher kam die Stimme? Woher die heiße Angst? So Schlechtes auch nur denken!

„Meister", sagte Malte und blickte ihn mit seinen großen treuherzigen Augen an, „ich möchte doch ein braver Mann werden – und kein Taugenichts."

„Gott segne dich, Junge! Das war ein vernünftiges Wort!" Und weil Maltes Augen so traurig und so fragend ihn ansahen, lächelte der Meister, nahm ihm die Arbeit aus der Hand, nickte und sagte freundlich, nachdem er sie sorgsam geprüft hatte: „Hm! hm! Macht sich, wird schon werden. Nur brav voran, mein Sohn!"

Das war das erste Lob! Eine Träne stieg in Maltes Augen und tropfte unversehens auf die Arbeit. Hastig fuhr Malte mit der Hand über die Augen – das durfte niemand sehen, nein, niemand! Meister Rolaf nähte auch eifrig und tat, als habe er nichts gemerkt, aber in seinem Herzen dachte er fröhlich: „Aus dem kann doch noch was werden. Gott sei Dank!" –

Die nächsten Tage lag eitel Sonnenschein über der Schneiderstube. Malte hatte eine Weste mit allen Knopflöchern fertig bekommen, und sein Meister hatte: „Gut, gut, mein Sohn!" gesagt. Darüber war Malte sehr glücklich; und daß der lustige Fritz einen Ärmel zurückbekam mit dem Ausruf: „Pfuscherei! Trenn auf!" das erhöhte Maltes Glück. Er sah Fritz mit überlegenem Lächeln an. –

„Heute ist Freitag", fuhr es Malte durch den Kopf, als sie beim Abendessen saßen. Er hatte das den ganzen Tag gewußt, aber jetzt wurde diese einfache Tatsache zu einer klopfenden Unruhe. „Die einzige Gelegenheit! – aber lügen? – noch dazu an Vaters Todestag?"

Als Malte abends in seine Kammer ging, war er trotz aller Müdigkeit in fieberhafter Erregung.

„Malte", sagte Frau Rolaf am anderen Morgen, „wie sehen deine Augen aus? Du hast geweint, Junge? Hat der Meister dich gescholten? Laß gut sein, er meint's doch gut mit euch Jungen."

„Ich weiß, Frau Meisterin, es hat auch nichts gegeben, gestern. Es ist nur ... es kam mir so ...", er stockte und errötete, dann sah er sie an mit seinen großen blauen Augen, die plötzlich voller Tränen standen. „Sonntag ist meines Vaters Todestag, und da ..."

„Da kommt dir's Heimweh an?"

Malte nickte.

„Bist ein guter Junge", sagte sie mütterlich, „wir wollen mal sehen. Geh nur, der Kaffee steht schon auf dem Tisch."

„Wie gut sie sind", dachte Malte.

Nach der Morgenandacht winkte Frau Rolaf ihren Mann in die Küche, und sie muß ihre Fürsprache gut verstanden haben, denn es lag viel Teilnahme in seinem ernsten Gesicht, als er nach wenigen Minuten in die Schneiderstube kam. Er legte die Hand auf Maltes Schulter. „Du hast Heimweh?"

Malte nickte nur.

Der Meister sah ihn forschend an.

„Es ist morgen Vaters Todestag", sagte Malte mit zitternder Stimme und klopfendem Herzen.

„Morgen darfst du nach Hause, aber morgen abend kommst du wieder!"

„O danke!" rief Malte, und seine Wangen röteten sich, „aber Meister, bitte, darf ich nicht bis Montag bleiben?"

Erstaunt zog der Meister die Augenbrauen in die Höhe. „Bis Montag? Warum? Die Reise ist nicht weit. Ein paar Stunden sind genug, sollte ich meinen."

Aber Malte verstand das Bitten, wenn er wollte. „Eine Nacht, lieber Meister, darf ich" – er stockte – „darf ich nicht eine Nacht zu Hause sein?" Die Lüge war heraus und damit die Furcht vor der Lüge. „Dann braucht Mutter nicht allein zu sein in der Nacht – sie weint so oft in der Nacht, wenn sie an alles denkt – und – und – sie hat ja nur mich!"

Die Erlaubnis wurde erteilt. Malte drückte dem Meister die Hand. „Danke, Meister! Danke vielmals!" –


Der Sonntag kam, und der Himmel hing voll dicker, grauer Wolken. „Der Himmel . . ." fuhr es wie ein Schrecken durch Maltes Herz – aber Unsinn! Was geht mich ein bißchen Regen an! Die Mutter hatte ihm ja Vaters Gummimantel geschenkt, den hängte er um, darunter konnte er ein Bündelchen Sachen bergen, das paßte gut.

Zur Predigt mußte er noch einmal mit; der Meister fragte ihn nicht, ob er Lust hatte. Gehört hat er aber nichts, denn die ganze Zeit tobte eine wilde Jagd durch seinen Kopf. Gedanken die ihn anklagten und entschuldigten. Der Sturm rüttelte an den Fenstern. Nur zu, nur zu! Malte wollte ein Held werden wie sein Vater. Er wollte lernen ein Steuer lenken und ein Rettungsboot durch die schäumenden Wellen treiben. Er sah schon im Geist die angstschreienden Menschen, die auf sinkendem Schiff keine Hilfe mehr sahen, und dann kam er – er – Malte Ethé, als Retter. Kühn stand er im Boot – furchtlos und stark.

„Auf Wiedersehen, Meister, und ich danke auch noch einmal!" So stand er eine Stunde später vor seinem Meister.

„Schon gut, schon gut! Und grüß' die Mutter! Morgen um ein Uhr bist du pünktlich wieder hier!"

„Ja, Meister."

Es lag etwas in Maltes Gesicht, was den Meister veranlaßte, noch einmal zu sagen: „Pünktlich! Verstanden?"

„Ja, gewiß!"

Wie gejagt rannte Malte durch die Straßen. Der Wind riß ihm die Mütze vom Kopf. Regen schlug ihm ins Gesicht. Nur zu! Es war ihm ganz recht so. –

„Dritter Klasse nach Hamburg!" Das Geld reichte, und er behielt noch etwas in der Tasche. Glück hatte er – der Zug ging in einer halben Stunde schon. Wenn nur kein Bekannter ihn sah und der alte Rolaf Wind von der Sache bekam! Immer wieder schaute er scheu um sich. Wer hätte das gedacht, daß Malte Ethés Sohn sich verbergen mußte wie ein Dieb!

Endlich, endlich setzte der Zug sich in Bewegung! „Gott sei Dank!" seufzte Malte erleichtert, ohne doch seinem Gott wirklich zu danken! Wie konnte er auch?

Es war schon Nacht, als der Zug endlich in Hamburg einlief. Malte fühlte sich wie gerädert von der langen Fahrt. Nun stand er mit seinem Bündelchen ratlos auf der Straße. Es schwindelte ihn zwischen den rasselnden Wagen und hastenden Menschen. „Wie komme ich zum Hafen?" fragte er endlich ein blasses Bübchen, das mit einem Korb am Arm schlaftrunken auf einer Türschwelle hockte.

Verständnislos starrte der Junge ihn an. „Streichhölzer, mein Herr", rief er dann kläglich, „ich habe noch nichts verkauft!"

„Bring mich zum Hafen, du sollst Geld bekommen!" versprach Malte.

Das half. Der Junge sprang auf und trottete schweigend neben Malte her, einen weiten Weg.

Endlich waren sie am Hafen. Geisterhaft hoben sich die Riesendampfer vom schwarzen Nachthimmel ab. Wie drohende Finger schienen Malte die ragenden Masten. Still und menschenleer war es am Hafen. Der Regen fiel immer dichter. Bittend blickte der vor Nässe zitternde kleine Streichholzverkäufer zu seinem langen Begleiter empor und rannte froh davon, als er drei Geldstücke bekommen hatte.

Der kalte Regen und die düstere Nacht wirkten sehr ernüchternd auf Maltes Pläne. Was sollte er anfangen? Fritz lag jetzt schon im warmen Bett. Eigentlich war die kleine Lehrlingskammer doch sehr sauber und behaglich. An der Wand hing ein schöner Spruch: „Der Herr segne dich!" Malte sah ihn sehr deutlich vor sich und wußte in diesem Augenblick ganz gewiß, daß Gott ihn nicht segnen konnte. Unwillkürlich schauerte er zusammen. Sollte er hier irgendwo einen Schlafplatz suchen und morgen herumfragen bei den Kapitänen, ob einer einen Schiffsjungen brauchen konnte? Ja, am klügsten wäre das – aber Malte scheute das Tageslicht. Es schien ihm nicht unmöglich, daß auch in Hamburgs Riesenhafen ein Seemann aus seinem Heimatort auftauchen und ihn erkennen könnte. Da nahten Schritte, er hörte Stimmen und Gelächter. Mehrere junge Burschen waren es, die aus einer nahen Seemannsgaststätte kamen. Sie achteten nicht auf Malte, aber er hörte, wie einer sagte: „Ja, um drei Uhr lichtet die ‚Hertha' die Anker." – „Und wohin?" Malte konnte die Antwort nicht verstehen, aber sein Herz klopfte. In drei Stunden schon! Das paßte ihm! Fort, nur fort! Um drei Uhr war es noch dunkel, man konnte ihn vor der Abfahrt nicht entdecken, und wenn das Schiff erst auf See war, dann – ja, was dann? Wie würde der Kapitän ihn ansehen, wenn er vor ihn trat? Malte wußte, daß Seeleute rauh sein konnten und sehr hart. Doch zuversichtlich überlegte er, daß sie es gegen ihn niemals gewesen waren, sie hatten die rauhen Stimmen stets gedämpft um seinetwillen! Der Kapitän würde schon merken, daß er kein gewöhnlicher Junge war.

Leise und gewandt wie eine Katze erklomm Malte das Schiff und fand zwischen einer Anzahl großer Tonnen ein sicheres Versteck.

„Hi – hoi!" Es war kurz vor drei Uhr, als der bekannte Matrosenruf ertönte. Die Segel fielen – der Wind war günstig.

„Hoi – hoi!" Das Schiff schwankte auf und nieder, eilig liefen dunkle Gestalten an Malte vorüber. Laut und rauh klang das Kommando des Kapitäns. Malte regte sich nicht. Zwei Stunden mochten vergangen sein, und allmählich taten dem Jungen in seinem unbequemen Versteck die Knochen weh. Er reckte sich sachte ein bißchen, und dabei schaute sein Kopf über die Tonnen hervor.

„Halloh! Was haben wir denn da für eine Überfracht?"

Im Nu wurde Malte von kräftigen Fäusten gepackt und vor den Kapitän gebracht. Der tobte. Einen Augenblick fing Malte an zu glauben, daß man ihn allen Ernstes über Bord werfen würde, und dieser Augenblick genügte, ihm klar zu machen, daß eine tiefe, ja eine ewige Kluft lag zwischen ihm und seinem Vater. Er schrie zu Gott in wilder Angst, während rauhe Fäuste ihn über den Rand des schwankenden Schiffes hoben –, es war nur ein Schritt zwischen ihm und dem Tode.

Malte erfuhr nun, was es heißt, wehrlos in den Händen roher Menschen zu sein. Ein Grauen vor all den Schikanen und ein Heimweh, das ihm fast das Herz zerriß, jagten und plagten ihn Tag und Nacht. Die Tränen seiner einsamen Mutter, der Zorn des alten Rolaf quälten ihn in den Stunden, wo sonst niemand ihm zusetzte. Und was würden die alten Schiffer sagen, die seinen Vater gekannt, die Jungen, die sich oft über seine Überheblichkeit geärgert hatten? Er konnte sich nie, nie wieder vor ihnen sehen lassen, nie – es sei denn, daß er einst heimkehrte reich an Heldentaten; vielleicht würden sie dann vergessen . . . und bewundernd zuhören . . .

Mitten in seinem Elend machte Malte immer noch hohe Pläne!

„O, wenn sie zu Hause wüßten, wie es mir geht! Nein, sie sollen es nie erfahren, was sie hier mit mir tun! Und wenn ich noch still und stolz gewesen wäre wie ein Held – nein, niemand darf das wissen, daß ich geschrien und gefleht habe, wie ein Feigling. O Mutter, Mutter!" schluchzte Malte. Ach, er merkte jetzt erst recht, wie sehr er seine Mutter liebte und sein Zuhause. Wie gut sie zu ihm gewesen waren! In der Nacht hatte er geträumt. Er war daheim gewesen, er hatte die weißen Kreidefelsen gesehen und sich in Vaters kleinem Boot geschaukelt, die Mutter hatte am Ufer gestanden, aber sie hatte blaß und krank ausgesehen. „Was ist dir, Mutter?" hatte er gefragt. Da hatte sie geseufzt: „Ich bin so müde vom Suchen . . ." Eine rauhe Hand hatte ihn wachgeschüttelt. „Mach los, Bursche, 'rauf ins Takelwerk! Aber schnell!"

Schlaftrunken torkelte Malte nach oben. Ein kalter Wind blies scharf von Osten. Die Heimat und das blasse Gesicht der Mutter standen ihm vor Augen, wie sein Traum sie ihm gemalt. Bleischwer lag ihm die Müdigkeit in den Gliedern, und bei jedem Schritt fühlte er ein scharfes Stechen in der Seite. Er konnte kaum vorwärts, aber es half nichts, er mußte den hohen Mast hinaufklettern. „Ich bin krank – ich kann nicht mehr – ach Gott hilf mir!" Als er endlich oben war, schlang Malte beide Arme fest um den Mastbaum, lehnte den Kopf daran und weinte bitterlich. Er besann sich darauf, daß er lange nicht gebetet hatte, und wie war er doch von zu

Hause her daran gewöhnt gewesen. Mitten in seiner großen Verlassenheit sehnte er sich nach Gott. Er war krank – ach, seine Mutter sah das nicht, aber Gott – Gott sah es doch, Er mußte sich doch erbarmen über einen Kranken, Verlassenen, Einsamen . . . Er mußte? Wirklich? Was muß denn Gott? Fortgelaufene Buben schützen . . .?

Er merkte nichts von dem Zorn des Kapitäns, der ihm zuschrie, ob er oben eingeschlafen oder festgebacken sei. Als er unten ankam, spürte er, daß er wirklich krank war, zugleich aber spürte er auch eine kräftige Ohrfeige von der Hand des Kapitäns.

„Ich bin krank", schluchzte Malte, „die Brust tut mir weh, ich habe Fieber!"

„So, und den Mast da oben hältst du wohl für einen Luftkurort? Wenn du krank bist, so merke dir, daß es hier an Bord nur eine Arznei für faule Schlingel gibt. Wenn dich nach der verlangt, dann melde dich nur noch einmal krank bei mir!" schimpfte der Kapitän. „Übrigens sind wir bald in New York, dann löschen wir die Ladung und dich dazu, dann magst du sehen wo du bleibst!" –


Lange helle Wolken schoben sich über den Himmel. Die See, die bis dahin recht friedlich gewesen war, veränderte sich plötzlich. Die Sonne versteckte sich, als möchte sie das Unheil nicht sehen, das sich da anbahnte. Ein leises Pfeifen nahenden Sturmes! Immer erregter sprangen die Wellen auf und nieder. Laut klangen des Kapitäns Kommandorufe über das tanzende Schiff. Malte hörte nichts. Fiebernd lag er in einer Ecke. Mochten sie ihn schimpfen, schlagen, treten, ihm wäre alles gleichgültig gewesen. Doch niemand kümmerte sich um ihn.

Hu-iii! Wie der Wind pfiff! Malte lag noch immer auf dem selben Fleck. Er hatte den Fuß einer Bank umklammert, das Schiff rollte gewaltig hin und her, auf und ab. Der Sturm steigerte sich zum Orkan.

Da! Ein gellender Schrei! Ein gewaltiger Krach! Der große Mast war gebrochen, und unter seinem Takelwerk begraben lag einer von Maltes Hauptfeinden: der Steuermann.

Schnell war ein anderer ans Steuer getreten; aber was nützte das Steuer in solchem Sturm? Malte war aufgesprungen. Er fühlte nicht mehr, daß er krank war, er fühlte nur noch, daß er seines Vaters Sohn war. Er wußte, was der Vater dem Feind getan hätte. Aber es war nicht leicht, auch nur einen Schritt zu gehen. Eine mächtige Welle fuhr über Deck und schleuderte Malte gegen die Kajütenwand. Doch er raffte sich wieder auf, beugte sich über den stöhnenden Mann. Er konnte den schweren Mast nicht heben, aber das Takelwerk beiseite schieben, das konnte er – und den Verwundeten ansehen mit teilnehmenden, freundlichen Augen, das konnte er auch.

„Kann ich etwas helfen?" fragte er.

Der Mann stöhnte. „Mir kann nur Gott helfen, und der tut's nicht!"

„Doch, Steuermann, doch!" schrie Malte, in großer Angst alles vergessend, auch sich selbst, und nur eines wünschend: zu helfen! „Jesus starb für Gottlose!"

„Für Gottlose . . .", murmelte der Sterbende. „Junge", schrie er dann in größter Qual, „was geht's dich an, ob ich sterbe wie ein Hund – ich hab' nichts Gutes um dich verdient!"

Malte schüttelte den Kopf. „Mein Vater starb für seine Freunde, und der Heiland starb für Seine Feinde!"

„Bengel – du bist ein Heiliger!" stöhnte der Mann.

Malte beugte sich zu ihm hinab und wischte mit seinem

Taschentuch behutsam das Blut fort, das dem Verletzten aus der Nase quoll. „Gott läßt keinen Becher Wassers unbelohnt, und Sein Lohn ist nicht nur zukünftig, sondern auch gegenwärtig!" Malte dachte sich das, und er dachte, daß Gott in einem solchen Fall auch weggelaufene, eigensinnige Jungen nicht unbelohnt lasse. Und es kam noch ein anderer Gedanke: „Ein Heiliger! Ja, siehst Du, Herr, siehst Du mich, den Malte Ethé . . ."

Erneut donnerte eine gewaltige Welle über das Schiff. „Herr, Du großer Gott, wir sind verloren!"

Das Schiff neigte sich zur Seite, tiefer und tiefer. Die Männer schrien. Jede Hand griff nach einem Halt, jeder wollte sein Leben retten, aber nichts Festes war da! Wasser, nichts als Wasser! Da, halt, ja! Ein kleines Brett – da ein größeres, eine Schiffsplanke! Greif zu, Malte! Halt' fest! – und rufe zu deinem Gott! Die Planke trug ihn. Aber da, noch eine Hand streckte sich aus nach dieser Planke. „Nein! Nein! Laß los! Für uns beide langt's nicht!" Aber die Hand hielt fest. „Loslassen!" schrie Malte noch einmal. Dann schlug er nach der Hand, schlug so fest er konnte. Es war eine große braune Seemannshand, doch die Finger lockerten sich, glitten ab . . .

Den Blick der dunklen Augen würde Malte nie vergessen. Der sinkende Steuermann wußte es nun, daß Malte Ethé kein Heiliger war . . . –

Die Schwester im New Yorker Seemannshospital konnte sich nicht denken, was das Bürschchen mit dem Kindergesicht und den traurigen blauen Augen Schreckliches auf dem Gewissen haben mochte. Wochenlang hatte sein Leben, wie man so sagt, an einem Haar gehangen, und in seinem Fieber war er oft entsetzt zusammengefahren, hatte sich verfolgt geglaubt und versucht, aus dem Bett zu springen – mehr jedoch hatte das Fieber ihr nicht verraten. Die Schwester war dem jungen Deutschen recht zugetan, und sie besann sich, wo sie doch einmal vor langen Jahren ganz ähnliche Augen gesehen hatte, die so tief und so klar und von so reinem Blau gewesen waren. Viel fragen mochte sie den Kranken nicht, er seufzte dann immer so schwer und bekam so rote Flecken auf den schmalen Wangen. Er sagte ihr nur, daß er Malte heiße, daß er Heimweh habe, daß sie nicht so nett zu ihm sein müsse, das habe er gar nicht verdient . . .

Eines Tages bat Malte seine Pflegerin um eine Bibel. Er durfte aber noch nicht selbst lesen, der Arzt hatte das verboten. So las die Schwester ihm vor was er gern hören wollte, und das war die Geschichte vom Propheten Jona.

„Er floh vor Gott aufs Meer!" sagte Malte leise, als die Schwester geendet hatte. „Schwester", fragte er dann nach einer Pause, „warum läßt Gott die Menschen, die vor Ihm fliehen, nicht in ihr Unglück rennen, nicht verderben, wie sie's verdient haben? Warum übt Er soviel Gnade?"

Sie sah ihn mit ihren freundlichen Augen an. „Warum? Weil Gott die Liebe ist!"

Malte schloß die Augen und schwieg, und die Schwester verließ leise das Zimmer. Als sie nach einer Weile wieder zurückkam, sah sie, daß Malte das Gesicht mit dem Taschentuch bedeckt hatte. Einen Augenblick stand sie schweigend an seinem Bett. „Malte", sagte sie dann, „weinen Sie darüber, daß Gott die Liebe ist?"

Mit einem Ruck riß Malte das Taschentuch vom Gesicht. „Nein, Schwester, – aber darüber weine ich, daß ich die Liebe mit Füßen getreten habe, und daß ich" – er stockte – „nein, ich kann's nicht sagen, Schwester, ich kann nicht!" Die Hand, die von der Schiffsplanke abrutschte, die versank

. . . sie schien sich auf Maltes Mund zu legen, und seine heisere Stimme flüsterte: „Kein Heiliger – ein Mörder!"

Als die Schwester jetzt seine Hand ergriff, wollte er sie ihr entreißen, ließ sie aber dann doch niedersinken. Die Schwester setzte sich zu ihm. „Ich möchte Ihnen etwas erzählen, Malte, eine Geschichte von treuer Liebe. Wollen Sie sie hören?" Er nickte.

„Da habe ich Augen gewonnen für das, was Liebe ist. Man kann nicht mehr die Liebe mit Füßen treten, Malte, wenn man sieht, wie ein Mensch aus Liebe sein Leben läßt für andere."

Maltes große Augen wurden noch größer und richteten sich gespannt auf die Schwester.

„Ich war ein leichtsinniges junges Ding, achtzehn Jahre alt. Das Leben hatte mir nichts gebracht als Sonnenschein. Meine Eltern wollten mir die Schönheiten der Welt zeigen. Wir reisten weit umher, und endlich kamen wir auch nach Schweden und wollten von da nach Rügen, wo ein Verwandter meiner Mutter lebte. Wir benutzten einen schwedischen Dampfer, der uns nach fünfstündiger Fahrt nach Saßnitz bringen sollte. Die See war spiegelglatt, die gefürchtete Seekrankheit konnte uns nichts anhaben. Das machte uns recht übermütig. Vor allem mein Bruder und ich konnten nicht genug lachen und scherzen. Da traf mich plötzlich ein Blick des Steuermanns. Seine Augen waren so blau und so klar, wie ich sie selten sah" – sie stockte und schaute einen Augenblick zu Boden. „Es lag viel Sonnenschein in den Augen", fuhr sie dann fort, „und tiefer, tiefer Friede. Unser Lachen verstummte, und ich setzte mich nach einer Weile ganz an das Ende der Bank, die dicht am Steuer war."

‚Es ist ein schöner Abend', sagte ich, ‚und ein schönes Land.'

Der Steuermann drehte an seinem Rad, nickte und lächelte.

‚Ist es nicht langweilig, immer da am Rad zu stehen?' fing ich nach einer Pause wieder an.

Er schüttelte den Kopf. ‚Es ist nichts langweilig, was man für den Herrn Jesus tut. In Gottes Wort heißt es: Was immer ihr tut, tut als dem Herrn.'

Ich fühlte, daß ich errötete bei dieser ungewöhnlichen Erwiderung. ‚Sie steuern doch nicht für Jesus', sagte ich fast ärgerlich, ‚Sie steuern doch wohl vor allem für die Schiffahrtsgesellschaft und für uns, die Passagiere.'

Ich vergesse nie den Ausdruck der blauen Augen, die so sehr strahlten. ‚Was irgend ihr tut, arbeitet von Herzen, als dem Herrn und nicht den Menschen. Alles für den Herrn Jesus!'

Er sprach das mehr zu sich selbst als zu mir. Dann aber sah er mich voll an. ‚Der Herr Jesus liebt auch Sie, kleines Fräulein. Er starb für mich und für Sie!'

Erschrocken fuhr ich zusammen. Ein gellender Schrei: ‚Feuer! Feuer!' Aus dem Bauch des Schiffes stieg dichter Rauch empor. Ich blickte entsetzt auf den Steuermann. ‚Gehen Sie nach vorn, Fräulein', sagte er ruhig, ‚der Wind treibt die Flammen nach hier!'

Ich sprang hastig auf, um nach vorn zu laufen, aber ich mußte mich noch einmal nach dem Steuermann umsehen. ‚Und Sie?' schrie ich.

Seine Augen waren groß und ernst, und er nickte mir zu: ‚Ich – ich muß hier bleiben – hier ist mein Platz . . . Alles für Jesum!'" —


Ein qualvoller Aufschrei ließ die Schwester zusammenfahren.

„Malte, was ist Ihnen?"

„Schwester! – der Steuermann war mein Vater. Er starb für Jesum und für viele andere – und ich – bin ein Mörder!" – –

Es waren nun schon acht Tage vergangen seit diesem Bekenntnis, und Malte lag noch immer im Fieber. Flehend hatte er sie oft angestarrt, sie, die einzige, die sein furchtbares Geheimnis ahnte, denn er hatte ihr nach und nach einiges bekannt.

„O Schwester", flüsterte Malte, und Tränen standen in seinen Augen, „könnte ich doch wieder ein Kind sein! Rein und fromm und gut!"

Sie sah ihn traurig an. „Rein und fromm und gut? O Malte, waren Sie es denn jemals? Ich nicht! Aber das Blut Jesu Christi, des Sohnes Gottes, ist da für Sie und für mich!"

Darüber grübelte Malte lange nach.

„Für mich und für sie, hat sie gesagt, hat sie denn vergessen, daß ich ein Mörder bin?" –

Wochen waren vergangen, und noch immer war Malte im Hospital. Der Arzt wunderte sich darüber, daß er nicht so recht zu Kräften kam. Er durfte täglich ein paar Stunden auf sein. Dann saß er müde auf einem Stuhl oder ging ganz langsam wie ein alter Mann ein wenig in der Sonne auf und ab. Die Schwester beobachtete ihn mit Sorge. Er las viel in der Bibel, aber kein Friedensschein erhellte sein düsteres Gesicht. „Wenn nur erst ein Brief von seiner Mutter kommt!" dachte die Schwester. Sie hatte schon längst an Maltes Mutter geschrieben, und ein Brief des Sohnes war dem ihren gefolgt. Endlich kam Antwort, und sie war herzlich und voll vergebender Liebe. Aber Sonnenschein brachte sie nicht in Maltes Herz.

„Sie weiß ja nicht, daß ich ein Mörder bin!" dachte Malte.

Die Schwester betete viel für Malte, und je länger sie das tat, je klarer war es ihr, daß ihn nur ein eindeutiges demütiges Bekenntnis freizumachen vermochte. Sie rief ihn eines Tages in ihr Zimmer. Er kam sofort. Sein Gesicht war ungewöhnlich blaß. Er hielt seine Bibel in der Hand, den Finger zwischen die Seiten gelegt, wo er eben gelesen hatte.

„Ich habe Sie gestört", entschuldigte sich die Schwester freundlich, „aber ich habe gerade ein wenig Zeit, und ich möchte Ihnen gern die Geschichte zu Ende erzählen, die Geschichte von Ihres Vaters Sterben – und wie ich dadurch den Heiland fand. Aber erst setzen Sie sich doch und lesen fertig, was Sie gerade lasen, als ich Sie rief."

Malte mußte sich setzen, denn seine Knie begannen zu zittern. Jetzt schlug er das Buch auf, und dann las er: „Als ich schwieg, verzehrten sich meine Gebeine durch mein Gestöhn" – weiter kam er nicht.

„Malte", sagte die Schwester ruhig, „warum fürchten Sie sich vor mir? Ihr Vater starb für mich, das gibt Ihnen ein Recht an meine Liebe. Und mehr als das: Unser Heiland Jesus Christus starb auch für Sie und für mich. Ich kann niemanden verdammen, für den E r in den Tod ging. O, Malte, ist es denn so schwer demütig zu sein . . .?"

Die Schwester wunderte sich später, wie sie darauf kam, das von der Demut zu sagen, und doch war es dieses Wort, das Malte zu Boden warf. Sie wunderte sich und begriff es doch.

Ja, Malte lag am Boden. Und nun bekannte er seine Schuld, nicht nur so allgemein, sondern auch im einzelnen. – –


„O, Schwester, nun wissen Sie alles, nun wissen Sie wie ich wirklich bin!" rief Malte, „und Gott sei Dank, daß Sie es wissen!"

44

Die Schwester gehörte zu den Menschen, die wirkliches Erbarmen kennen. Sie machte nichts klein, was groß war, sie hatte die richtigen, klaren Namen für die Schuld, so richtig eindeutig, wie die Schrift, das Wort Gottes, sie hat. Und weil sie das tat, so ward Maltes Herz immer kleiner, – und immer friedensstiller. Sie las ihm die altbekannte Geschichte vor, wie der Heiland Sein Kreuz trug nach Golgatha, wie zwei Übeltäter mit Ihm gekreuzigt wurden, und wie der eine . . .

Malte bedeckte das Gesicht mit den Händen.

„O Schwester, der zur Rechten des Heilands hing, der war, o Schwester, der war doch auch . . .“

„. . . ein Mörder“, antwortete sie leise.

„O Herr, m e i n Heiland!“ Mehr konnte er nicht sagen. Es war auch genug. Er war ja allein mit Ihm, Der ins Verborgene sieht, Der zerbrochene Herzen heilt und den Demütigen Gnade gibt. – –


„Der Malte ist wieder da!“

Das gab eine große Aufregung unter den Schiffern.

Aber war das wirklich der Malte? Er war so blaß und still geworden und trug den Kopf gar nicht mehr hoch.

„Er schämt sich!“ ging es flüsternd von Mund zu Mund.

Frau Ethé weinte Freudentränen und drückte ihren Sohn ans Herz – aber dann kam der bittere Nachgeschmack. Sie besann sich darauf, daß er ihr Ärger und Schande gemacht, und es war ihr klar, daß sie nichts Hohes mehr von ihm zu erwarten hatte.

„Ich will zu meinem alten Meister gehen, Mutter, vielleicht vergibt er mir.“

Ein spöttischer Zug legte sich um Frau Ethés Mund. „Und dann?"

„Dann will ich ein Schneider werden, so Gott will."

„Ein frommer Schneider!" dachte sie.

„Mutter", sagte er bittend, „laß mich recht klein und niedrig bleiben – und von Gnade leben."

Sie wußte es selbst nicht, wie verächtlich der Blick war, mit dem sie ihren Sohn ansah. „Erst werde wie dein Vater!" stieß sie hervor, „dann" – sie stockte, denn das Andenken an ihren Mann war doch eine Macht über ihr Herz – „dann rede, wie er es tat!" sagte sie dann kurz und ging hastig aus der Stube. –


Nach etlichen Tagen reiste Malte zu seinem alten Meister. Er war sehr aufgeregt, und nur ganz sachte klopfte er an die wohlbekannte Tür.

„Herein!" Mit einem Freudensprung war der Alte vom Tisch herunter. „Junge! Mensch! Gott sei Dank!"

„Meister", sagte er mit zitternder Stimme, „vergebt mir und laßt mich wieder auf Eurem Schneidertisch sitzen, um Jesu – und um meines Vaters willen!"

Da schlug Meister Rolaf die Arme um Maltes Hals und drückte ihn an sich, wie er damals getan, als Malte zum erstenmal in sein Haus kam, nur ganz anders noch. –


An jenem Abend konnte Malte lange nicht einschlafen, er mußte sich immer wieder wundern, was das Wörtchen „Gnade" für selige Tiefen hat, und wie der Widerschein der großen, warmen, sonnigen Heilandsliebe auch Christenherzen so warm macht und so barmherzig. –

Malte Ethé ist ein tüchtiger Schneider geworden. Als der alte Meister Rolaf entschlafen war, da übernahm er das Häuschen und auch den größten Teil seiner Kundschaft. Der alte Prediger erwies dem jungen Schneider aufs neue seine besondere Liebe. Als er einmal in Stralsund zu tun hatte und da dem Schneider Ethé einen Besuch machte, da fand er, daß in der Wohnung viel Besuch war. Meist waren es junge Burschen, die um den Schneider her saßen; dieser aber hatte die Bibel vor sich, seine Augen leuchteten. – „Ganz wie der Vater!" dachte der alte Herr. Malte aber stand auf und legte die Bibel in des Predigers Hände, er deutete auf einen bestimmten Vers. Der alte Mann nickte, und dann las er: „Gott widersteht den Hochmütigen, den Demütigen aber gibt Er Gnade."

Es war schon spät, als man sich trennte. Die jungen Burschen schüttelten dem Prediger die Hand und gingen still davon.

„Wie sind sie zu dir gekommen, Malte?"

Dieser errötete. „Ich gehe oft ein wenig am Hafen entlang und denke an früher. Sie wissen wohl . . . Und wenn ich dann ein Bürschchen sehe, das so in die Welt sieht wie ich damals . . ."

„Dann nimmst du ihn mit?"

„Ja", antwortete Malte, „wenn er mitkommen will. Sie wollen nicht alle; mancher lacht, mancher spottet, aber mancher ist auch mitgegangen – und ist wiedergekommen. Und wenn ich ihm dann mal erzählt habe, wie Gottes gewaltige Hand mich geschüttelt und Seine starke Liebe mich gerettet hat, dann hat's doch mal ein Herz begriffen, daß es gut ist, sich unter die mächtige Hand Gottes zu beugen und Gnade zu suchen." —

Gott hat Malte reich gesegnet. Er führte ihm eine Frau zu, die seines Sinnes war, und schenkte ihnen mehrere Kinder. Meisterin Rolaf wohnte bis zu ihrem Tod bei ihnen im Oberstübchen und ward von den Kindern mehr geliebt als die Großmutter Ethé, die gar so leicht unzufrieden war.

Mancher junge Schiffer hat in Sturm und Wetter den Malte Ethé gesegnet, der so ein warmes Herz hatte für junge Flüchtlinge und sie nicht losließ mit seiner Liebe, bis er ihnen der Wegweiser zum Heiland werden durfte.

# „Alles mit Gott"

Es war sonntäglich still im Hause des Wassermüllers Kallenberg auf der Steinmühle. Vor der Haustür saß der alte Mahlknecht Peter Krantz auf der weißen Holzbank und sah dem Spiel des kleinen Konrad zu, der auf einem Holzwägelchen Gras fuhr, wie er es alle Tage bei den großen Leuten sah. Das Bübchen war vier Jahre alt, schaute aber nur selten mit lachenden, frohen Kinderaugen in die Welt; meist hatte es etwas über sein Alter hinaus Ernstes an sich. Das mochte daher kommen, weil der Kleine selten mit anderen Kindern spielte und meist nur mit seinem Vater, mit dem alten Knecht Peter und der bejahrten Magd Trina Stein zusammengewesen war. Als nun der Knecht das Kind so ansah, seufzte er tief. Sein ganzes Herz hing an dem Jungen. Er war nun schon über zwanzig Jahre lang auf der Steinmühle und hatte gute und böse Tage kommen und gehen sehen, hatte sich des jungen Glücks des Müllers gefreut und war auch dabeigewesen, als man die schöne, liebevolle Müllerin hinausgeleitete, dahin, woher kein Wiederkommen ist. Beinahe vier Jahre hatte der Müller der Verstorbenen nachgetrauert, dann hatten Freunde und Verwandte ihm zugeredet, sich wieder zu verheiraten. Mit der Arbeit in Haus und Hof wäre es auch weiterhin gegangen, denn die alte Trina war noch rüstig; aber das Kind brauchte unbedingt wieder eine Mutter. Und ohnehin täte es dem gesamten Besitztum gut, wenn ein paar tausend Mark neuer Beisteuer hinzukämen. Die

Gebäude waren ausbesserungsbedürftig, die Landwirtschaft, die zum Mühlengrundstück gehörte, hätte schon längst rationeller betrieben werden müssen, kurz, eine neue Hausherrin wurde von vielen Bekannten immer dringender angeraten.

Der Müller war ein stattlicher Mann anfangs der Vierziger, und da waren genug Mädchen, die gern Hausfrau auf der Steinmühle geworden wären, vor allem eine, Bauer Lensdows Tochter Berta aus dem zwei Stunden entfernt gelegenen Dorf Rottburg. Das wäre so eine Tüchtige, Begüterte, Reiche, die würde die Sache schon richtig anpacken.

Peter hatte dem Müller, dem er schon hin und wieder einen Rat geben durfte, gesagt: „Nicht die Berta, – ja, Geld hat sie, aber sie ist keine Mutter für das Kind." – „Wieso?" hatte der Müller verwundert gefragt, und Peter hatte geantwortet: „Herr, um eines fremden Kindes Mutter zu werden, muß man ein Herz voller Liebe haben, und daran mangelt's hier."

Der Müller hatte betroffen geschwiegen; ihm gefiel das Mädchen schon. Peter irrte sich gewiß – wie freundlich war Berta mit dem kleinen Konrad, wenn er mit dem Jungen mal auf dem Hof in Rottburg war!

Als der Steinmüller dann Ostern um sie angehalten hatte, war man ihm mit Freuden entgegengekommen. Nun war es Frühsommer, und der Müller war heute zur Hochzeit gefahren, damit noch vor der Ernte die Frau ins Haus käme. Das Kind war bei den alten, treuen Leuten geblieben; die Braut hatte es gewünscht, sie mochte an ihrem Hochzeitstag nicht daran erinnert werden, daß sie einen Witwer freite. Peter schüttelte den Kopf dazu, und Trina seufzte. Heute, wo sie allein auf dem Hof waren und sonntägliche Stille überall herrschte, ließ sich's gut sinnen und grübeln, wie der alte Knecht es tat.

„Peter!" Er schrak hoch und schaute sich um, dann sagte er: „Ach, du bist es, Trina, komm, setz' dich zu mir, vielleicht ist heute unser letzter guter Sonntag – ich meine, wie wir es gewohnt sind, denn anders wird es auf der Steinmühle werden, darauf müssen wir uns gefaßt machen."

Sie nickte schweigend, und er fuhr fort: „Wir werden schon fertig mit der neuen Zeit, aber der Junge, der Junge und seine Mutter – die hat in ihrer letzten Stunde, als der Müller in seiner Verzweiflung auf kein Wort mehr etwas gab, zu mir gesagt: ‚Hab' acht auf den Jungen, Peter, er hat's schlimm, ohne Mutterliebe groß zu werden, und wenn eine andere kommt, dann mußt du erst recht dich seiner annehmen . . .' ‚Ja, Frau', hab ich ihr geantwortet, ‚ich will nach ihm sehen, er soll einen treuen Freund an mir haben.' Da ist über ihr blasses Gesicht solch ein Schein geflogen, als wäre sie schon im Himmel, und wenig später hat sie die Augen für immer geschlossen. Und wie der Mann da ganz versteinert und verzweifelt am Bett gestanden hat, habe ich den kleinen Konrad aus der Holzwiege genommen und ihm in die Arme gelegt, und er hat mich angesehen, so – so – nun, ich kann's nicht sagen wie, und da sind ihm die Tränen gekommen, wenige nur, er hat ja etwas Hartes an sich, aber es erlöste ihn doch. Ach Trina! Unsere Frau! So eine gibt's nur alle hundert Jahre einmal oder noch seltener. Der Konrad ist ihr nicht ähnlich, ich meine, nicht so froh und allzeit leichtherzig; äußerlich wohl, und ich merke es ja, daß es dem Müller oft einen Stich ins Herz gibt, wenn der Junge ihn mit seinen großen dunklen Augen ansieht, er denkt dann gewiß an Frau Mariannes Augen."

„Nun, er wird sie bald vergessen", entgegnete Trina spitz.

Peter schüttelte den Kopf: „Nein, das ist unmöglich, aber anders wird es werden auf der Steinmühle."

Das Bübchen kam jetzt gesprungen und kletterte dem Knecht auf den Schoß: „Peter, weißt du, was Marieken sagt?"

„Nein, aber es wird wohl etwas Dummes sein, sie ist oft noch recht albern . . ."

„Sie sagt, ich kriege nun eine Stiefmutter, und das sei schlimm."

Ärger stieg in dem Knecht auf, und er schüttelte unwillig den Kopf.

„Ja, ja, so sind die jungen Dirns", seufzte Trina, „sie wissen nicht, was sie für ein Unheil anrichten mit so einem Wort", und zu Konrad sprach sie beruhigend: „Laß gut sein, mein Junge, es gibt sehr gute Stiefmütter, und du sollst mal sehen, wie schön das wird, wenn dein Vater mit der neuen Mutter herkommt."

Peter Krantz sah sie ernst an, als wolle er warnen, nicht zu viel zu versprechen, und sie schwieg, hielt dabei aber die Hand des Kindes fest in der ihren, als solle es ihre unwandelbare Liebe fühlen.

Nach einer Weile des Schweigens meinte der Knecht: „Heute wurden sie getraut, morgen kommen sie heim. Sollten wir nicht ein wenig schmücken hier, eine Girlande binden oder ein paar Kränze, das ist doch so üblich, oder?"

„Ja, ja, das wollen wir. Anstatt nur um das zu jammern, was vorbei ist, wollen wir lieber das Unsere tun, daß es einen guten neuen Anfang gibt. Es wird für die Berta auch nicht leicht sein, so in ein fertiges Hauswesen hineinzukommen."

Konrad sah aufmerksam von einem zum andern. Er verstand nicht, was sie redeten, hätte es aber gern gewußt. Trina merkte das und stand auf: „Kommt ins Haus, der Festkaffee ist längst fertig und Butterkuchen gibt's, der Müller hat es so bestimmt, daß wir uns hier auch einen guten Tag machen."

Alle drei gingen in die Wohnstube, aber eine freudige Stimmung wollte nicht aufkommen. Schweigend ließ es sich jeder gut schmecken.

Am Abend, als das Bübchen schon längst schlief, saßen Peter Krantz und Trina Stein noch einmal im hellen Sternenschein vor der Haustür und redeten von der Vergangenheit. Immer wieder sprachen sie von des Müllers erster Frau.

Auf der Steinmühle stand über der Haustür in großen steifen Buchstaben eingeschnitzt: „Alles mit Gott". Der Knecht schaute nachdenklich auf die Worte, als er sich erhob, um zur Ruhe zu gehen. Dann meinte er zögernd: „Ob das nun so bleiben wird, ‚alles mit Gott'? Ich glaub's kaum."

„Dafür ist aber doch der Müller da, der hat zu bestimmen, wie's im Hause gehalten werden soll."

„Ja, so sollte es wohl sein, aber es kommt manchmal anders", murmelte er.

„Peter, du mußt auch nicht so trüb in die Zukunft sehen, das ist nicht recht!" sagte Trina. „Vielleicht sind unsere Sorgen ganz unnötig."

„Wollen's hoffen", erwiderte er kurz und ging ins Haus. –


Am nächsten Vormittag kam der Steinmüller mit seiner stattlichen jungen Frau auf den Hof gefahren. Trina stand mit Konrad in der Haustür, und Peter kam herzugelaufen, um die Braunen in den Stall zu bringen. „Gottes Segen, Steinmüller", sagte er, als dieser ihm die Hand reichte.

Der Müller antwortete: „Danke schön – ja, es wird jetzt bald anders auf dem Hof aussehen, die wacklige Scheune soll neu gebaut werden."

„Schön, das hätte längst geschehen müssen", pflichtete Peter bei.

Der Müller lachte gutgelaunt in dem Bewußtsein, daß das knappe Wirtschaften nun nicht mehr nötig sei und daß der Hof ein anderes Gesicht bekommen würde.

Er fragte noch einiges, was die laufende Arbeit betraf, dabei aber gingen seine Blicke immer wieder zur Haustür, wo die Müllerin mit Konrad und Trina sprach. Sie hatte den scheuen Jungen auf die Stirn geküßt und seine Hand genommen, sie wollte zeigen: wir gehören zusammen. Aber das Kind konnte nicht vergessen, was Marieken gesagt hatte. Trina empfand: sie ist freundlich mit ihm, ja, aber es ist so etwas wie Wintersonnenschein in ihrem Wesen.

Für alle begann nun das nötige Sicheinleben in die neuen Verhältnisse, und jeder ging vorsichtig dabei zu Werke. Frau Berta wußte, daß sie mit den beiden alten Dienstboten rücksichtsvoll umgehen mußte; die blieben ihr Leben lang auf der Mühle, das hatte der Müller ihr gleich gesagt, und sie war klug genug, sich gut mit ihnen zu stellen. Konrad dagegen war ihr völlig anvertraut; und hätte sie die Seele des Kindes verstanden, hätte sie sich Mühe gegeben, sein scheues, zurückhaltendes Wesen durch geduldige Liebe umzuwandeln in vertrauensvolle Offenheit, so wäre alles gut gewesen. Jedoch sie gab sich nicht viel Mühe. Das Kind kam ihr nicht entgegen, gut, so mochte es ferner bleiben.

Der Müller, Peter und Trina erkannten bald den Abstand zwischen Frau und Kind, und die rechte harmonische Stimmung, der frohe und herzliche Ton, wie er in einem Hause herrschen muß, wenn jeder sich wohlfühlen soll, fehlte. Der Müller empfand das, aber er schob jeden unbehaglichen

Gedanken von sich, er hatte jetzt erst mal mit der Ernte zu tun, und dann kamen die Vorbereitungen für den Scheunenbau. Konrad wurde ja doch recht gut versorgt, es mangelte ihm bestimmt nichts und er war auch viel hübscher angezogen als je zuvor.

Aber Konrad fehlte es an Mutterliebe, an echter, herzlicher Zuwendung. Es war manches anders geworden auf der Steinmühle. Als Frau Marianne einst eingezogen war, hatte sie vor den Mahlzeiten die Hände gefaltet und das Tischgebet gesprochen, und ihr zuliebe hatte ihr Mann es ohne Widerrede geschehen lassen. Als Konrad zu sprechen anfing, hatte Trina ihn ein kurzes Gebet gelehrt, und als er es zum erstenmal bei Tisch aufgesagt hatte, waren dem Müller die Tränen über die Wangen gelaufen, und jeder hatte der stillen, liebreichen Frau gedacht, die so früh hatte für immer Abschied nehmen müssen. Von jenem Tage an hatte das Bübchen immer die gefalteten Hände auf den Tisch gelegt, und keiner hatte eher zugelangt, bis der Kleine sein andächtiges Amen gesagt hatte.

Als nun die junge Frau ins Haus gekommen war, hatte sie sich verwundert umgesehen und nachher den Müller veranlaßt, auf das Tischgebet zu verzichten – Konrad bete ja am Abend vor seinem Bettchen, und es sei gewiß nicht angebracht, soviel frommes Wesen zu repräsentieren . . .

Der Müller war darauf eingegangen. Die übrigen Tischgenossen schwiegen traurig.

Auch mit dem Besuch des Gottesdienstes wurde es anders. Das Dorf, zu dem die Steinmühle gehörte, lag eine halbe Stunde entfernt, und da paßte es schlecht, bei jedem Wetter den Weg zu machen, und kostete zuviel Zeit. Frau Berta meinte ohne Gott fertig werden zu können – es war ihr ja auch bisher alles geglückt ohne Ihn. –

Der Herbst war gekommen und die leidlich gute Ernte einge-
bracht. Die neue Scheune war unter Dach, und der Müller
sah sich stolz auf dem Hof um. Die Müllerin trat zu ihm, sie
lächelte und ergriff seine Hand.

„Fritz, du solltest mir einen Gefallen tun, dafür, daß ich die
Scheune gebaut habe."

„Du?" Er sagte es verwundert und ein wenig ärgerlich.

„Na ja, es ist doch von meiner Mitgift gegangen."

„Natürlich, weil ich das fertige Wohnhaus hatte . . ."

„Nun, laß gut sein, wir wollen uns nicht mit Abrechnen auf-
halten, und ich will dir geradeheraus sagen, was ich gerne
haben möchte – eine Glasveranda vor dem Hause!"

Der Müller lachte: „Du willst vornehm werden, auf dem Ei-
chenhof haben sie auch eine, nicht wahr?"

„Ja, und so gut wie der Eichenhofbauer stehen wir auch da –
noch alle Tage!"

Fritz Kallenberg schmeichelte diese Bemerkung, und er erwiderte freundlicher als Frau Berta erwartet hatte: „Na, wir
wollen sehen, wenn wir im Frühjahr die Handwerker hier auf
dem Hof haben, lassen wir sie einen Vorschlag machen."

Beide schritten dem Wohnhaus zu und standen prüfend vor
der Haustür still. Da fiel des Müllers Blick auf den Spruch
über der Tür: „Alles mit Gott". Es stieg heiß in ihm auf. Das
hatte er auf Mariannes Bitte in den Balken schnitzen lassen!
Er sah ihre strahlenden Augen vor sich, als er mit ihr an dieser selben Stelle gestanden hatte. Sie hatte seine Hand in
die ihre genommen und gesagt: „Solange das unser Wahl-
spruch bleibt, sind wir glückliche und gesegnete Leute."
Und dann, als sie zum Friedhof gebracht wurde und er, der
Müller, sich noch einmal nach dem verödeten Haus umge-

sehen hatte, war's ihm wieder ins Auge gefallen: „Alles mit Gott", und er hatte laut aufgestöhnt, aber er hatte es versucht, das Leid mit Gott zu tragen.

„Fritz, du machst wohl schon den Überschlag", klang belustigt die Stimme seiner Frau neben ihm.

Er fuhr erschrocken herum und sah sie verwirrt an. Sie aber fuhr fort: „Der Spruch über der Tür wird allerdings verdeckt werden, aber . . ."

„Der Spruch bleibt!" fiel er ihr heftig ins Wort.

„Aber Fritz! Ich will's dir offen sagen, ich denke, diese frommen Sprüche innen und außen an den Häusern machen auch nichts anders, nichts besser."

„Da denke ich anders. Und nun laß die Sache, der Spruch bleibt da unverdeckt stehen!"

Die Müllerin ging ärgerlich ins Haus. Es war fast Mittag, und Peter Krantz ging gerade zu dem kleinen Bretterverschlag, in dem die Hofglocke hing. Mit ihr wurden schon seit Generationen alle Mühlenbewohner, Meister und Gesell, Knecht und Magd sowie die Kinder zu den Mahlzeiten gerufen. Wenn irgend möglich lief Konrad mit ihm und stand dann andächtig mit gefalteten Händen da. Während des kurzen Läutens entblößte Peter das Haupt. Der Müllerin war es schon lange nicht recht so, und heute, wo der Ärger in ihr kochte, sagte sie hinter dem Knecht her: „Du könntest das Mittagsläuten mal so besorgen wie andere Menschen; dies Nachmachen einer Betglocke gefällt mir nicht!"

„Wenn's der Müller anders will, soll's schon gemacht werden", versetzte er. Seine Worte klangen ablehnend, und die Frau entgegnete heftig: „Habe ich denn vielleicht gar nichts zu sagen?" Peter wandte sich um: „Frau, es ist uns ein Bedürfnis so, laßt es uns doch." Sie sagte nicht ja und nicht nein, murmelte etwas Unverständliches vor sich hin und ging in die Küche. Peter Krantz fragte sich: Warum so? Freilich, er hatte es längst gemerkt: alles, was an die verstorbene Müllerin erinnerte, war ihr unangenehm, und jedes Gespräch darüber brach sie kurz ab. Daß die andere so fromm gewesen war, wußte Berta, und solche Frömmigkeit lag ihr ganz einfach nicht. —

Das Jahr ging zu Ende. Es wurde noch stiller in der einsam gelegenen Mühle. Schaute der Müller auf die verflossenen Monate zurück, konnte er zufrieden sein. Insgeheim zwar zog er oft seufzend den Vergleich zwischen jetzt und früher; aber er gewann der Gegenwart ihre Lichtseiten ab und gab sich Mühe, die Vergangenheit zu vergessen. —

Als es Frühling wurde und die letzte Hand an die Scheune gelegt war, hatte die Müllerin ihren Willen durchgesetzt, und vor dem Haus wurde die Glasveranda errichtet. Der Spruch wurde überbaut. Peter seufzte, als er es sah, und Trina schüttelte den Kopf. Der Müller aber tat, als merke er das nicht. Er wußte, er würde doch den kürzeren ziehen, wenn er sich noch einmal mit seiner Frau darüber aussprechen wollte, und der häusliche Frieden war ihm mehr wert. Ach, daß es jetzt so anderer Art war als früher neben der stillen Frau mit den friedvollen Augen!

Als es wieder Frühsommer war, herrschte große Freude auf dem Hof: es ward ein Sohn geboren! Der Müller ging stolz umher; zwei Söhne waren sicherer als einer, was das Erbe betraf, für das er arbeitete und sich plagte. Konrad lief ihm in den Weg, und er rief ihm zu: „Komm mit mir, du sollst deinen kleinen Bruder sehen!"

Nur langsam kam Konrad näher, und es war etwas von Trauer in den großen Augen, als er den Vater ansah.

„Was hast du denn, Junge?" fragte der Müller verwundert. Eine Weile zögerte Konrad mit der Antwort, dann sagte er unsicher: „Vater, Marieken sagt . . . nun bin ich ganz übrig . . . nun ist nur noch Platz für den kleinen Bruder da . . ."

„So, sagt sie das?" rief der Müller ärgerlich. „Marieken schwätzt ein solch dummes Zeug, mit ihr werd ich doch mal ein Wort reden! Glaub mir, Konrad, du bist und bleibst mein lieber Junge, und der Kleine wird dich auch lieb haben, wenn er erst größer ist, und du wirst ihm ein zuverlässiger großer Bruder sein, ja . . .?"

„Ja , das will ich schon", nickte Konrad nachdenklich, „aber . . . aber wird die Mutter ihn nicht allein für sich haben wollen?"

Der Müller lachte: „Nein, sehr lieb wird's ihr sein, wenn einer da ist, der hin und wieder die alte schwarze Holzwiege schaukelt oder im Garten bei dem Bübchen bleibt, wenn sie zu tun hat."

Da freute sich Konrad und ging mit dem Vater in die dämmrige Schlafkammer, wo das winzige Kerlchen, das heute erst in die Welt gekommen war, eifrig schlief, die kleinen Fäuste links und rechts neben dem Gesichtchen. Er schaute staunend auf das kleine Wesen, und ein heißes Glücksgefühl zog in sein Herz – er spürte, hier war etwas zum Liebhaben für ihn. Das Brüderchen gehörte ihm so gut wie den anderen, und es war nur die Frage: würde es ihn auch lieb haben?

Vom großen Himmelbett her wurde sein Name gerufen, und er ging zur Mutter. Die fuhr ihm mit der Hand über das Blondhaar und meinte: „So, nun seid ihr zweie, ich denke mir, ihr werdet euch schon vertragen und du wirst gut gegen den Kleinen sein, nicht wahr?" Konrad nickte, und sie fuhr fort: „Er soll einen schönen Namen haben, einen vornehmen, – Rudolf soll er heißen, gefällt dir das?"

„Ja", antwortete er, „und . . . und Trina sagt . . . mir gehört er auch . . .?"

Die Müllerin lachte und meinte: „Ja, gewiß; aber nun kannst du wieder spielen gehen."

„Darf ich den kleinen Bruder noch mal richtig sehen?"

„Ja, Frau Lindemann zeigt ihn dir."

Die alte Wärterin erhob sich von dem Lehnstuhl am Fenster und ging mit ihm zur Wiege. Konrad konnte sich nicht sattsehen an dem winzigen Bübchen, das ihm mitgehörte, und golden blickte es ihm aus der Zukunft entgegen, als die Frau sagte: „Das wird ein netter Spielkamerad werden."

„Ja – aber ich komme nächsten Ostern schon zur Schule!"

„Schadet nichts, es ist auch dann noch freie Zeit genug, besonders im Sommer, da kannst du oft mit dem Kleinen spielen und deiner Mutter helfen."

„Ja, das will ich auch."

„Du bist ein guter Junge. Als du zur Welt kamst, bin ich auch hier gewesen, du hast in der selben schönen alten Wiege gelegen, und deine Mutter . . ."

„Frau Lindemann!" klang es hastig vom Himmelbett her, und die Frau trat zur Müllerin. Konrad aber fuhr ganz behutsam über Rudolfs flaumweiche Händchen und ging auf den Zehenspitzen hinaus. –


Von diesem Tag an begann ein neues Leben für den Knaben. Die ganze Liebe, die er schon längst so gerne irgend jemandem geschenkt hätte, übertrug er nun auf das Brüderchen, und die Müllerin merkte bald, welch einen zuverlässigen Aufpasser sie an ihm hatte. Das kam ihr sehr gelegen, weil sie oft in Anspruch genommen war durch die Arbeit in Haus und Hof und Garten. Rudolf gedieh prächtig, und als ein Jahr vergangen war, konnte er schon laufen. Die Leute auf der Steinmühle waren stolz auf den schönen, kräftigen Buben, und dieser wiederum war wie ein Sonnenstrahl für jeden einzelnen, am meisten für Konrad, an dem er mit ganzer Liebe hing. Es war der Müllerin nicht ganz lieb, daß sie selbst anscheinend nur den zweiten Platz im Herzen ihres Kindes hatte, aber daran war nichts zu ändern; sie brauchte sich dafür auch nicht ständig um den Kleinen zu kümmern. In den Sommertagen spielten die beiden Buben oft auf der großen Bleiche, dicht neben dem Mühlbach, oder sie saßen unter dem Holunderbusch, und Konrad schnitzte für Rudolf Pfeifchen. Konrads Leben war anders geworden. Die Freude, die für jeden hineingehört und die ihm lange gefehlt hatte, war nun da.

Was der Müllerin zuerst recht und bequem gewesen war, verdroß sie, als ihr Sohn älter wurde. Leise regte sich in ihrem Herzen die Eifersucht. Dazu kam immer zwingender der Gedanke daran in ihr auf, daß nicht ihr Sohn, ihr Rudolf, die Steinmühle erben werde, sondern Konrad als der Erstgeborene. Hatte sie eine Zeitlang auch herzlichere Gefühle für ihren Stiefsohn gehabt, so vergingen diese mit der Zeit doch wieder, und sie mußte sich alle Mühe geben, es äußerlich nicht zu zeigen. Peter Krantz merkte es wohl und sprach oft bekümmert mit Trina darüber, und Schatten zogen manchmal durch Konrads Seele, wenn er sah, mit welch großer, fast leidenschaftlicher Zärtlichkeit die Mutter ihren eigenen Sohn liebte.

Die Zeit ging dahin. Der Wohlstand auf der Steinmühle mehrte sich. Die Wirtschaft wurde mustergültig geführt, und der Müller rühmte im stillen seine kluge Heirat. Frau Berta hatte den alten Knecht immer wieder darauf hingewiesen, daß sie wünsche, das Mittagsläuten würde gehandhabt wie auch auf anderen Mahlmühlen und nicht in solch unzeitgemäßer Betglockenart; aber es war dabei geblieben, Peter war darin nun mal eigensinnig. Wenn er außer Haus zu tun hatte, mußte Trina läuten, und sie tat es genauso wie der Knecht – „mir zum Trotz", wie die Müllerin ärgerlich schimpfte. –

So waren vier Jahre vergangen, seit der kleine Rudolf geboren war. Es waren glückliche Jahre für ihn und im großen und ganzen auch für Konrad, der nur eines entbehrte: warme Mutterliebe. Wie die Kinder aneinander hingen, daran konnte man seine helle Freude haben.

Es war ein warmer, sonniger Tag, und das Geburtstagskind wußte gar nicht, wo es mit all seiner Freude hin sollte. Rudolf hatte von seinen Eltern ein kleines Schiff geschenkt bekommen, das er sich schon lange gewünscht hatte. Nun stand er am Hoftor und wartete ungeduldig auf Konrad, denn allein durfte er nicht auf den Steg am Bach gehen und das Schiff schwimmen lassen. Da kam der Bruder endlich aus der Schule, und Rudolf rannte ihm entgegen:

„Du, jetzt komm zuallererst mal mit mir an den Bach, ich will das Schiff schwimmen lassen!"

Konrad strich ihm über die heißen Wangen: „Ja, ich komme schon, erst muß ich den Ranzen ins Haus bringen, dann bin ich da. Das wird fein! Gestern hat es geregnet, da ist jetzt viel Wasser im Mühlgraben!"

Rudolf sprang aufgeregt von einem Bein auf das andere, und gleich darauf liefen sie beide über die Bleiche, wo die Müllerin Wäsche aufhängte, dem breiten Steg zu, wo sie eben das Zeug gespült hatte. Das war ein Vergnügen! Der Mühlbach hatte hier ein beachtliches Gefälle, und sein

klares Wasser drehte weiter bachabwärts das große Mühlrad, dessen nasse Schaufeln in der Sonne blitzten.

Das Schiff schwamm großartig. Konrad hatte es an eine lange Schnur gebunden. Die Müllerin hörte das Lachen der
Kinder und konnte es nicht hindern, daß gerade jetzt wieder
einmal der schlimme Gedanke in ihr aufstieg, es sei besser,
es lache nur e i n e r , i h r Junge! Einen Blick noch warf sie
auf die spielenden Kinder, dann ging sie, unzufrieden mit
sich selbst, ins Haus. Unterwegs wandte sie sich noch einmal um und rief den beiden zu, nun sei es genug des Spie-
lens am Wasser. Sie gehorchten, wenn auch mit Bedauern,
und banden das Schiff an einem der Pfähle fest. Sie setzten
sich dann in ihre Holunderlaube, die Peter ihnen im letzten
Sommer zurechtgezimmert hatte, und Rudolf fragte eifrig
nach der Schule, und ob sie auch wieder eine Geschichte
erzählt bekommen hätten. Konrad berichtete ihm und sagte
seinem kleinen Bruder, was sich in der Schule im einzelnen alles ereignet hatte. Plötzlich wurden sie unterbrochen:
die Müllerin rief Konrad – er sollte ihr schnell etwas aus dem
Garten holen. Er sprang auf. „Du bleibst so lange hier sitzen,
hörst du? Geh ja nicht allein ans Wasser!" schärfte er dem
Kleinen ein.

„Bleib aber auch nicht zu lange weg!" rief Rudolf ihm nach.

Nun war er allein in der kühlen Laube, durch deren Geäst die
Sonne glitzerte. Unter der Sitzbank krabbelte ein Käfer, und
auf dem wilden Rosenbusch neben dem Eingang saß ein
Vöglein und sang. Das Rauschen des Mühlbachs klang
herüber, und Rudolf dachte daran, wie lustig das Schiffchen
jetzt schaukelte. Ob er nicht doch einmal hingehen und
nachschauen sollte? Aber nein, Konrad hatte es ja verboten.
Doch er brauchte ja gar nicht auf den Steg zu gehen, er
konnte ja von der Bleiche aus alles sehen . . . Einen Augenblick zögerte er noch – der Vogel sang so fröhlich und das

Wasser rauschte so verlockend – nur von ferne zusehen, das konnte doch nicht schaden! Schon lief er auf die Bleiche. Das Vöglein flog auf, aber der Bach rauschte um so verlockender. Eine Weile blieb er vor dem Steg stehen, schaute seinem Schiff zu und freute sich an dessen munterem Geschaukel. Plötzlich trieb ein altes Aststück den Bach herunter. O weh, es schwamm gerade auf das Schiff zu! Da vergaß das Bübchen alle guten Vorsätze, sprang auf den Steg und griff nach dem Schiffchen. Doch der Ast hatte es bereits losgerissen, und es trieb weg. Rudolf reckte sich ihm nach – er m u ß t e es noch erreichen – noch einmal zugreifen – doch vergebens, einen Schrei stieß Rudolf aus und stürzte kopfüber ins Wasser.

Konrad hatte seinen Auftrag erledigt und kam in die Laube zurück. Erschrocken sah er, daß sie leer war. Er rannte hinaus, Schlimmes ahnend, und sah Rudolf mit dem Schiffchen hantieren. Doch ehe er noch rufen konnte, geschah das Unglück, und der Kleine verschwand in den Wellen.

Auch die Müllerin hatte den Schrei gehört, als sie gerade wieder auf die Bleiche trat. Sie faßte sich an die Brust: so schrie nur jemand in Todesangst! Schon lief sie auf den Mühlbach zu, und da sah sie, was passiert war.

Konrad wollte seinem kleinen Bruder zu Hilfe kommen und sprang zu ihm ins Wasser. Obwohl die Strömung an dieser Stelle stark war, gelang es ihm, den Kleinen zu packen. Aber er schaffte es nicht, mit seiner Last ans Ufer zu klettern. Verzweifelt stemmte er sich gegen das Wasser, das ihm bis an den Hals reichte.

„Einen Augenblick nur halt noch aus!" schrie die Müllerin ihm zu. Doch da sah sie, daß Konrad sich nicht mehr gegen die Strömung zu halten vermochte und mitsamt seiner Last in die Mitte des Baches gezogen wurde. Schon riß der Sog die beiden Jungen mit auf das große Wasserrad zu . . .

Die Müllerin fiel auf ihre Knie: „O, Herr, hab Erbarmen – laß das Rad stillstehen . . .!"

Da ertönte die Mittagsglocke, und das Rad stand still. Peter Krantz nahm die Kappe von den grauen Haaren und sprach ein kurzes Gebet.

Die Müllerin starrte fassungslos auf das eben noch tosende Wasser, das sich nach dem Stillstehen des Rades sofort beruhigte, dann sprang sie in den Bach. Sie kam gerade noch rechtzeitig zu den beiden Buben, denn Konrad vermochte sich nicht mehr aufrecht zu halten. Es gelang ihr bei äußerster Anstrengung, die beiden ans Ufer zu ziehen. Rudolf war bewußtlos, und nun sank auch Konrad ohnmächtig ins Gras. Die Müllerin, ebenfalls völlig außer Atem, rannte auf das Haus zu, um Hilfe zu holen. Da gewahrte sie Peter. Sie rief ihn, und da sah er die beiden Jungen wie tot im Gras liegen. Fast stand ihm das Herz still vor Schreck.

„Müllerin, könnt Ihr den Kleinen tragen?"

Sie nickte. Da hob er Rudolf vom Boden auf und legte ihn ihr auf die Arme. Er schwang sich Konrad über die Schulter, und dann eilten sie dem Haus zu. Entsetzt schaute der Müller ihnen entgegen. Er nahm seiner Frau den Jungen von den Armen. Sie rief Trina, und beide machten den Kindern die Betten warm. Der junge Knecht mußte in höchster Eile das Pferd satteln und zum Arzt reiten.

Als der Arzt endlich in gestrecktem Galopp mit seinem leichten Korbwagen auf den Hof gejagt kam, hatten sich nach den verzweifelten Bemühungen der Eltern und des Gesindes bei den zwei Jungen erste schwache Lebenszeichen gezeigt, und es ging wie ein Aufatmen durchs ganze Haus. Der Arzt war fürs erste zufrieden, blieb aber noch über eine Stunde bei den Verunglückten. Konrad erholte sich schneller als Rudolf, der einen schweren Schock bekommen hatte.

„Ich kann hier zunächst nichts weiter tun", sagte Doktor Bachmann, als er sein Wägelchen wieder bestieg. „Jetzt noch ein wenig Vorsicht und Ruhe, dann werden die zwei Wasserratten ihr Wasserbad bald verkraften. Ich schicke Arznei. Der Kleine ist tüchtig durcheinander, er muß vor allem jetzt schlafen und wieder zu sich selbst finden."

Auch die Müllerin brauchte dringend Ruhe und legte sich ein wenig hin.

Trina ließ es sich nicht nehmen, bei den Buben zu wachen. Sie saß bei ihnen in der Kammer und schaute besorgt auf die beiden Schläfer. Konrad lag ruhig und schlief fest, aber Rudolf warf sich unruhig hin und her. Er war auf einmal ganz wach.

„Du mußt ganz still liegen", sagte Trina, „dein Bruder schläft."

„Trina . . ."

Sie beugte sich über ihn. „Mein Schiffchen . . . der Ast . . . Trina, ich war nicht gehorsam . . ."

„Davon wollen wir ein andermal sprechen, jetzt schlafe erst mal."

„Trina . . ."

„Ja?"

„Vergibt der Heiland mir das denn auch?"

„Wenn du Ihm bekennst und es dir leid tut, vergibt Er dir auch."

Da strahlte der Kleine über das ganze Gesicht, und er schloß die Augen wieder zu einem kurzen, unruhigen Schlummer.

Trina faltete die Hände, und aus ihrem Herzen stieg ein inniges Dankgebet zu Gott, der so wunderbar geholfen hatte.

Und dann kam in ihr auch ein wenig Stolz auf über ihren Jungen, ihren Konrad, der ein Held gewesen war . . .

Es war still in der kleinen Kammer. Man hörte nur die leisen Atemzüge der beiden Schläfer. Da übermannte auch Trina die Müdigkeit, ihre Augen fielen zu und ihr Kopf neigte sich; ihr letzter Gedanke war, was wohl Frau Marianne sagen würde, wenn sie ihren braven Jungen heute gesehen hätte.

Aber auch Berta gedachte in diesen Augenblicken der Mutter des Jungen, der ihr eigenes Kind vor dem Tod bewahrt hatte. Ihre böse Eifersucht verflog wie ein Rauch, und ein Gefühl tiefer Scham bemächtigte sich ihrer. Als sie dann erst anfing, ihr ganzes bisheriges Verhalten Konrad gegenüber zu überdenken, fühlte sie sich schuldig. Wieviel hatte sie an dem Jungen versäumt und wieder gutzumachen! Wie wenig Liebe hatte sie ihm zugewandt! Hatte sie nicht sogar noch heute, als die beiden Jungen beim Spielen lachten, gedacht, es sei besser, wenn nur e i n e r lache! Ach, das war zutiefst beschämend! Und plötzlich erkannte sie sich auch im Lichte Gottes. Nun schlug ihr das Herz bis zum Halse. Was hatte sie bisher von sich selbst gehalten! Wie wenig hatte sie nach dem Willen Gottes gefragt, wie wenig auf Sein Wort geachtet, wie völlig gleichgültig die Aussagen der Bibel von sich gewiesen! „O, Gott, ich bin eine Sünderin, eine große Sünderin! Ich bin verloren! Ich habe keine Gnade, keine Barmherzigkeit verdient! Wie hoch habe ich von mir gedacht!" Ihre Not wurde schließlich so groß, daß sie sich vor ihrem Bett auf die Knie warf und unter Tränen flehte: „Hab Erbarmen, Herr, hab Erbarmen – um Jesu willen!"

Eine ganze Zeitlang flehte sie um Gnade und Barmherzigkeit und demütigte sich immer wieder wegen ihrer Schuld vor Gott, bis es schließlich in ihrem Herzen ruhiger wurde. Gott schenkte es, daß sie nicht mehr nur auf sich und ihren sündigen, verlorenen, hoffnungslosen Zustand blickte, sondern auch auf den Heiland, der für Verlorene Sein teures Leben hingab in Tod und Gericht. Sie glaubte dem Worte Gottes, dieser guten Botschaft, die Heil bedeutet, den Sünder begnadigt, Vergebung schenkt und ewiges Leben.

Da hörte sie im Nebenzimmer den kleinen Rudolf sprechen:

„Mein Schiffchen . . . Konrad, komm doch endlich . . . mein Schiffchen schwimmen lassen . . ."

Die Stimme klang so fieberheiß. Die Müllerin trat ans Bett ihres Kindes und legte ihm die Hand auf die glühende Stirn. Da sah er sie mit glänzenden Augen an und sagte:

„Konrad ist lieb, Mutter, ja? Konrad . . . ich hab' ihn lieb . . ,"

„Ich habe ihn auch lieb, Rudolf, – aber nun schlaf du nur weiter, wir sind ja hier bei dir – Konrad auch."

Beruhigt wandte Rudolf den Kopf zur Wand und schlief wieder ein. –

Draußen auf dem Hof wurde Feierabend gemacht. Rotgolden fielen die letzten Sonnenstrahlen durch das Kammerfenster. Die Müllerin zog den Vorhang ein wenig zurück, daß es in der Kammer heller wurde. Konrad bewegte sich, und Frau Berta trat an sein Bett. Er lag mit weit offenen Augen da und richtete sich jetzt auf.

„Wie geht es Rudolf?" fragte er zaghaft.

Die Müllerin kniete an seinem Bett nieder und legte den Arm um seinen Nacken. „Gut", antwortete sie und fügte dann leise hinzu: „Du hast ihm das Leben gerettet."

Konrad strahlte. Frau Berta aber zog seinen Kopf an ihre Brust und küßte ihn. Sie wollte etwas sagen, ihren Empfindungen durch Worte Ausdruck geben, aber das vermochte sie nicht. Eine ganze Weile hielten sie einander umschlungen. Beide schwiegen in stummem Verstehen, und seit vielen Jahren fühlte Konrad sich zum ersten Male wirklich geborgen.

„Konrad, mein Junge, ich danke Gott, und ich danke dir", sagte die Mutter schließlich. Er wurde ein wenig verlegen und drückte sie noch einmal fest an sich, und Frau Berta gelobte in ihrem Herzen: „Ich will ihm von heute an stets eine gute Mutter sein!" Und auf die reiche Gnade blickend, die sie vor wenigen Augenblicken auf den Knien in der Gegenwart Gottes erfahren hatte, wußte sie, daß Gott ihr auch dazu die nötige Gnade schenken werde. Sanft legte sie Konrads Kopf in die Kissen zurück und stand auf. „Morgen könnt ihr hoffentlich beide wieder aufstehen", meinte sie. „Nun muß ich das Abendbrot richten. Rudolf schläft schon wieder . . ."

Konrad war glücklich. Hatte Gott ihm nicht die größte Bitte seines Herzens erfüllt, die er täglich in seinem Gebet zum Ausdruck gebracht hatte: „Gib doch, daß Mutter mich auch lieb hat!"?

Wenig später waren alle außer den beiden Jungen am Abendtisch versammelt. Der Müller, der schon ein paarmal zu seiner Frau hingesehen hatte, sagte auf einmal:

„Berta, du siehst aus, als wäre heute das höchste Glück in unser Haus gekommen."

Sie nickte, und während sie mit der einen Hand über ihre Augen strich, reichte sie ihm die andere hin und antwortete:

„Ja, das ist es auch."

Der Müller, Peter und Trina sahen sie fragend an, doch sie vermochte jetzt nichts weiter zu sagen. Ihre Augen aber leuchteten, wie es noch keiner an ihr gesehen hatte. –

Als sie am nächsten Morgen schon sehr früh vor der Haustür stand und Umschau hielt, als ob sie auf jemanden warte, begegnete ihr Peter, der auf dem Weg zur Mühle war. Sie winkte ihm, und er trat zu ihr. Es war offenbar, daß sie gerade ihn abgepaßt hatte. Ein wenig verlegen war sie zwar, aber sie überwand sich schnell, reichte ihm die Hand und erklärte:

„Peter – ich danke dir – ohne die Betglocke und dein Gebet wären jetzt beide Kinder nicht mehr am Leben."

Der Alte nickte: „Ja, es ist so und bleibt so: Weg hat Er allerwegen."

„Peter", sagte sie dann weiter, „die Betglocke soll auf der Steinmühle weiterhin jeden Tag geläutet werden. Du baust ein neues Schutzdach darüber; du weißt besser als ich, wie das beschaffen sein muß . . ."

„Das ist ein guter Gedanke, Müllerin, ein guter Gedanke", antwortete der alte Mann, und es leuchtete froh auf in seinen Augen.

Frau Berta nickte ihm freundlich zu, und er wandte sich zur Mühle. –


Um die Mittagszeit kam der Arzt wieder. Er erlaubte Konrad aufzustehen. Aber um Rudolf machte er sich Sorgen. Der Kleine fieberte und hustete.

„Ich komme morgen wieder", versprach er der Mutter, die ihn ängstlich ansah.

Am Hoftor wartete der Müller auf den Arzt und sprach ihn wegen Rudolf noch einmal an; er kannte den alten Herrn zu gut, als daß er nicht bemerkt hätte, wie dieser sich sorgte.

„Ja, wenn Sie's wissen wollen, Steinmüller, so deutet alles darauf hin, daß eine Lungenentzündung im Anzug ist, und da kann niemand wissen, wie das abläuft. Danken Sie Gott, daß der andere Junge so gut davongekommen ist – die Müllerin hat mir ja alles erzählt. Der Bursche hat sich sehr tapfer gehalten. Lassen Sie ihn noch ein paar Tage aus der Schule, es sind ja ohnehin bald Ferien."

In des Müllers Gesicht malte sich Angst. „Herr Doktor – Sie meinen, daß Rudolf recht krank ist . . .?"

„Das Fieber ist hoch", erwiderte der Arzt ausweichend, „wie gesagt, ich kann Ihnen noch nichts Bestimmtes sagen."

Damit bestieg er seinen Wagen und fuhr fort. Der Müller stand noch eine Weile am Hoftor unter der breitästigen Kastanie und grübelte vor sich hin. Wenn Konrad so krank wäre, nun, seinem Herzen stand dieser ganz sicher ebenso nahe, aber – nun, wie die Verhältnisse nun einmal lagen – für den häuslichen Frieden, der ihm über alles ging, wäre es vielleicht besser . . . Er erschrak. Wozu war er fähig! Wie durfte er solchen Gedanken Raum geben! Er schüttelte über sich selbst den Kopf und wandte sich zur Mühle.

Da wurde er angesprochen. Konrad hatte gemerkt, daß irgend etwas nicht in Ordnung war, und fragte, als er des Vaters verstörtes Gesicht gewahrte:

„Vater, was ist mit Rudolf? Ist er sehr krank?"

„Der Doktor weiß noch nicht was wird. Wir müssen abwarten."

„Kann . . . kann er sterben?"

Da überkam den Müller ein heftiges Zittern. Er mußte sich sehr zusammennehmen, als er sich zu seinem ältesten Sohn wandte, ihm die Hand auf die Schulter legte und sagte:

„Bete zu Gott, daß Er deinen Bruder wieder gesund macht."

„Ja, Vater."

Sie gingen ein Stück nebeneinander her, dann trat der Müller durch die niedrige Tür in die Mühle, wo Peter Krantz zwischen den Kornsäcken wirtschaftete. Draußen hörte man das Wasser über das Mühlrad rauschen. Peter trat auf den Müller zu und fragte:

„Müller, ich sah, der Doktor war da – ist der Kleine ernstlich krank geworden?"

Der Müller zuckte die Achseln: „Müssen sehen."

„Daß das zu viel für das Kind war, kann man sich denken. Aber, Meister, der große Gott lebt noch."

Der Müller nickte zerstreut, und Peter ging wieder an seine Arbeit. Eine ganze Weile stand der Steinmüller noch an der selben Stelle. Er hörte aber nicht das Brausen des Mühlbaches und das Klatschen der Radschaufeln, denn noch immer tönte es in seinen Ohren: „Der große Gott lebt noch." „Er lebt noch – mir zum Richter", so mußte er sich sagen. Er hatte Ihn nie gebraucht, Ihn nie geehrt, war nie eingetreten für Seine Belange, ja hatte Ihn vergessen. Wie hatte Marianne zu ihm gesagt, als er gemeint hatte, alles durch s e i n e Arbeit, s e i n e Kraft zwingen zu können? „Was hülfe es dem Menschen, wenn er die ganze Welt gewönne und nähme doch Schaden an seiner Seele?" Er versuchte die Gedanken, die ihn anklagten, abzuschütteln, aber das gelang ihm nicht, dazu wußte er zu genau, was er Gott schuldig war; das hatte er von Marianne, die sich allezeit vor Gottes Angesicht gewußt hatte, oft und deutlich genug gezeigt bekommen. Schließlich hielt es ihn nicht mehr in der Mühle. Er trat ins Haus, zog seine Holzschuhe aus und stieg hinauf auf den Speicher. Am ganzen Körper zitterte er, und große Schweißtropfen standen auf seiner Stirn. Er erkannte: Jetzt war der entscheidende Augenblick gekommen, jetzt redete Gott mit ihm, und jetzt ging es um das Heil seiner Seele. Er warf sich auf seine Knie und flehte: „O Gott, sei mir, dem Sünder, gnädig! O, hab Erbarmen! O, Herr, wie habe ich Ursache mich zu demütigen! Wie redest Du so ernst zu mir – durch große Güte und durch ernste Warnung! Hier bin ich – selbstgerecht, überheblich, mich besser dünkend als alle anderen! O, vergib, vergib! Herr, um Deiner Gnade willen laß mich Dein Heil schauen! Ist Er, Dein Eingeborener, nicht auch für mich gestorben? O, welch Erbarmen, Ihn als Dein Heil schauen zu dürfen . . .“

Lange lag er so auf seinen Knien, bis er dieses Heil Gottes, diesen Heiland Jesus Christus auch als seinen persönlichen Heiland erkannte und annahm. Und dann kam Freude in seinem Herzen auf und ein tiefer Friede. „Herr, erbarme Dich auch über unseren Jungen, unseren Rudolf; o, Dir sei er anbefohlen, und wir wollen Dir nun auch vertrauen, daß Du alles wohl machst, alles so, wie es zu unserem Segen ist.“

Er erhob sich, stieg die Treppe hinab, schlüpfte in seine Holzpantinen und trat auf den Hof. Im selben Augenblick tönte das Glöckchen zu ihm herüber. Zum erstenmal nahm er die Mütze vom Kopf. „Es wird nun alles, alles anders“, sagte er sich, und sein Herz wollte schier überfließen von Lob und Dank.

Während der Zeit saß die Müllerin am Bett ihres Kindes. Immer wieder flehte sie zu Gott, der nun auch ihr himmlischer Vater war, um Gnade und Erbarmen für das Kind. Und immer wieder vermochte sie auch hinzuzufügen: „Wie Du willst.“ Ach, wie sorgte sie sich um ihren Jungen! Der Kleine hatte hohes Fieber, sein Atem ging stoßweise, sein Puls jagte. Da öffnete sich leise die Tür und Konrad kam herein.

„Mutter – ist er sehr krank?“

Sie nickte.

Konrad zog sich einen Schemel neben sie und sah ängstlich auf die hochroten Wangen des kleinen Bruders.

„Konrad, du solltest draußen spielen, die Sonne scheint warm . . ." meinte die Mutter.

Er schüttelte den Kopf: „Ich mag jetzt nicht."

Lange saßen die beiden schweigend nebeneinander. Endlich meinte Konrad zaghaft: „Mutter, der Heiland kann ihn wieder gesund machen – ich habe Ihn gebeten, du auch?"

Sie legte den Arm um ihn und sagte leise: „Ja. Und ich möchte Ihm auch vertrauen, und wenn es auch – so schwer ist." –

Es kamen ernste Tage für die Bewohner der Steinmühle; ein jeder trat vorsichtig und leise auf, und alles Lachen war verstummt. Der Arzt kam täglich, und jedesmal war sein gutes Gesicht ernster und sorgenvoller, so daß jeder auch ohne zu fragen wußte, wie es stand. Die Müllerin hatte die Nachtwachen, am Tage war Konrad im Krankenzimmer, und so jung er auch war, so zuverlässig erwies er sich. Trina setzte sich zuweilen abends an das Bett des schwerkranken Kindes, damit Konrad ein wenig nach draußen könnte um zu spielen, aber das lehnte dieser entschieden ab und blieb still neben Trina am Bett des Kranken sitzen.

„Du wirst auch noch krank", warnte Trina. Er aber schüttelte den Kopf. Er konnte jetzt nicht fröhlich spielen, und außerdem wußte er auch ganz sicher, daß Mutter sich freute, wenn er da war. Es war anders zwischen ihnen beiden geworden. Ganz zaghaft hatte die Mutter hin und wieder den Arm um ihn gelegt oder ihm ein liebreiches, anerkennendes Wort gesagt, und seine hungrige kleine Seele hatte sich mehr und mehr aufgetan. Nun begegneten sie einander in der wachsenden Sorge um Rudolf. Konrad sah, daß die Mutter oft mit gefalteten Händen dasaß und betete. Das war für ihn etwas völlig Neues, etwas, das ihm sehr viel Freude machte.

Doktor Bachmann merkte, daß die Kräfte des Kranken abnahmen, das Fieber verzehrte ihn.

„Er ist noch nicht über den Berg", sagte eines Tages der Arzt, „passen Sie gut auf ihn auf!"

Konrad hatte diese Worte mitgehört. „Ich passe auch auf", versicherte er.

Ein Lächeln flog über das Gesicht des Arztes, und die Müllerin legte Konrad die Hand auf die Schulter: „Einen zuverlässigeren Krankenpfleger können Sie sich nicht denken."

Doktor Bachmann nickte ihm anerkennend zu und lobte: „Recht so, mein Junge, und nun wollen wir hoffen, und du kannst für deinen Bruder beten . . ."

Konrad nickte eifrig: „Ja, das tue ich auch."

Die Augen des alten Herrn wurden feucht, und er wandte sich zur Müllerin: „Liebe Frau Kallenbach, an dem haben wir einen starken Verbündeten – vielleicht sogar den stärksten." –


Es war spät am Abend. Im Müllerhaus war schon längst Ruhe eingekehrt, nur im Kinderzimmer saß die Müllerin am Bett ihres kranken Kindes. Sie hatte die Lampe gelöscht. Der Mond schien hell in den kleinen Raum und ließ das blasse Gesicht des Kindes noch blasser erscheinen. Ängstlich lauschte sie auf seinen Atem. Plötzlich glaubte sie leise Schritte zu hören. Jetzt öffnete sich die Tür, und ganz vorsichtig schob sich eine schmale Gestalt ins Zimmer. Konrad flüsterte:

„Mutter, ich kann nicht schlafen – ich bleibe bei dir."

Sie umarmte ihn: „Ich freue mich so, daß du da bist, setze dich neben mich."

So saßen sie denn gemeinsam neben dem unruhig schlummernden Kind. Die Müllerin war am Ende ihrer Kraft, und als der Mondschein aus der Kammer wich, lehnte sie den Kopf in den alten Sorgenstuhl zurück und schloß die Augen. Konrad hatte die Hände gefaltet und freute sich, als er sah, daß Rudolf ein wenig ruhiger geworden war. Doch dann sorgte er sich wieder: Rudolf bewegte sich überhaupt nicht mehr! Ob er nicht die Mutter wecken sollte? Im stillen betete er unermüdlich in kindlichem Vertrauen.

Dann zeigte sich das erste Dämmern des neuen Tages. Als das Licht stärker wurde und das nächtliche Dunkel verscheuchte, konnte Konrad immer besser das blasse Gesicht des Bruders in den Kissen sehen. Ganz still lag Rudolf da, die Augen fest geschlossen. Die Morgenhelle nahm schnell zu, bald flog ein rötlich Glänzen über die Wände, und jetzt sah Konrad deutlich des Bruders Gesicht, sah, wie sich die Brust leise und stetig hob und senkte, sah, wie auf der Stirn Schweißtropfen perlten, und wenn er es auch nicht mit Bestimmtheit wußte, so ahnte er doch, daß dies alles Gutes bedeutete.

Draußen krähten die Hähne, und die Müllerin fuhr erschrocken auf. Sie sah sich verstört um – wie konnte sie nur schlafen! Da legte sich eine kleine Hand auf ihren Arm: „Mutter, ich glaube, es geht besser mit Rudi!"

Ein Blick auf den Kranken gab ihr die Bestätigung. Nun ließ die Spannung nach. Frau Kallenberg schlug die Hände vors Gesicht, und dann weinte sie, weinte so sehr, daß Konrad sie bestürzt ansah: „Mutter, freust du dich nicht?"

Sie wischte sich über die Augen und flüsterte: „O, so sehr, so sehr! Gott sei gedankt! Ihm sei Dank, Ihm sei Dank!"

Im Hause wurden vorsichtig Türen geöffnet und geschlossen. Da sprach die Müllerin leise, indem sie sich erhob: „Ich muß es deinem Vater und allen anderen im Hause sagen, sie sorgen sich ja alle. Du bleibst hier, mein kleiner Getreuer, nicht wahr?"

Konrad nickte eifrig, und sie ging hinaus. Der Müller kam gerade aus der Wohnstube, und sie strahlte ihn an: „Fritz, es geht besser!"

Es war wie ein Jubelruf. Peter und Trina kamen aus der Küche gelaufen, sie hatten die Worte gehört. Nun nahm der alte Knecht die Mütze vom Kopf und stammelte: „Du, unser großer Gott, unser Herr und Heiland, wie gütig bist Du!"

„Ja", sagte die Müllerin ernst und bestimmt, „ich weiß, daß dem so ist! Er ist gütig – und voll Barmherzigkeit!" –

Nach einer Stunde schon kam Doktor Bachmann. Das Befinden seines kleinen Patienten hatte ihm keine Ruhe gelassen. Der Müller stand am Hoftor und begrüßte ihn fröhlich. Da atmete der Arzt erleichtert auf.

Leise trat er ins Krankenzimmer. Im Lehnstuhl kauerte Konrad und schlief fest. Neben ihm saß die Mutter, das Herz übervoll von Dank gegen Gott, den sie in den letzten schweren Tagen als ihren Heiland gefunden und der nun alles so wohlgemacht hatte. Der Arzt sagte ruhig: „Liebe Frau Kallenberg, Ihr Kind ist gerettet. Danken Sie Gott dafür – meine Kunst war hier am Ende." Dann zeigte er auf Konrad: „Der kleine Mann hier bedarf auch guter Pflege. Hat er sich nicht prächtig gehalten? Er ist von Natur zart besaitet, wie auch seine Mutter es war, – sehr empfindsam, sie paßte nicht in diese derbe Welt hinein . . ."

„Sie müssen mir einmal einiges von ihr erzählen, Herr Doktor", entgegnete die Müllerin, „ich spüre ja, wie sehr alle hier noch an ihr hängen. Und was meinen Konrad anbelangt, nun, da soll es in Zukunft an nichts fehlen." Wieder kamen ihr die Tränen. Doch es schimmerte viel Freude hindurch.

Es folgten stille Tage, Tage der Genesung. Auch Konrad mußte sich erholen von diesem gewaltigen Schrecken, dieser Angst um den geliebten kleinen Bruder. Frau Berta konnte nicht genug tun, um nachzuholen, was sie an Konrad versäumt hatte. Immer mehr erkannte sie, was es bedeutet, wenn eine Kindesseele im Sonnenschein reicher Mutterliebe zu ihrem Recht kommt.

Und dann kam der Tag, wo die beiden Jungen zum erstenmal wieder im Freien spielen durften. Als sie nachher in der Laube saßen, hörten sie auf einmal Stimmen in der Nähe. Sie schauten hinaus. Vor dem Mühlhaus stand die Müllerin mit ihrem Mann in eifriger Beratung. Sie sagte gerade: „Es wird schon gehen, Fritz. Das ,Alles mit Gott' muß wieder heraus, und wenn die ganze Glasveranda verschwindet."

Er sah sie dankbar an: „Warte einmal, da kommt Peter, der weiß sicher Rat." Als Peter um den Wunsch der Müllersleute wußte, sah er sie glücklich an: „Frau, das wird gehen, ich hab mir's oft schon im stillen überlegt, was ich vorschlagen wollte, wenn der Augenblick einmal käme. Den a l t e n Spruch kriegen wir nicht wieder heraus, ist auch nicht nötig, denn da ist ein Kunsttischler in der Stadt, der schnitzt unseren Spruch auf einem dicken Brett ein, kann ihn auch noch vergolden, und das kommt dann dicht über die Haustür."

„Ist recht so", stimmten der Müller und seine Frau zu, „besorge alles, Peter; wenn die Ernte herein ist, mag er fertig sein. Das wird uns allen Freude machen." —


Der Herbst kam. Reicher Segen ward von den Feldern der Steinmühle in die Scheune gefahren. Konrad und Rudolf hatten rote Wangen bekommen, und beiden sprühte Lebenslust aus den Augen. Nun sollte Erntefest gefeiert werden. Auf dem Steinhof war es keine laute Feier, es war ein freier Tag für Herrschaft und Bedienstete. Peter machte hier und da eine Andeutung, daß der Tag noch etwas Besonderes bringen würde. Am Abend vorher war er in die Stadt gefahren, sehr geheimnisvoll, und nun, als der Tag des Erntefestes anbrach, war er schon sehr früh in Tätigkeit. Als der Müller und seine Frau aus der Haustür traten, führte Peter gerade den letzten Hammerschlag. Er hatte das Brett mit dem Spruch über der Tür befestigt, und fast sah es aus, als wären die großen steifen Buchstaben in den Balken selbst hineingeschnitten. „Alles mit Gott" leuchtete es den Müllersleuten in goldenen Lettern entgegen. Fritz Kallenberg nahm seine Frau bei der Hand, und sie sah ihn mit hellen Augen an. Dann wurde Trina gerufen. Als sie den Spruch sah, liefen ihr die Tränen über die Wangen. Und dann kamen die beiden Jungen gesprungen, und alle schauten zu den Worten auf, in stiller Andacht, und es war, als zöge ein Hauch aus einer anderen Welt an ihnen vorüber. Der Müller gedachte seiner ersten Frau, und es zuckte um seine Lippen. Frau Berta wußte, was in ihm vorging. Aber sie neidete der Verstorbenen nicht dieses liebevolle Gedenken, sie wünschte nur, daß sie ihr ein wenig ähnlicher würde.

Peter hatte sich leise entfernt, und jetzt tönten auf einmal ‚Betglockenklänge' herüber, hell und freudig, und der Müller entblößte sein Haupt. Sie alle, er und Frau Berta, Trina und auch die beiden Buben, falteten die Hände, und der Müller sprach aus übervollem Herzen ein kurzes Dankgebet.

Klare Tautropfen glitzerten von Baum und Strauch. Hoch in der Luft flog eine Schar Tauben. Die Sonne übergoß alles mit goldenem Licht. Noch immer standen sechs Menschen vor dem Haus; eine feierliche Sonntagsstimmung ließ sie lange schweigen. Dann liefen die Kinder davon, einem goldbunten Falter nach. Der Müller aber sagte leise: „Alles mit Gott."

Frau Berta schob die Hand unter seinen Arm, und auch sie sprach freudig: „Ja, so soll es bleiben – alles mit Gott!"

# „Vergib uns unsere Schuld"

Wie in ein weißes Kissen gebettet lag das Städtchen inmitten eines ganzen Waldes blühender Obstbäume, der sich sanft ansteigend emporzog zu den blauen Vogesenbergen am Horizont. Die ganze Welt duftete nach Flieder und Goldlack, die Nachtigallen bauten ihr Nest, der Hahn auf dem Kirchturm glänzte im Sonnenschein, und die Kastanien steckten gerade ihre weißen und roten Kerzen auf.

Nahe der Kirche, ein wenig abseits von den anderen, stand ein kleines Haus, einfach, schmucklos, aber sauber getüncht. Die Fenster waren blitzblank, und das Dach, das der Herbststurm im vorigen Jahr arg mitgenommen hatte, sah aus wie ein gutgeflickter Schuljunge, dem die Mutter Lappen aus neuem Tuch auf die verblichene Herrlichkeit vom vergangenen Sommer genäht hat. Auf den blankgescheuerten Treppenstufen saß ein grauer Kater und blinzelte träge in die Sonne, und über der Tür stand mit großen schwarzen Buchstaben geschrieben: „H. Sell, Malermeister".

Neben dem Haus floß ein schmaler Bach vorbei, und dort hockten zwei Kinder und ließen ein weißes Papierschiffchen im Wasser schwimmen. Der Junge, ein prächtiger Bub von sechs Jahren, war fast einen Kopf größer als das blonde Schwesterchen. Überhaupt sah das Mädchen nicht so munter aus, sondern eher ein wenig blaß und ernsthaft. Zuweilen, wenn sie den lebhaften Bruder am Jackenärmel zurückhielt, damit er nicht vor Eifer kopfüber ins Wasser fiel, dann sahen die großen Vergißmeinnichtaugen so besorgt und erwachsen drein. Manchmal während des Spiels setzte sie sich ein wenig auf die sonnenbeschienenen Treppenstufen, und dann sah man deutlicher als vorher, daß die Schultern des Kindes ungleich waren. Jetzt gab der Junge dem Spielzeug einen Stoß mit dem Schuh, daß es wie im Wirbelwind über den weißen Kieseln tanzte, noch einmal sich wendete und dann um die Ecke verschwand.

„O Ernestel", sagte die Kleine bedauernd, „was machst du denn? Nun ist das Schiff fort!"

Er nickte leichthin. „Morgen machst du mir ein neues, Mariele. Heut hab ich keine Zeit mehr. Ich muß zu Doktors. Die Fräuleins haben schon ein paarmal gesagt, ich soll mal wieder kommen."

Er unterbrach sich, ein wenig verlegen; vielleicht hatte er die Bitte in den blauen Augen verstanden. Prüfend musterte er Marieles verwaschenes Kattunkleidchen. Da sah er selbst freilich anders aus in dem flotten blauen Matrosenhemd, das ihm die Mutter erst vorige Woche genäht hatte.

„Es geht nicht, Mariele", sagte er zögernd, „ich kann dich nicht mitnehmen. Einmal am Sonntag, wenn du das andere Röckel anhast. Und weißt, man darf nur gehen, wenn man eingeladen ist. Und ich will dir ein Bild mitbringen, eine Murmel oder ein Stück Kuchen, sie werden mir schon etwas geben!"

Schnell wusch er sich noch die Hände im Bach, dann rannte er davon. Marieles sehnsüchtigen Blick hatte er wohl nicht mehr gesehen, und auch nicht die zwei Tränen, die langsam über das Gesichtchen rannen. Die Sonnenstrahlen trockneten sie und legten sich warm um das Kind, daß es sich noch ein wenig bequemer zurechtsetzte, das Köpfchen an den Türrahmen lehnte und einschlief.

Später schlug die Turmuhr viermal. Frau Storchin, die wieder einmal in Kindessorgen hatte daheim bleiben müssen, reckte den Hals über den Dachfirst hinaus, um den Eheherrn, den sie nach Vesperbrot ausgeschickt hatte, zu erspähen. Von der Schule her klang das Johlen und Schreien der befreiten Schulkinder, und der jüngste Lehrjunge vom Krämer Schramm lief nach Wecken für die Frau Meisterin ins untere Städtchen.

Hinter der schlummernden Mariele hatte sich hastig die Tür geöffnet. Eine stattliche Frau stand auf der Schwelle. Das rotblonde Haar lag ihr in dicken Flechten über der hellen Stirn, und ihr sauberes blaues Arbeitskleid war sorgfältig geplättet.

„Wo ist Ernestel?" fragte sie umherschauend.

Das Kind war emporgefahren, die Lider hoben sich schlaftrunken, erschrocken.

„Wo ist der Ernestel?" wiederholte die Frau ungeduldig, „er soll mit in die Stadt. So red doch, Mariele, du bist auch so ein Langsames, man könnt schier verzappeln."

Die Kleine hatte mühsam ihre Gedanken gesammelt. „Er ist bei Doktors", berichtete sie jetzt ängstlich, „er hat gesagt, er kommt bald wieder, Mutter."

Die Mutter hatte die letzten Worte wohl kaum noch verstanden, denn schon eilte sie die Gasse hinunter. Es war etwas Stolzes in ihrer Haltung und in dem lachenden Blick ihrer großen Augen, als sie, hier und da einen Gruß nickend, quer über den Markt dem Doktorhaus zuschritt.

„Ernestel, Ernestel!" rief sie mit heller Stimme hinauf.

Droben im ersten Stock schlug der grüne Laden zurück, und der dunkle Lockenkopf des Jungen schaute heraus.

„Du sollst mit zu Merkels gehen, Büble", sagte sie lebhaft, „wir wollen dir einen neuen Sommerhut kaufen."

Der Junge nickte eifrig. Einen Augenblick später stand er unten auf der Straße neben ihr, und dann gingen sie zu Merkels.

Wie hübsch dem Jungen der weiße Strohhut zu den dunklen Locken stand! Freilich, ein wenig teuer war das Ding, aber das Fräulein im Laden sagte ja selbst, es wäre eine Schande, wenn der Staatskerl den Hut nicht bekäme; keinem im Städtchen sitze er so auf dem Kopf. So schritten sie denn vergnügt mit ihrem Paket über den Platz zurück. Wenn man droben am Zaun umbog, kam man durch das Pförtchen am Garten noch schneller heim. Behutsam langte die Mutter den Hut durchs Küchenfenster hinein.

„Komm jetzt, Ernestel", sagte sie munter, „wir wollen zu den Blumen. Seit es geregnet hat, ist das Unkraut wieder so gewachsen, da können wir eben noch rasch ein wenig schaffen."

Ganz hinten im Garten, dem Vater ein wenig aus dem Weg, lag das Beet, wo die Goldlack- und Nelkenstöcke eben die Augen aufmachten und die Monatsrosen heimlich in den grünen Knospenhüllen ihre duftenden Blüten vorbereiteten. Wirklich, das Unkraut war dort üppig gewachsen. Der schmale Pfad zwischen den beiden Blumenstreifen war schier überwuchert vom Windengerank. Das mußte zuerst dran. Die Meisterin ging, die Hacke im Schuppen zu holen. Auch dem Buben mußte plötzlich ein Gedanke durch den Kopf geschossen sein. Schnurstracks rannte er den Weg zum Haus zurück.

„Wo willst du hin?" rief sie hinter ihm her.

„Das Mariele holen", gab er zurück, „es ist ganz allein!"

„Nein, nein", wehrte sie ab, „es schläft draußen in der Sonne, das tut ihm wohl. Hier ist es recht windig, es könnte sich verkälten, es ist ja so empfindlich."

Der Junge kam zögernd zurück. Sie schaute ihn an, während sie die Hacke in die Hand nahm. Das Fräulein Merkel hatte schon recht, ein Staatsbub war er; und so anstellig! Freilich die Arbeit, die hätte sie ja noch allein geschafft, aber sie hatte den Ernestel so gern um sich. Es kam oft vor, daß Leute draußen vorm Zaun stehenblieben und herüberguckten, wenn sie sein helles Lachen hörten, und manch einer hatte schon gesagt, solch einen properen Bub gäb es nicht mehr im ganzen Städtel. Dann sagte die Frau Meisterin wohl, bewahre, er sei oftmals gar zu wild, aber ihre Augen lachten doch mit denen des Buben um die Wette. Da war das Maidele, das Mariele, freilich anders. Der Frau Meisterin war es oft, als könne sie nicht so fröhlich lachen wie sonst, wenn sie das blasse Gesichtchen des Kindes vor sich sah.

Es war ja nun eine besondere Geschichte damit verbunden.

Als die beiden Kinder vor fünf Jahren zusammen in der Wiege gelegen hatten, da war auch das Mägdlein rosig und rund gewesen, und alle hatten gesagt, daß sie solche Zwillingskinder noch nie gesehen hätten. Freilich, der schwarze Bub war immer das Herzkäferle der Meisterin gewesen, und so hatte sie denn auch ihn mitgenommen, als sie an einem schönen Sonntagnachmittag ihre Kusine im Walddorf drüben besuchte. Der Meister hatte gerade draußen eine Bestellung, so hatte sie gut Zeit. Das kaum einjährige Mägdlein war in der Wiege zurückgeblieben, es hatte ja gerade getrunken, nun konnte es gut warten bis zum Abend, und beide Kinder konnte sie doch unmöglich mitschleppen. Als sie dann am Abend etwas verspätet heimgekommen war, da hatte sie das Kind neben der Wiege auf dem Boden gefunden, kläglich wimmernd. Die Frauen im Ort waren hinter dem Rücken der Meisterin alle einig gewesen, es sei eine Schande, so ein Kleines so lange allein zu lassen, aber ihr hatten sie gesagt, das könne jedem passieren, und am Werktag bei der Arbeit könne man ja auch nicht immer auf die Kinder aufpassen, und da könne genauso gut einmal eins aus der Wiege fallen. Die Frau Meisterin hatte erst sehr geweint, aber als am andern Tag das Kind wieder schön brav und zufrieden war, da hatte sie sich beruhigt. Als später die Schulter der Kleinen auf einmal so hoch wurde, und der Doktor etwas von einer Verletzung sagte, da hatte sie sich's mit Gewalt ausgeredet, daß das noch mit damals zusammenhinge, es war ja auch schon lange her. Und doch war's ihr immer wie ein Stachel, wenn sie das Mädel ansah.

„Mutter, ich wollt schon immer mal fragen – warum beten wir eigentlich nicht?"

Der Bub hatte den kleinen Rechen, mit dem er eben hantierte, fallen lassen und sah ihr mit den großen Augen gerade ins Gesicht. Das war so immer seine Manier, wenn er etwas ganz genau wissen wollte.

„Aber wir beten ja, Ernestel, noch am Sonntag hab ich dich mit zur Predigt genommen."

„Ja, aber am Werktag, Mutter. Bei Doktors betet man immer vorm Abendessen."

Sie wurde ein wenig verlegen. Es kam ihr die Erinnerung, daß die Mutter daheim auch stets ein Gebet gesprochen hatte.

„Doktors sind reich, Bub", sagte sie endlich, „die haben Zeit. Wenn wir erst reich sind, wollen wir auch beten."

Der Junge schien noch nicht ganz überzeugt. Aber da wies ihm die Mutter im Fliederbaum ein Rotschwänzchennest mit jungen Vögeln, und er durfte zusehen, wie die Alten Futter herbeischleppten, um die gelben, zirpenden Schnäbel zu stopfen.

Dann kam der Hahn, der ganz hinten in der Gartenecke sein eigenes, eingezäuntes Reich hatte, und stieg langsam und gravitätisch die Hühnerstiege hinauf. Droben am Schlupfloch wandte er sich um und wiegte stolz die rote Herrscherkrone. „Kikeriki!" Und nun kamen die Hennen herbei, eine nach der andern, zuerst die dicke gelbe Madame, die sich immer dicht am Hause hielt mit ihren zehn niedlichen Küken. Hatte man seine Mühe mit den Kindern! Ein Glück, daß die Stiege so flach und bequem war; nun endlich hatte sie auch das letzte Küchlein durch Piepen und Locken dazu vermocht, den gefährlichen Aufstieg zu wagen. Dann kam die weiße Henne, und die silbergraue, und die mit dem goldgelben Häubchen, und alle die andern, ganz zuletzt in rasender Eile vom Nachbargarten die kleine schwarze Nichtsnutz, die ihre Eier in fremde Nester trug. Der Hahn krähte in höchster Mißbilligung, und verabfolgte ihr einen erziehlichen Schnabelhieb, als sie eilig an ihm vorbeitrippelte. Dann sträubte er noch einmal die schillernden Schwanzfedern, schlug mit lautem Kikeriki die Flügel und verschwand gleichfalls in dem dunklen Türchen seiner Behausung. Noch ein zänkisches Gackern drinnen, ein kurzer Kampf um die besten Schlafstellen, dann war alles still.

„Nun müssen wir hinein, Ernestel", mahnte die Meisterin. „Hühner und Kinder gehören ins Nest, und ich hab auch noch zu schaffen, bis der Vater kommt."

Der Bub wars zufrieden. Seine große Lebhaftigkeit brachte ihm am Abend früh den Schlaf. So wurde denn das Mariele von draußen vor der Tür hereingerufen, die Kinder tranken ihre Abendmilch, die die Mutter in großen Tassen auf den Tisch setzte, aßen ein Butterbrot und wurden nach der gründlichen Abendwäsche zu Bett gebracht. Die Kammer der Eltern war nur schmal, so hatte man die Bettchen der Kinder ins große Zimmer hinübergerückt. Die Meisterin hatte die Lampe angezündet und sich mit ihrer Näharbeit so gesetzt, daß sie zwischen dem emsigen Sticheln an dem feinen Hemd immer einen Blick auf die Kinder werfen konnte. Ernestels tiefe Atemzüge verrieten schon nach wenigen Minuten den festen Kinderschlaf. Was für rote Backen sich der Bub immer schlief! Ein Bild zum Malen! Und einen hellen Kopf hatte er. Als er im Winter in die Kinderschule gegangen war, hatte er jeden Tag ein anderes Gedicht hersagen können, und singen konnte er wie eine Lerche, und die Kusine im Walddorf hatte noch am Sonntag gesagt, er müßte ein Studierter werden, ein Doktor oder sonst was Wichtiges.

In diesem Augenblick ging draußen die Tür. Die Meisterin legte die Arbeit hin, holte einen Krug Wein aus der Küche und stellte das Brot und die Würste daneben. Der Meister war heut draußen im Dorf tätig gewesen. Da nahm er allemal nur ein Stück Brot und Käse im Beutel mit, daß er nicht einzukehren brauchte, und sie rüstete ihm sein Mittagessen zum Abend.

Der Mann, der jetzt wortlos, nur mit kurzem Nicken hereintrat, schien auf den ersten Blick fast schmächtig. Jetzt, da er dicht hinzutrat, etwas von Verschwendung murmelte und das Licht tiefer herabschraubte, sah man, daß er seine Frau dennoch um einen halben Kopf überragte. Er rückte den Stuhl so heftig, daß Mariele erschrocken aus dem Schlaf emporfuhr; dann nahm er den Teller vom Tisch, setzte sich damit auf die Ofenbank und begann zu essen. Die Frau hatte nur noch emsiger fortgestichelt. Jetzt blickte sie auf.

„Hast Ärger gehabt?" fragte sie teilnehmend, „daß du so tust?"

„Ja, Ärger!" fuhr er auf. „Schinden und wieder schinden muß man sich und kommt doch zu nichts! Gesagt hab ich's meinem lieben Brotherrn, daß es eine Schand ist mit dem Verdienst und daß ich im Akkord arbeiten will und nicht im Taglohn, aber er hat noch gelacht und gesagt, wenn ich's nicht mach, macht's ein anderer."

Der Mann war aufgesprungen und hatte den Teller auf den Tisch geknallt. Der Zorn färbte sein blasses Gesicht. Die Frau ließ die Handarbeit in den Schoß sinken – so hatte sie ihn schon lange nicht gesehen.

„Aber Hans", sagte sie beschwichtigend, „vier Mark ist doch ein guter Taglohn, und aus dem Garten lösen wir auch in diesem Jahr wieder ein schön Stück Geld. Und das Häusel ist doch auch unser, und jedes Vierteljahr haben wir unsere fünfzig Franken auf die Sparkasse bringen können. Das letzte Mal wär's sogar mehr gewesen, wenn das Maidele nicht krank geworden wär' im Winter."

Er stand jetzt dicht neben ihr. „Deine Arbeit hast du auch wieder nicht fertig", sagte er mißmutig, „und morgen ist der Tag, wo du abliefern sollst. Wenn einer nicht daheim ist, wird nichts geschafft."

„Ich steh morgen früh um vier Uhr auf, dann pack ich's schon noch", sagte sie, „es ist auch jetzt immer so viel im Garten zu tun."

„Ja, bei den Blumen mit dem Buben. Glaubst, ich hab's nicht gemerkt", raunzte er zornig. „Aber ich leid's nicht! Rosen und Nelken und der andere Kram, das ist für die Reichen, aber nicht für unsereinen, das sag ich! Hast du's gehört?!"

Er ging in die Küche. Jetzt hörte man ein Knistern wie von Papier. Die Meisterin neigte sich erschrocken tiefer über die Arbeit. Wie hatte sie nur vergessen können, den Hut vom

Ernestel wegzulegen! Da kam der Meister auch schon mit dem Päckchen. Ohne ein Wort zu reden blieb er vor ihr stehen und wies drohend mit dem Finger auf den Hut.

„Es ist der alte, Hans", sagte sie ausweichend, „ich hab ihn heut im Schrank gesucht, weil es schon so warm ist. Du weißt, der Bub könnt Kopfweh kriegen bei der Hitze."

„Ja, ja, der alte", sagte er heiser und kniff die Augen zusammen, als er auf den Preiszettel wies, der in grausamer Deutlichkeit auf dem schwarzen Hutband befestigt war.

„Eine Lüge wie gedruckt! Da soll einer auf einen grünen Zweig kommen! Die Männer schinden sich ab, und die Weiber hängen es an den Staat. Es ist die alte Geschichte!" Drohend stand er vor ihr, dann wandte er sich ab und ging mit dröhnenden Schritten hinüber in die Kammer.

Die Frau sah ihm nach. Jetzt, da er fort war, warf sie die Arbeit ungestüm zusammen. „Da soll eins den Mut haben, die Wahrheit zu reden, wenn er so tut!" sagte sie trotzig vor sich hin. „Und wenn man dem Buben einen Hut kauft, weil der alte ganz zerspliesert ist, so heißt das noch lang nicht alles an den Staat hängen. Und er hätt' lang suchen können, bis er eine gekriegt, wie ich, die so schaffen kann und so viel aus dem Garten zieht und den Hühnern. Und nichts hat man! Auf keinen Jahrmarkt hat er mich noch geführt am Sonntag, und ich hab nichts gesagt, weil es ja wahr ist, daß er sonst brav ist und sparsam und schafft wie kein anderer. Aber was zu viel ist, ist zu viel!" Sie war zum Bettchen des Buben getreten. Jetzt kamen ihr doch die Tränen. „Du wirst einmal anders", flüsterte sie, indem sie den nassen Tropfen aus den dunklen Locken des Kindes fortwischte, „und für dich verlohnt sich's schon, sich anbrüllen zu lassen."

Sie horchte. Drüben in der Kammer war jetzt alles still. Als sie am Bett Marieles vorbeiging, sah sie, daß die Augen der

Kleinen weit geöffnet waren wie in großem Schrecken.

„So schlaf doch, dummes Horcherle", sagte sie leise.

Als sie gleich darauf die Schlafkammer betrat, waren ihre Lippen geschürzt, und ihre Augen blickten trotzig. –


Von der nahen Turmuhr schlug es zwölf Uhr. Am Schulhaus öffnete sich das Tor. Der alte Lehrer Scholz trat hinaus, der nun schon seit vierzig Jahren hier das Szepter führte. Er drückte das Sammetkäppchen, das er noch vom Schlußgebet in den Händen hielt, auf den silbernen Scheitel – denn der Ost wehte frisch von den Bergen her – und setzte sich auf das Bänklein neben der Tür. Er liebte es, seiner Herde ein Weilchen nachzusehen; waren doch rechte Lümmel darunter, und die blauen Pflaumen und gelben Mirabellen guckten gar zu verlockend über die Gartenzäune auf die Straße. Es drängte ins Freie, das junge Volk. Die Mädchen reichten ihrem Lehrer zum Abschied die Hand, die Buben zogen höflich die Mütze, und alle lachten vergnügt. Denn er stand sich gut mit seinen Kindern, der alte Scholz, wenn er auch drinnen stramm auf Zucht und Ordnung hielt.

„Komm einmal her, Fritz", rief er jetzt einem langen Schlingel zu, der sich scheu an ihm vorbeischleichen wollte. „So ist's recht, die Kapp' herunter, hast ja keine Spatzen drunter." Er wandte sich ein wenig zur Seite, daß die andern Kinder nichts hören konnten. „Hast dich deshalb vorbeischleichen wollen", sagte er und heftete die klaren blauen Augen durchdringend auf den Jungen, daß dieser den trotzigen Blick niederschlug, „weil ich dir heut gezeigt hab, wo man hinkommt mit dem Lügen? Besser ein paar Dachteln in der Schul, Bub, als später im Zuchthaus sitzen. So, und nun sag der Mutter einen Gruß, und wenn sie schöne Nelkensetzlinge möcht, ich hab noch von den großen roten."

Der Fritz ging. Als er ein Stück fort war, guckte er noch einmal um. Der Lehrer sah ihm nach. Da zog der Bub noch einmal die Mütze, und dann war er fort wie der Blitz um die Ecke, die Wangen wie Feuer. Der alte Scholz nickte lächelnd. „Er ist der Schlimmste nicht", sagte er vor sich hin, „wenn es nur daheim bei ihm besser wäre."

Dann kamen noch zwei Kinder ganz zuletzt, als sich alle andern schon verlaufen hatten, ein Bub und ein Mädchen. Sie mußten noch etwas Besonderes auf dem Herzen haben, denn sie blieben vor der Bank stehen, und der Bub drehte verlegen die Mütze in den Händen.

„Es ist nur, weil doch morgen die Schul zu Ende ist, Herr Lehrer", stotterte er, „und – und weil wir doch dann später nicht mehr kommen dürfen . . .", half das blonde Mädchen nach.

Der alte Scholz nickte freundlich.

„Da haben wir nun gedacht", fuhr der Junge mutiger fort, „ob der Herr Lehrer nicht einmal kommen wollte und mit dem Vater reden, weil ich doch so gern zu dem Gärtner unten im Städtel in die Lehr möcht', weil ich so gern im Garten schaff . . . und das Mariele, und die Mutter . . . aber der Vater sagt, ich soll nach Straßburg zur Tante ins Geschäft. Die Mutter meint, es würd' vielleicht mehr nützen, wenn der Herr Lehrer mit dem Vater reden tät, weil er doch manchmal so bös wird."

Der alte Scholz hatte das Käppchen wieder abgenommen, als würde es ihm darunter zu heiß. „Ich will heute abend kommen, Ernestel", sagte er freundlich, „aber ich habe Angst, daß es nicht viel Nutzen hat. Mußt nicht gleich weinen, Mariele. Straßburg ist auch nicht aus der Welt, und kann auch sein, daß ich den Vater doch bered."

92

Ein wenig traurig sah er den Kindern nach, als sie dann die Straße hinauf nach Hause gingen. Es war viel Leid an dem alten Scholz vorübergezogen, bis sein Haar so weiß und seine Stirn so gefurcht geworden, – das schwerste damals, als seine Jüngste, die Marie, fortgezogen war mit einem fremden Mann, den niemand kannte und zu dem niemand ein Zutrauen fassen konnte. Dem Lehrer war diese Heirat nicht recht gewesen; aber als die Marie dann nach wenigen Jahren zurückgekommen war, verlassen, krank, bettelarm, da hatten er und seine Frau dennoch die Tür weit aufgemacht und die Kranke gepflegt, bis der Tod als Erlöser kam, und hatten den dreijährigen Buben und das Kindchen in der Wiege an ihr Herz genommen und sie aufgezogen, als wenn es ihre eigenen wären. Das war schwer gewesen, sehr schwer. Aber weil der alte Scholz und seine Frau ,am Weinstock gute Reben' waren, darum waren ihre Früchte reifer und süßer geworden in dem dunklen Keller der Anfechtung, und darum hatten sie auch allmählich die Heiterkeit des Geistes wiedergewonnen, ohne die kein Christentum fröhlich wachsen kann und vor allem kein Kindererziehen.

Das hat man nun auch drunten in der Schulstube gemerkt. Manch einer, der ein rechter Mann, und manch eine, die eine rechte Frau geworden ist, haben dem Alten mehr verdankt als das bißchen Schreiben und Rechnen, und wenn zu Herbst oder Ostern wieder eine Schar Abschied genommen hat, dann ist's dem alten Scholz allemal gewesen, als ging ein Stück vom Herzen mit.

Mit den beiden, die da den Weg hinaufschritten, war es nun noch eine besondere Sache. So wie sie waren ihm selten Kinder ans Herz gewachsen. Wie der Bub groß geworden war im letzten Jahr, und wie stramm er sich hielt! Und das blonde Mariele war erst recht der Liebling des Schulmeisters. Es hatte eigentlich ja schon im vorigen Jahr aus der Schule gesollt, aber es hatte nicht aufgehört zu bitten, bis die Meisterin endlich gesagt hatte, es dürfte noch ein Jahr zur Schule gehen mit dem Ernest, weil es ja zum Schaffen doch nicht so recht zu brauchen sei. —

Was war das Kind für ein verschüchtertes Hälmchen gewesen, als die Mutter es damals mit dem Ernest gebracht hatte! Nicht aufzusehen hatte es gewagt und gezittert, wenn man's nur angeguckt hatte, und mit keinem der andern Kinder hatte es auch nur ein Wort geredet. Dann war auf einmal so ein kalter Wintertag gewesen mit Eis und Schnee, und das Mariele hatte so sehr gehustet, und in der Schulstube war es nicht so recht warm geworden. Da hatte der Schulmeister das Kind an der Hand genommen und hatte es seiner Frau grad auf den Schoß gesetzt und gesagt: „Halt du es hier, es verkältet sich sonst noch mehr, und lernen tut's so doch nichts."

Die Schulmeisterin wärmte dem Kind eine Tasse Milch am Feuer und legte einen Wecken dazu; dann ließ sie es auf den warmen Spielteppich zu dem Buben und dem kleinen Bärbele, das gerade anfing zu sprechen, und tat, als sähe sie nichts als das Strickzeug in ihren Händen. Aber heimlich guckte sie doch immer nach den Kindern. Und als Mariele langsam anfing, dem Buben zu helfen bei seinem Turm, da nickte sie freundlich. Und als es gar einmal lachte über das Kauderwelsch des Bärbele, ganz leise, aber so silbern wie ein Glöckchen, da flog es wie Sonnenschein über ihr gutes Gesicht. Am Mittag sagte der alte Scholz dem Ernest, er solle nur allein heimgehen und der Mutter sagen, der Schulmeister habe Mariele behalten, daß es den weiten Weg nicht hätt' bei seinem Husten; und am Abend legte seine Frau das

Kind neben Bärbele in das weiße Bettchen und sprach ihm das Gebetlein vor, das der vierjährige Michele vorher schon ohne Anstoß aufgesagt hatte, und Mariele betete ganz leise nach.

Das ging so acht Tage lang, und als sie herum waren, da war Marieles Husten weg, und es hatte spielen und lachen gelernt mit dem Michel und dem Bärbele und sich nicht mehr gefürchtet, wenn es der Lehrer einmal ein wenig ansah mit den klaren blauen Augen. Als es dann wieder drunten in der Schulstube saß, da war's auf einmal herausgekommen, daß es recht gescheit war. Freilich ganz so schnell wie Ernest begriff es nicht, aber was es einmal gelernt hatte, das wußte es für immer; und fleißig und aufmerksam war es wie kein anderes, besonders in der Religionsstunde. Dann war etwas Durstiges in seinem Gesichtchen, und seine großen blauen Augen leuchteten. In einer dieser Stunden hatte das Mariele übermächtig die Liebe des Heilands verspürt, sich Ihm voll Vertrauen zugewandt, das Herz weit aufgetan und dann auch fest gewußt, daß es für immer Sein Schäflein war.

Mariele ist dann noch oft oben im Schulhaus gewesen bei der mütterlichen Frau Scholz und den munteren Kleinen. „Bet'st auch noch, Mariele?" fragte sie dann wohl beim Abschied am Abend, und das Kind nickte ernsthaft. Es hatte auch den Bruder das Gebet gelehrt, und nun sprachen es die beiden Kinder zusammen am Abend, wenn alles still war und die Mutter fort, denn die hatte gemeint, alle Abend sei das nicht nötig, und sie habe auch nicht Zeit genug dafür. Das Mariele aber war unter der Liebe und Freundlichkeit aufgeblüht wie ein Röslein, das nur auf die Sonne gewartet hat, seine zarten Blüten zu entfalten. Freilich ein zartes Ding war es ja immer geblieben, und wenn man genau hinschaute, sah man auch, daß es ein wenig verwachsen war, aber seine Wangen waren rosig, und die blauen Augen schauten so freundlich aus dem zarten Gesichtchen, daß jeder gern hinsehen mochte. –

Als es Feierabend geworden war, sah man den Lehrer bedächtigen Schrittes und wie in schweren Gedanken die Straße hinaufgehen. Zuweilen schaute er rechts und links in die Hausgärten hinein, wo die Sonnenblumen über die Zäune guckten und das Obst die Zweige niederzog wie seit Jahren nicht. Aber das Gesicht des Lehrers wurde nicht heiterer davon. Das Häuschen des Malermeisters Sell neben der Kirche hatte im Laufe der Jahre ein neues Stockwerk bekommen, und nun sah es aus wie ein Zwerg, dem man eine riesige rote Zipfelmütze aufgesetzt hat. Nun, unter dem steilen Ziegeldach war gemütlich wohnen, und die Meisterin scheuerte und fegte, daß es eine Lust war, und sie verstand das Braten und Sieden und Backen wie eine gelernte Köchin. Das hatten Fremde aus den großen Städten bald herausgehabt und waren als Sommerfrischler eingekehrt in dem kleinen Haus und hatten nach und nach ein schönes Sümmchen Geld drinnen zurückgelassen. Auch für diesen Ferienmonat hatte sich wieder eine Anzahl Gäste angesagt, und so saß denn die Meisterin draußen vor der Tür auf dem Bänklein und nähte hastig an den neuen Bettbezügen, die noch bis zur nächsten Woche fertig werden mußten. Als sie den Lehrer kommen sah, stand sie auf und ging ihm ein paar Schritte entgegen.

„Es ist schön von Euch, daß Ihr kommt, Schulmeister", sagte sie schnell und leise, „der Meister ist drinnen. Ich habe die Kinder fortgeschickt ins Walddorf, daß Ihr Ruhe habt zu reden, und ich will's Euch nie vergessen, wenn Ihr es ausrichtet, daß der Ernestel hier bleibt, – aber der Meister hat einen gar harten Kopf."

Im Zimmer war es schon dämmrig. Ein freundliches, heimeliges Zimmer war es früher gewesen, das hatten alle gesagt, die hereingekommen waren. Aber früher hatte hier auch noch ein Kanarienvogel sein Liedchen gepfiffen, und auf dem Fensterbrett hatten Blumen geblüht, Fuchsien und Stiefmütterchen, eine neben der anderen. Dann hatte der Meister gesagt, er wolle den unnützen Schreier nicht mehr hören, und die Blumen verdürben das Holzwerk am Fenster und nähmen auch zu viel Licht, so daß man dann wieder Lampen brennen müsse. So war das Fensterbrett nun leer, und nur die Kinder brachten noch zuweilen einen Strauß wilder Blüten vom Walde heim.

Dicht am Fenster, den letzten scheidenden Lichtstrahl zu nutzen, saß der Malermeister Sell und schrieb in ein großes, schwarz eingebundenes Heft. Was einem anderen nach Feierabend ein Spaziergang, ein fröhliches Lied, ein gutes Buch und ein Schwätzchen mit seinen Lieben ist, das war dem Meister Sell sein schwarzes Heft, in das er mit großer Genauigkeit jeden Pfennig Einnahme und Ausgabe verzeichnete. Wenn er am Ende des Monats einen Strich unter die Zahlen zog und sich beim Abzug der Ausgaben von den Einnahmen ein ordentlicher Überschuß ergab, dann kam ein Ausdruck von Zufriedenheit in sein Gesicht, der sich sonst kaum auf diese scharf geschnittenen, hageren Züge verirrte.

Er hatte den Schulmeister nahe herantreten lassen, ohne sich umzuwenden, und dann blickte er mit einem Ausdruck des Unwillens auf. In seiner Lieblingsbeschäftigung ließ er sich nicht gern stören.

„Schau einer an, der Schulmeister", sagte er, klappte das Buch zu und schob es in die Schublade unter den Tisch.

„Was verschafft mir die Ehre? Wollt Ihr Euch nicht setzen?"

Der Schulmeister nahm den Stuhl und setzte sich.

„Es ist wegen dem Buben", sagte er. „Er kommt jetzt aus der Schul, und da hab ich fragen wollen, was Ihr mit ihm im Sinn habt. Der Gärtner Velten unten in der Stadt braucht einen Lehrbub, und Euer hat Lust zu dieser Arbeit. Es ist eine gesunde Arbeit für so einen jungen Burschen und eine fröhliche dazu, wenn man's so wachsen sieht; und es hat einer sein Brot dabei und nimmt den Segen mit Sonne und Regen direkt aus unseres Gottes Händen."

Der Meister hatte den Alten ausreden lassen wie einer, der lieber alles auf einmal anhören will, damit es dann abgetan ist.

„Da ist nichts mehr zu bedenken", sagte er dann, „es ist alles abgemacht. Nächste Woche kommt der Bub zu meiner Schwester nach Straßburg ins Geschäft. Da kann er etwas Rechtes lernen. Sie ist doch die Tante von Ernest und hat keine Kinder; kann sein, wenn ihr der Bub anstellig ist, daß sie ihm einmal das Geschäft vermacht. Oder sonst kann er später irgendwo einen Laden anfangen, dabei kann er vorankommen, es zu etwas bringen. – Sein Brot hat er bei dem Gärtner, sagt Ihr? Was hat man davon, wenn einer sich plakken muß – wie der Velten mit seinen sieben Kindern? Oder wenn ein Hagel kommt oder der Regen nicht zur rechten Zeit, dann ist die ganze Ernte hin, und man kann von dem zehren, was man sich mühsam zusammengespart hat auf der Sparkasse. Der Bub hat eben kein Streben und will seiner Mutter nicht vom Schürzenbändel fort. Aber später wird er's mir schon danken, daß ich es nicht gelitten hab, daß er sich so wegwirft. Zu etwas kommen, das ist die Hauptsach. Aber es wird einem nicht vom Mistkarren und Bäumeschneiden. – Habt Ihr noch mehr gewollt, Schulmeister?"

Dem Alten war das Blut zu Kopf gestiegen. Er schwieg einen Augenblick, wie um sich gewaltsam zur Ruhe zu zwingen.

„Meister Sell", sagt er dann, „wenn einer ein klein Häusle hat, da gucken ihm alle Leut zum Fenster herein, und da heißt's vielleicht auch mal, da hängt ein Spinnweben, das ist so bei den armen Leuten. Droben auf den Bergen stehen die alten Schlösser; schön genug sehen sie aus, wenn die Sonne draufscheint, das ist wahr. Aber unten in ihren Mauern, da sind die Keller, in denen früher die Gefangenen gelegen haben; und die Leute sagen, es sind Untiefen drin und vielerlei Gefahren. Nun, die Löcher sind tief und die Fenster sind hoch. Niemand guckt da hinein von außen. So ist's oftmals bei den Reichen. Von außen sieht alles wohl schön aus, aber innen ist's oft schlimm, sehr schlimm. Nun, Gott ist noch viel höher als alle Schlösser und sieht hinein in die verborgensten Winkel. Und in der Bibel steht es deutlich geschrieben: Was hülfe es dem Menschen, so er die ganze Welt gewönne und nähme Schaden an seiner Seele! – Was Euren Ernest angeht, so hab ich ihn immer gern gehabt. Er hat einen hellen Kopf und ist ein guter Bub, – aber ein wenig leicht zu beschwatzen. Er kann nicht nein sagen, wenn einer ihn heißt dies oder jenes zu machen. Im Anfang vom Jahr ist er neben dem wilden Schorsch vom Bäcker gesessen, da hat er nichts wie dumme Streiche im Kopf gehabt. Da hab ich den Fritz neben ihn gesetzt, der ist ein stiller Bursch und kann auch nicht so wild tun wegen seinem Bein. Seitdem hab ich nicht mehr zu klagen gehabt über Euren Buben. Wenn er mit den Rechten zusammen ist, dann ist er auch selber recht, und der Gärtner Velten ist ein braver Mann. Wenn ich Ihr wär, ich würd' einen so jungen Buben von kaum vierzehn Jahren nicht nach Straßburg schicken, wo ich gar kein Aug' mehr auf ihn haben könnt, und noch dazu zu der Frau Martin. Ich red nicht gern davon, Meister, aber jetzt ist einmal die Zeit dazu. Ich hab Eure Schwester, die Marie, auch bei mir in der Schul gehabt, und viel ist nicht mit ihr gewesen. Nur rechnen hat sie können wie kein anderes. Wie sie dann später als junges Mädchen den alten kranken Mann, den Martin, geheiratet hat, da hat sie vor niemandem ein Hehl daraus gemacht, daß sie's nur wegen des Geschäfts getan hat. Und als er nach einem halben Jahr gestorben ist, da hätt' sie auch die Trauerkleider im Schrank lassen können. Daß Eure Schwester ein Herz für den Buben haben und auf ihn achtgeben wird, daß er in nichts Böses hineinkommt, das könnt Ihr selbst nicht meinen, Meister."

Der Angeredete hatte sich halb dem Fenster zugewendet und die Arme über der Brust gekreuzt. Jetzt wandte er sich plötzlich um und heftete die dunklen Augen durchdringend auf den Alten.

„Seid Ihr fertig, Schulmeister?" sagte er, und es klang etwas wie Hohn in seiner Stimme. „Ich bin es müd, meine Leut' schlecht machen zu lassen. Die Sach ist abgemacht, und es bleibt dabei – in acht Tagen reist der Bub nach Straßburg. Und wenn Ihr nun nichts mehr zu sagen habt . . ." Er wies zur Tür.

Da stand der Schulmeister auf und schritt hinaus. Draußen im Flur wartete die Meisterin. Sie sagte kein Wort, als sie dem alten Mann die Haustür öffnete, aber ihr Atem flog und ihre Wangen brannten wie Feuer. Der alte Scholz aber schritt müde den Weg hinab, den er gekommen war. –

Am Abend saßen die Zwillingsgeschwister noch lange zusammen unter der großen Tanne ganz hinten im Garten, wo früher die Blumen gestanden hatten. Die Kammern der Kinder waren oben, und den Hausschlüssel konnte man vom Küchenfenster langen, so konnten sie schon ein wenig länger bleiben, ohne daß es der Vater merkte. Sie saßen dicht beisammen auf dem schmalen Bänklein, das der Ernest mit seinen geschickten Händen einmal dort zurechtgezimmert hatte vor Jahren, als sie noch kleine Kinder gewesen waren. Es war so still; man hörte von der Straße her nur das Rauschen des Baches. Die Lichter im Städtlein drunten erloschen eins nach dem andern.

„Ich kann's noch gar nicht glauben, daß du wirklich fortgehst, Ernest", sagte Mariele, und ihr kamen die Tränen.

Auch der Bub schluckte ein paarmal. „Ich komme bald wieder, Mariele", sagte er leise, „alle Jahr einmal. Und ich bring dir auch immer etwas mit. Und wenn einer dir etwas tut, dann schreibst du mir, dann komme ich heim, und dann setzt's was ab."

Mariele rückte noch näher an den Bruder heran. Sie flüsterte ihm zu: „Gelt, Ernest, du versprichst mir, das Beten nicht zu vergessen. Die Frau Schulmeister sagt auch, wer betet, der ist gut dran, und die Base in Straßburg . . ."

„ – ist eine Böse", brummte Ernest. „Aber weißt, Mariele, es sind ja noch andere Leut in Straßburg, und wenn sie's mir zu arg macht, lauf ich einfach fort. Und mit dem Beten, das will ich gewiß tun. Hoffentlich vergeß ich's nicht, denn du bist dann ja nicht bei mir, und drüber einschlafen tut man vielleicht auch mal, man ist ja abends gewiß immer sehr müd."

Hand in Hand schlichen die beiden Kinder ins Haus. –

Als der Ernest nach kaum acht Tagen wirklich nach Straßburg abreiste, da ließ ihn die Mutter bis zum letzten Augenblick nicht von der Seite. Der Vater war zur Arbeit, er hatte den halben Tag nicht verlieren wollen. So schritt denn die Mutter allein mit den beiden Kindern den Weg hinunter zum Bahnhof.

„Weißt, Bub", sagt sie, mühsam die Tränen zurückhaltend, „wenn du einmal etwas brauchen solltest zu einer neuen

Krawatte oder was für den Sonntag, so brauchst du mir nur zu schreiben. Ich kann schon noch etwas übrigmachen aus der Zimmervermietung, und ein Beet Kohl hab ich noch besonders wegen dir gepflanzt, der verkauft sich gut im Winter. Und schreib nur auch oft; und wenn die Tante dir nichts Rechtes zu essen gibt, so will ich dir Wurst schicken vom Schlachten und auch von den roten Äpfeln, die du immer so gern ißt. Und die sechs Paar Socken, die ich dir noch gestrickt habe, liegen ganz unten im Koffer."

Da kam auch schon der Zug, und die Meisterin preßte den Buben an sich, als wenn sie ihn nie mehr loslassen wollte. Die Geschwister hatten kaum noch Zeit, einander die Hand zu reichen. Dann pfiff die Lokomotive, und der Zug setzte sich in Bewegung.

Daß der letzte Blick des Ernest doch der Schwester gegolten hatte, das war Mariele ein Trost, als sie blaß und verweint daheim ihrer Arbeit nachging, während die Meisterin fassungslos auf der Ofenbank saß und nicht aufhören konnte zu seufzen: „Mein Einziger, mein Ernestel, mein braver Bub!" –


Der Wind blies von Osten. Am Waldrand duftete es süß nach Veilchen, und der alte Weidenbaum schimmerte grün vom steigenden Saft. Wo die Zweige so tief niederhingen, die Ufer des Waldbaches mit den Spitzen berührend, lag ein breiter, glatter Stein im Wasser, an dem das silberhelle Bächlein zu beiden Seiten kaum fußbreit vorüberrann, und auf diesem Stein hockte in der späten Feierabendstunde ein blondes Mädchen. Es würde wohl schwerfallen, in dem schmalen Gesicht die rosige Mariele Sell wiederzuerkennen, die der alte Scholz vor drei Jahren aus der Schule entlassen hatte, wenn nicht die großen blauen Augen die selben geblieben wären. Seit drei Jahren war Mariele – inzwischen ein gut Stück gewachsen, aber sehr schmal – im Städtel bei der Näherin, zuerst als Lehrmädchen und seit ungefähr einem Jahr als bezahlte Arbeiterin. Da gab es viel zu tun, besonders im Frühjahr und Herbst, wenn die Frauen und Mädchen es kaum mehr erwarten konnten, den neuen Staat spazierenzuführen. Mariele mußte oft sitzen und sticheln vom frühen Morgen bis tief in die Nacht hinein, daß ihr Rücken schmerzte und die Augen zufielen vor Müdigkeit.

„Laßt mir das Kind noch ein Jahr oder zwei, Frau Sell", hatte die Schulmeisterin gesagt, als Mariele damals von der Schule Abschied genommen hatte. „Es kann mir helfen bei den Kindern, es wird mir doch manchmal zu viel, und im Kochen kann es auch etwas bei mir lernen. Mariele ist jetzt so im Wachsen, es hält's nicht aus, wenn es den ganzen Tag in der engen Kammer sitzen muß bei den Näherinnen!"

Die Meisterin hatte nur die Achseln gezuckt – es war, als ob ihr alles gleichgültig sei, seit der Bub fort war. „Der Meister leidet's nicht. Kindermädchen ist ihm zu wenig. Und das Mariele verdient mehr, wenn erst die Lehre herum ist." So war es denn dabei geblieben.

Mariele hatte ihr Kleid eng an sich gezogen, daß es nicht naß wurde, und sich an einen tiefgeneigten Ast des Weidbaumes gelehnt. Sie hätte eigentlich viel bequemer am Ufer gesessen, wo auch große graue Steine aus dem Gras herausragten. Aber hier auf dieser kleinen Insel im Bachbett hatte Mariele so oft mit dem Bruder gespielt in der glücklichen Zeit, als sie noch Kinder gewesen waren, und gerade wegen Ernestel war das Mädchen ja heute hierhergekommen. Der Wind blies spürbar, und die Dämmerung senkte sich schon kühl. Mariele zog ihr schwarzes Tuch enger um die Schultern und nahm das Körbchen vom Arm. Ein glückliches Leuchten ging über ihr Gesicht, während sie ein sorgfältig

mit blauseidenem Band umwundenes Päckchen heraus-
nahm: die Briefe, die ihr Ernestel aus Straßburg geschrieben
hatte. Anfangs hatte er oft geschrieben, Briefe voll Staunen
über all das Neue in der großen Stadt, Briefe voll Heimweh
nach Mutter und Schwester, Briefe voll Zorn gegen die Tante, die einem bei Tag und Nacht keine Ruhe lasse. Dann war
auch einmal ein kaltes, knappes Schreiben von der Tante
gekommen, in dem sie mitteilte, daß sie den verzogenen, fre-
chen Buben nicht behalten wolle. Der Vater hatte zuerst
getobt, denn mit der Erbschaft war es nun sicher ein für allemal aus. Aber als der Ernestel dann eine Stelle gefunden
hatte, wo er schon bald ein Taschengeld verdienen sollte, da
hatte sich der Meister allmählich beruhigt. Ein Sperling in
der Hand sei schließlich besser als eine Taube auf dem
Dach! Zweimal in den drei Jahren war der Ernestel auch
daheim gewesen, und das letzte Mal hatte er ganz ausgesehen wie ein vornehmer junger Herr. Sogar eine silberne Uhr
hatte er gehabt, die ihm sein neuer Brotgeber geschenkt
hatte, und eine Nadel vorn in der Krawatte, die schimmerte
wie Diamanten in der Sonne und hatte doch nur eine knappe
Mark gekostet. Er hatte damals auch gesagt, daß er jetzt
wenig Zeit zum Schreiben habe, und seitdem hatte Mariele
nur selten Briefe bekommen. Doch heute hatte sie einen,
einen ganz neuen, dicken, der noch nicht mit eingeschnürt
war in dem Päckchen. Dem Mädchen zitterten die Hände, als
sie jetzt den Brief aufnahm und mit einer Nadel den weißen
Umschlag aufriß. Dann hielt sie den ersten der sechs Brief-
bogen dicht vor die vom vielen Nähen etwas kurzsichtig
gewordenen Augen.
Die engbeschriebenen Seiten mußten wenig Erfreuliches
enthalten, denn Marieles Gesicht wurde immer trauriger,
während sie Zeile um Zeile sorgfältig las, und zuletzt ließ sie
die weißen Bogen mit einem tiefen Seufzer in den Schoß sinken. Dann nahm sie den Brief wieder auf und las ihn noch

einmal von Anfang bis zu Ende, mühsam bei der einbrechenden Dunkelheit die einzelnen Worte entziffernd. Es war ihr, als müsse sie doch noch einen Trost finden irgendwo zwischen den Zeilen, ein beruhigendes Wort, das sie vielleicht übersehen hatte.

„Liebes Mariele!

Mir geht es gut. Ich bin gesund und noch ein Stück gewachsen, was ein Wunder ist, wenn einer sich kaum etwas Ordentliches zu essen gönnen kann, denn ich will nicht daherkommen wie ein Bettler und recht gekleidet sein. Wenn der Vater gemeint hat, ich hätt mit den zwanzig Mark Taschengeld im Monat genug, womit einer hier nicht leben und nicht sterben kann, für Kost und Schlafplatz und alles, dann hätt er mich nur als Lehrbub beim Velten sollen eintreten lassen, dann hätt ich jetzt, was ich brauche. Alle anderen bekommen noch Geld von daheim, und keinem sein Vater hat soviel Geld auf der Sparkasse wie meiner. Als Du mir zum letzten Male schriebst, da hast Du gefragt, ob ich sonntags auch zur Predigt gehe, und ob ich noch bete morgens und abends. Zur Predigt gehen kann ich nicht, denn ich muß immer im Geschäft sein am Sonntagmorgen, und am Nachmittag will einer dann auch einmal hinaus nach Kehl oder ins Neudorf. Mit dem Beten ists hier auch anders als daheim, weil ich doch mit den anderen zusammen auf der selben Kammer schlafe. Da machen sie immer ein Geschrei am Abend und werfen sich mit den Kissen, so daß einer gar nicht weiß, wo ihm der Kopf steht. Im Anfang habe ich einmal gesagt: ‚Jetzt seid ruhig, ich will beten.' Aber dann haben sie gelacht, als sollten die Wände wackeln, und der Balzer, der der schlimmste ist, hat gesagt: ‚Das Wickelkind will beten! Steck doch deinen Kopf unter deiner Mutter Schürze, dann hörst du unseren Radau nicht!' Dann habe ich gedacht, ich will warten, bis sie ruhig sind, aber dann bin ich fast jedesmal drüber eingeschlafen. Jetzt bete ich nur noch am Sonntag. Dann steh ich ein wenig früher auf als die andern und bete im Laden, ehe sie kommen. Und mit dem Spotten, Mariele, das kannst Du Dir gar nicht denken, wie schlimm das ist, denn bei uns daheim spottet gar niemand wie hier.

Ich will Dir einmal erzählen, wie es gewesen ist am letzten Sonntag. Da haben wir zusammen wandern wollen in ein Dorf im Badischen, und als wir kaum unterwegs gewesen sind, hats angefangen zu regnen. Da hat der Balzer gesagt und die zwei anderen, die noch mitgewesen sind, wir wollen in eine Wirtschaft gehen und Karten spielen, daß wir doch auch unser Vergnügen haben. Ich hab zuerst nicht gewollt; aber dann haben sie gesagt: ‚Gelt, Ernestel, nächste Woche gehst du ins Kloster, da gehörst du hin!' So haben sie alle ihren Spott gehabt, und zuletzt hab ichs nicht mehr hören können und bin doch mitgegangen. Und ich meine, sie müssen eine falsche Karte gehabt haben, denn es ist immer so merkwürdig herausgekommen, und sie haben immer gewonnen abwechselnd und ich verloren. Und ich habe doch mein Geld nötig gehabt, weil ich am anderen Tag die drei Mark Wochengeld fürs Quartier habe zahlen sollen, und habe immer gemeint, ich gewinn das Geld zurück. Und der Balzer hat mir immer wieder Geld geliehen, daß ich habe weiterspielen können, und hat auch gesagt, er wolle mir die drei Mark fürs Quartier geben, bis ich wieder Geld hätte. Und am End bin ich dem Balzer 10 Mark schuldig gewesen und den beiden anderen jedem fünf. Das sind zusammen 20 Mark. Und wie ich das zusammensparen soll, weiß ich nicht, Mariele. Ich habe schon gar nicht mehr schlafen können all die letzte Zeit, weil ich immer habe darüber nachdenken müssen, und der Balzer hat gesagt, wenn ich ihm seine zehn Mark nicht zahle bis zum nächsten Sonntag, dann sagt ers unserm Herrn, und dann verlier ich vielleicht meine Stelle. Und so mitten in der Zeit find ich auch nicht so bald eine andere.

Wenn ichs dem Vater schreib, so wird er nur bös, das weißt Du selbst, Mariele. Und die Mutter hat auch geschrieben, sie könnt mir nichts mehr schicken in diesem Vierteljahr. Aber ich habs nur schreiben wollen, vielleicht weißt Du doch noch einen Ausweg, Mariele. Ich versprech auch, daß ich nie mehr eine Karte anrühren will, und mit dem Balzer will ich gar nicht mehr gehen, weil er so ein schlimmer Kerl ist und nichts als spotten kann. Und ich will es Dir nie vergessen, wenn Du mir dieses Mal hilfst.

Dein Bruder
Ernest Sell"


Mariele saß noch immer in tiefen Gedanken, obwohl es jetzt fast dunkel geworden war. „So geht's", sagte sie endlich leise vor sich hin. Zwanzig Mark, das war gerade die Summe, die sie monatlich bei der Näherin verdiente. Den letzten Lohn hatte der Vater zu dem übrigen Ersparten gelegt, aber sie konnte ja Vorschuß nehmen. Das hatte sie bisher nie getan, aber öfter von den anderen Lehrmädchen gesehen. Freilich – dieser Aprillohn hatte dazu dienen sollen, für die Mutter und für sie selbst Stoff zu neuen Kleidern zu kaufen, weil die alten so fadenscheinig waren; aber sie würden sich schon einrichten. Der Mutter war es gewiß recht, wenn es für den Ernest war, und der Vater würde dann am Ende nichts merken. „So wird's gehen", sagte sich Mariele, als sie den Weg hinunterging dem Dorf zu. Der kühle Abendnebel ließ sie zusammenschauern, aber in ihrem Herzen glühte das Fünklein Hoffnung schon wieder hell bei aller Traurigkeit. –

Niemand wußte, woher die Nachricht gekommen war. Hatte der Wind sie mitgebracht, der schwül und immer heftiger als Vorbote eines Gewitters über die Stadt fegte? Hatte der Bach sie gerauscht, der weitergereiste? Oder hatten die Schwalben sie ausgeplaudert, als sie an einem der Scheunendächer ihr Nest bauten? Sie war überall. Die Mägde schwatzten davon am Brunnen. Droben in der Weinstube stand der dicke Rösselwirt in Hemdärmeln und erzählte zum zehnten Male an diesem Nachmittag neuen Gästen, was geschehen war, und wie er's genau wisse aus bester Quelle. Und wo zwei sich auf dem Markt begegneten, da blieben sie stehen, und der eine sagte zum andern: „Hast's schon gehört? Und so vornehm hat sie immer getan, die Frau Sell, da sieht man's ja, wo es hinführt mit dem Stolz, und es ist eine rechte Schand'." Nur in dem kleinen Haus neben der Kirche, dessen Bewohner heute in aller Munde waren, wußte man noch nichts davon. Der Meister arbeitete schon seit acht Tagen auswärts in einem Dorf, wo er mehreren Bauern die Häuser neu tünchte zum Sommer, und sollte erst zum Abend zurückkommen. Die Meisterin war einmal wieder zur Kusine ins Walddorf gegangen, wo sie sich zuweilen ausweinte, und Mariele saß ja vom Morgen bis zum Abend bei ihrer Näharbeit. Dort hinein ins Schneiderstübchen war sie noch nicht gedrungen, die böse Nachricht; das Fenster war ja auch immer fest geschlossen, damit keine Ablenkung von außen die fleißigen Hände ruhen lasse.

Am Abend, als sie alle drei heimgekehrt waren und schweigend im Halbdunkel um ihr spärliches Abendmahl saßen, klopfte es an die Tür, und der Schulmeister trat herein. Der alte Scholz war nie mehr ins Haus des Anstreichers gekommen, seit damals, als er wegen des Ernest gebeten hatte, aber Mariele war desto öfter im Schulhaus gewesen. Die helle Freude über den unerwarteten Besuch strahlte aus ihren Augen, als sie aufsprang, um dem alten Mann einen Stuhl anzubieten. Aber als er jetzt näher herantrat, wurden die Lippen des Mädchens plötzlich ganz blaß. Es war etwas Beängstigendes in dem Gesicht des Schulmeisters. Auf seiner Stirn standen helle Schweißtropfen, und in den Augen kämpften Angst und Mitleid um die Herrschaft. Einen Augenblick stand er noch vornübergebeugt, mühsam nach Fassung und Atem ringend, dann sagte er:

„Ich bringe böse Nachricht, Meister." Schwer atmend ließ er sich auf den Stuhl nieder. „Es ist wegen Ernest."

Einen Augenblick schwieg er, wie um ihnen Zeit zu lassen, sich auf Schlimmes vorzubereiten. Da stand die Meisterin neben ihm und faßte krampfhaft seinen Arm.

„So redet doch, Schulmeister", sagte sie heiser, „was ist's mit dem Buben? Hat er sich etwas angetan, weil er das harte Leben nicht länger glaubte ertragen zu können?"

Ihre Augen brannten wie Flammen, ihr ganzer Körper bebte.

Der Alte schüttelte den Kopf. „Nein, Frau Sell", sagte er, „der Bub lebt. Gott gebe, daß er noch lange lebt, um das, was er gesündigt hat, an euch wieder gutzumachen. Heute ist sein Herr hier gewesen, er hat zu euch gewollt, aber es ist niemand daheim gewesen. Da ist er zu mir gekommen und hat mich geheißen, euch alles zu sagen. In dem Geschäft vom Ernest haben am letzten Samstag, als man die Kasse gemacht hat, hundert Mark gefehlt. Und weil der Herr auch gemeint hat, das Schloß wäre verdreht, hat er's untersuchen lassen, und da ist's herausgekommen, daß Ernest das Geld genommen hat. Der Bub hat auch gar nichts geleugnet, sondern nur immer gesagt, er wär in so großer Not gewesen und er hätt' gewiß das Geld wieder hineinlegen wollen, nach und nach, von seinem Taschengeld. Und die Kasse hätte man mit einem Draht aufmachen können, das hätten sie schon früher einmal herausgefunden, und er hätt' gedacht, man würde es nicht merken, weil das Schloß ja doch immer so schwer gegangen sei und weil in einer Woche so viel Geld einkäme. Er hat auch geweint und gesagt, man solle doch nichts seiner Mutter sagen. Der Herr hat mir heut keinen so ärgerlichen Eindruck gemacht. Er hat sogar gesagt, wenn er gewußt hätte, daß es so ein Junger gewesen war, dann hätt' er's nicht zur Anzeige gebracht. Aber jetzt sei da nichts mehr zu machen, schon wegen der andern, und ein halbes Jahr würd' der Ernest wohl bekommen."

Der Schulmeister schwieg. Es war totenstill im Zimmer. Da schluchzte auf einmal die Meisterin laut auf. Es war etwas Beruhigendes in dem gewaltsamen Ausbruch. Vielleicht war einmal eine Zeit gewesen, wo sie ihren schönen, stolzen Buben noch lieber unter dem Rasen als hinter den Mauern eines Gefängnisses gewußt hätte, aber das war vorüber.

Glück und Stolz waren zugleich zusammengebrochen. Er lebte, er atmete, sie hatten ihn nicht blaß und tot nach Hause gebracht!

Mariele weinte nicht. Mit weit geöffneten Augen war sie den Worten des alten Mannes gefolgt, jetzt schüttelte sie wie benommen den Kopf. Aus ihrem Gesicht war jeder Blutstropfen gewichen.

„Herr Schulmeister", flüsterte sie leise, „gelt, Ihr fahrt hin zum Ernest und sagt ihm, daß ich ihm nicht noch mehr Geld habe schicken können, und daß ich ihn doch noch lieb habe, und daß ich für ihn beten will. Und sagt ihm, er soll auch beten, sich zum Heiland wenden, seine Schuld bekennen, alles, alles, – ach, auch ihm wird vergeben werden, und sagt . . ."

Der Meister hatte noch kein Wort gesprochen. Jetzt sprang er plötzlich auf. „Und sagt ihm, Schulmeister", schrie er, „sagt ihm, daß ich seinen Namen nicht mehr hören will, – von Euch nicht und von niemand anders! Sagt ihm, daß ich keinen Lumpen zum Sohn haben will, und daß er mir nie wieder unter die Augen treten soll!"

Die Stimme des Meisters brach vor Wut. Jetzt war auch der Schulmeister aufgestanden und hob das greise Haupt.

„Hütet Euch, Meister", sagte er feierlich, „daß Euer Zorn vor Gott im Himmel nicht schwerer wiegt als die Sünde des armen Buben! Hütet Euch vor Dem, der segnen und richten kann, und der nur den Barmherzigen ein barmherziger Richter ist!"

Meister Sell riß die Tür auf. „Und hütet Ihr Euch, Schulmeister", schrie er und hob drohend den Arm, „daß Ihr mich nicht vergessen macht, daß Ihr ein alter Mann seid! Den Segen von oben brauch ich nicht, der ist für die Faulen und für die Lumpen gut. Mit diesen zwei Armen hab ich's zu dem gebracht, was ich hab, und dabei gedenk ich zu bleiben. Und nun . . ."

Da reichte der Schulmeister traurig Mariele die Hand zum Abschied und ging hinaus.

Später, als der Meister schon längst in die Schlafkammer verschwunden war und seine Frau immer noch schlaflos am Fenster saß und die Schürze gegen die schmerzenden Augen preßte, strich ihr plötzlich eine Hand über die Wange, und eine leise, weiche Stimme sagte: „Mutter, ich hab' Gott gebeten, und ich bin gewiß, daß Er schon helfen wird. Und der Ernestel hat's gewiß nur aus großer Not getan, und wenn er wieder herauskommt, wird er sicher anders, und wir werden doch noch unsere Freude an ihm erleben."

Die Meisterin sagte nichts, aber sie faßte die schmale Hand mit der ihren, und dann zog sie das Mädchen plötzlich an sich in liebevoller Umarmung, wie es nie vorher geschehen war. Als Mariele dann aufstand, um hinaufzugehen, da fiel es der Mutter zum erstenmal auf, wie schmal und durchsichtig das Gesicht ihres Kindes im letzten Jahr geworden war. „Mariele", sagte sie, und ein heißer Schrecken durchzuckte sie, „du siehst so bleich aus. Schlaf morgen länger aus. Ich will's schon ausmachen mit der Nähfrau." –

Das war eine Nacht! Eine Nacht, in der die Sturmböen einander hetzten und jagten und verfolgten, eine Nacht, in der die Pappeln am Ende des Städtchens geknickt, entwurzelt zu Boden sanken. Selbst die ältesten Menschen konnten sich kaum entsinnen, solch ein Unwetter erlebt zu haben. Es war eine Erlösung, als endlich beim Morgengrauen der Regen in schweren Tropfen niederfiel und die Blitze wie feurige Schlangen über den Bergen zuckten. Näher und näher zog es heran. Jetzt Blitz und Donner fast zugleich, und dann noch ein Schlag, ein furchtbar dröhnender, als wollte die Erde sich auftun.

„Es hat eingeschlagen in der Kirche!"

„Nein, dicht daneben, vielleicht in Sells Haus!"

Dann läutete es Sturm.

Und nun stürmten sie auch schon die Straße herauf in dichten Scharen, der Wagen mit der Feuerspritze, Leute mit

Eimern und Kannen, mit Schaufeln und Harken, und mit ihnen viele, viele Neugierige.

Ja, bei Sells war der Blitz eingeschlagen, am Schornstein herunter und dann im Unterstock senkrecht die Schlafkammerwand entlang. Der Meister hatte schon eine Weile angekleidet am Fenster gesessen, vom Gewitter aufgeschreckt, da fuhr der Blitz dicht hinter ihm vorbei. Einen Augenblick starrte der Mann noch vor sich hin, geblendet, wie gelähmt, dann war er auf einmal draußen auf der Straße, ohne recht zu wissen, wie er dorthin kam. Die Meisterin, die noch gar nicht zum Schlafen in die Kammer gegangen war, und Mariele waren auch dort. Und plötzlich begann der Giebel oben am Häuschen zu brennen. Immer mehr Leute kamen die Straße herauf.

„Ein Glück, daß ihr noch alle rechtzeitig herausgekommen seid, der Oberstock ist nicht zu retten", sagte jemand dicht neben dem Meister.

Es war, als ob ihn die Stimme aus der Betäubung wecke, die noch immer seine Sinne gefangen hielt. Er reckte sich empor in plötzlichem Schrecken.

„Macht Platz!" rief er mit heiserer Stimme, mit beiden Armen sich durch die Neugierigen drängend, „ich muß hinauf, ich muß hinauf . . . mein Geld . . .!"

Er war schon fast an der Tür angelangt, als ihn zwei Männer zurückrissen. „Es ist unmöglich, Sell, Ihr wagt Euer Leben, und da oben ist längst alles hin!"

Er wollte sich losreißen, aber es war ohnehin zu spät. Krachend stürzte der Giebel in sich zusammen. Der Donner rollte jetzt nur noch von fern, dafür regnete es immer heftiger und half beim Löschen. Eine halbe Stunde später lag alles im Dunkel. Die Leute gingen auseinander, und es trat Stille ein.

Eigentlich war es kein allzu großer Brand gewesen. Nur der Oberstock, den man aus leichtem Holzwerk ausgeführt hatte, war ein Raub der Flammen geworden. Den ganzen unteren Teil des Hauses hatte man retten können. Als alle Gefahr vorüber war, machten sich die Meisterin und Mariele ans Werk, das Löschwasser, das in großen Lachen überall in der Wohnung stand, aufzunehmen und das Allernotwendigste zum Säubern der Wohnung zu tun. Und wieviel gab es da zu tun!

Ganz hinten im Garten, ein wenig von Büschen verborgen, stand Meister Sell. Sein Gesicht war erdfahl. Er biß sich auf die Lippen, daß sie bluteten. Immer wieder überkam ihn ein seltsames Zittern, so daß er am Gartenzaun Halt suchen mußte.

Er starrte auf die verkohlten Balken, die noch immer rauchten. Da war völlig zu Asche geworden, was ihm den Inhalt seines Lebens bedeutet hatte! Niemand hatte gewußt – selbst nicht die Meisterin –, daß er sein Geld nach langer Zeit nicht mehr auf die Sparkasse gebracht hatte. Er hatte oft von großen Bankverlusten gelesen, die Viele um ihr Erspartes gebracht hatten. Da hatte er befürchtet, daß es auch ihm so ergehen könne. Freilich, man bekam keine Zinsen; aber dafür war es sicherer. Und dann konnte man es auch zu jeder Zeit sehen, zählen, durch die Finger gleiten lassen und seine Freude daran haben. Oft war er hinaufgestiegen in die kleine Kammer im Dachgiebel und hatte sich geweidet an dem schönen Häuflein Scheinen, in die er das Hartgeld immer wieder eingewechselt hatte, weil es ihm so leichter zu verstecken schien. ‚Goldene Schlösser' hatte er eigentlich nie gebaut, niemals darüber nachgedacht, wozu das Geld verwendet werden könnte; ja zuweilen hatte ihn der Gedanke, daß er sterben und seine Kinder dann alles ausgeben könnten, mit Groll erfüllt. Selbstzweck war es ihm gewesen, dieses Häuflein Banknoten. Manchmal, wenn er des Nachts ein Geräusch zu hören geglaubt hatte, war er hinaufgestiegen in das Giebelstübchen, wo er sorgfältig die Läden schloß, daß kein Lichtschimmer hinauskonnte, und hatte im Gebälk das Brett gelöst und die Scheine gezählt, Angst und Sorge im Herzen, aber es hatte nie einer gefehlt. Und nun alles fort! Versichert war das Haus auch nicht, weil das ja Geld gekostet hätte. – Der Mann im Garten ballte die Fäuste und schlug sich ins Gesicht. Erst als die Sonne glänzend im Osten aufging, wankte er wie gebrochen dem Hause zu.

Vierzehn Tage später trug man der Meisterin den Mann auf einer Bahre ins Haus. „Er ist vom Gerüst gefallen", berichteten die Männer, als sie der stillen Frau mit den starren Augen gegenübertraten, „der Doktor kommt gleich nach."

Der Arzt stellte fest, daß der Arm gebrochen war, sagte aber gleich, daß die tiefe Ohnmacht, in der der Meister immer noch lag, dadurch nicht zu erklären sei. Das Unglück mit dem Sturz sei im Gegenteil wohl erst durch die plötzliche Besinnungslosigkeit veranlaßt worden. Am nächsten Tag schien das Bewußtsein des Kranken klarer, doch hatte sich ein heftiges Fieber eingestellt.

„Es ist Typhus", sagte der Arzt bestimmt, als er die sorgfältige Untersuchung beendet hatte. „Wer kann die Pflege übernehmen?"

„Ich verstehe nichts davon", sagte die Meisterin tonlos, die ohne mit der Wimper zu zucken der Untersuchung gefolgt war, „ich kann's nicht."

Der Arzt zuckte ungeduldig die Schultern. „Im Spital ist zur Zeit kein Platz, und die Krankenpflegerin hat schon drei schwere Pflegefälle. Ich denke, daß es Euch am nächsten zukommt, Meisterin."

„Ich kann nicht", wiederholte sie noch einmal. Ihre Lippen zitterten jetzt heftig, und als sie sich zum Fenster umwandte, war etwas Seltsames in ihren Augen, etwas Wildes, Leidenschaftliches und doch so Trauriges – das Geheimnis ihres elenden Lebens.

In diesem Augenblick öffnete sich die Tür, und Mariele trat herein. Der Arzt nahm seine Tasche auf, er hatte es eilig. „Ihr seid ja zu zweit hier, da werdet ihr das schon schaffen. Die Pflegerin mag heut abend einmal herkommen und euch Anweisungen geben."

Doch die Meisterin mied es, ins Krankenzimmer zu gehen. Schuld war er an dem, was mit Ernestel geschehen, schuld war er allein! Und sie haßte ihn dafür.

So saß denn Mariele am Lager des Kranken. Gerade die ersten Tage waren sehr schwer. Da mußte der Arzt den gebrochenen Arm schienen, und der halb Bewußtlose wehrte sich mit allen Kräften gegen die schmerzhaften Bemühungen, deren Notwendigkeit er ja nicht begreifen konnte. Und dann die Nächte, wenn nur die Nächte nicht gewesen wären! Dann schrie der Kranke oft laut und redete wilde Dinge.

Man hatte den Knecht aus dem Nachbarhaus stundenweise zur Hilfe bestellt. Manchmal mußte er den ganzen Tag über dableiben, weil es Mariele mit ihrer schwachen Kraft unmöglich war, den Kranken im Bett festzuhalten. Es kam eine Zeit, in der der Arzt die ganze Nacht nicht vom Lager wich, weil sich das Zünglein der Waage dem Grabe zuneigte.

Endlich in der dritten Woche schien das Fieber ein wenig nachzulassen. Der Kranke hatte den ganzen Morgen verhältnismäßig still gelegen. Da hörte Mariele ein Flüstern vom

Bett her. Sie trat hinzu. Die Augen des Kranken waren weit geöffnet.

„Mariele", sagte er mit ganz schwacher Stimme.

Sie beugte sich über ihn, um ihn besser zu hören. Aber er wiederholte nur noch einmal den Namen und dann noch einmal. Von nun an wußte er, wer so leise und sanft seine Kissen zurechtzog, wer ihm den kühlen Trank reichte und die kräftige Speise, die der Arzt jetzt verordnete. Die Genesung machte gute Fortschritte. Zuweilen erlaubte der Doktor jetzt, daß sie ihm vorlas, und manchmal las sie aus der Bibel. Zuerst hatte der Kranke schon nach wenigen Versen gesagt, er sei müde, aber allmählich hatte er es schweigend geduldet. Die Tage waren so lang, und Marieles Stimme klang so weich und beruhigend, wenn sie las.

„Am Sonntag dürft Ihr ein wenig aufstehen, Sell", sagte der Arzt eines Tages, als die Untersuchung beendet war. Mariele hatte am Fenster gesessen und mit strahlenden Augen zugehört. Jetzt, nachdem der Arzt gegangen und die beiden wieder allein waren, nahm sie die Bibel vom Schaft. Einen Augenblick zögerte sie noch, dann schlug sie das Buch gerade auf, wo das Lesezeichen lag. Ihre Stimme zitterte, als sie begann:

„Ein Mensch hatte zwei Söhne; und der jüngste unter ihnen sprach zu dem Vater: Gib mir, Vater, das Teil der Güter, das mir gehört. Und er teilte ihnen das Gut . . .'"

Sie las das ganze Gleichnis ohne aufzusehen. Als sie fertig war, warf sie einen scheuen Blick auf den Kranken. Der hatte die Hand über die Augen gelegt, und eine Träne rann über seine Wange. An diesem Abend sprach er kein Wort mehr.

Seit der Meister wieder voll bei Bewußtsein war, hatte seine Frau das Zimmer nicht mehr betreten. Vorher war sie wohl ab und zu gekommen, hatte auch einige Handreichungen getan. Als der Arzt den ersten Ausgang erlaubt hatte und Mariele den Vater zu dem Bänklein in die Sonne führen wollte, stand die Meisterin zufällig an der Tür. Er wollte auf sie zugehen. Aber ihre Augen blickten so seltsam starr und kalt, da murmelte er nur einen undeutlichen Gruß und ging vorüber. Am nächsten Tag konnte man schon einen Rundgang um das große Gemüseland wagen. Die Genesung machte jetzt schnelle Fortschritte. Von Mariele aber hatte man den Eindruck, als kehre sie von diesen kleinen Spaziergängen ermüdeter zurück als ihr Vater.

Als der Arzt zum letzten Male kam, betrachtete er das Mädchen kopfschüttelnd. „Jetzt gebt acht, Meister", sagte er nachdrücklich, „daß es mit Eurer Tochter nicht schlimmer wird als mit Euch. Schlaf und wieder Schlaf und kräftiges Essen dabei, sonst geht es nicht gut."

Der Meister sah erschrocken auf. Mariele hatte aber auch noch nie so matt und müde ausgesehen wie gerade heute!

„Ich will ja alles tun, Herr Doktor", versicherte er erschrocken, „aber es ist doch nicht schlimm mit dem Mädchen, oder . . .?"

Der Doktor hob unwillig die Schultern. „Ich hab's Euch schon vor zwei Jahren gesagt, daß das mit dem vielen Nähen nichts ist für das Kind. Jetzt sorgt für es, es hat's doch wahrlich verdient um Euch – zumal gerade in den letzten Wochen." Dann ging der Doktor.

„Es wird schon besser werden, Vater", versicherte Mariele, „der Doktor ist ein wenig streng, aber er meint's gut. Wenn ich erst wieder mehr schlafen kann, wird's bald wieder besser mit mir."

Aber es wurde nicht besser. Es war ja keine eigentliche Krankheit, kaum ein leises Hüsteln, nur ein schnelles Abnehmen der Kräfte, eine immer mehr zunehmende Mattigkeit, ein leises Verlöschen. Es kam ein Tag, da saß der Meister allein auf dem Bänklein im Garten und starrte traurig in den Sonnenschein. Mariele aber lag im Bett, eine geduldige Kranke, die kaum Mühe machte. Sie wünschte es nicht, daß ihr zuliebe jemand die Nacht aufblieb, obwohl gerade nachts ihre Schwäche besonders spürbar wurde.

So lag das Mädchen einmal wieder mit offenen Augen und wartete auf den Morgen. Der Mond schien durchs Fenster, daß es im Zimmer recht hell war. Da ging die Tür auf. „Mutter", sagte Mariele, „Ihr habt mir's doch versprochen, daß Ihr schlafen wollt, und ich hab wirklich niemanden nötig, es tut mir auch gar nichts weh."

Die Meisterin trat näher und setzte sich auf den Stuhl neben dem Bett. „Laß mich ein wenig bei dir sein, Kind", sagte sie, sich nur mühsam beherrschend, „schlafen kann ich doch nicht."

Es war eine ganze Weile still in dem kleinen Raum, nur die Kranke atmete schwer.

„Ich hab's dir auch eigentlich immer sagen wollen, Mariele", begann die Meisterin schließlich mit leiser Stimme. „Ich bin's eigentlich schuld, daß du nie recht gesund gewesen bist. Als du ganz klein warst, da hab' ich dich einmal allein gelassen, da bist du aus der Wiege gefallen, und seitdem bist du immer so zart gewesen. Und ich hab' dich oft nicht ansehen mögen, weil mich mein Gewissen angeklagt hat, und hab' den Ernestel immer lieber um mich gehabt."

Sie hatte den Kopf tief gesenkt und zu weinen begonnen.

Da richtete sich die Kranke auf.

„Gott hat's zugelassen, Mutter", sagt sie ganz leise, aber mit einem glücklichen Lächeln um die Lippen. „Ich weiß, daß ich bald heimgehe, und ich gehe gern. Nur das Eine macht mir noch Unruh, das mit dem Ernestel – und daß Ihr und der Vater wieder gut zusammen werdet."

Bis der Morgen kam, saßen sie noch beieinander. Dann ging die Meisterin leise hinaus. –

Keine Hoffnung mehr! Endlich war es gefallen, das Wort, auf das man gewartet hatte mit Furcht und Zittern von einem Tag zum andern. Der Meister saß noch immer auf der selben Stelle, wo ihm der Arzt das gesagt hatte, und er wiederholte sich immer die selben Worte, ohne doch den Sinn recht fassen zu können. Er hatte heute zum ersten Male wieder auf die Arbeit ausgehen wollen, aber die Uhr schlug, ohne daß er daran dachte, daß es Zeit sei. Zum Essen ging er hinein, aber er schob den Teller unberührt zurück. Dann schritt er eine ganze Zeitlang im Garten auf und ab. Es war ihm, als müsse er mit Gewalt seine Gedanken zur Ruhe zwingen. Erst als es schon dunkelte, betrat er das Zimmer der Kranken. Dort lag sein Mariele zwischen den weißen Kissen freundlich lächelnd wie immer, aber so blaß, so sterbensmatt. Da war es plötzlich zu Ende mit der mühsam errungenen Fassung. Laut aufschluchzend kniete er am Bett der Kranken nieder. Er hatte es nicht bemerkt, daß die Meisterin am Fenster saß, er hätte es auch nicht geachtet, es war ihm alles gleich.

„Vater", sagte das Mädchen und suchte seine Hand zu fassen, „es ist mir so leid. Ihr habt so viel Kummer gehabt, erst mit dem Brand, und dann all das andere . . ."

Er wollte auffahren, aber er bezwang sich sofort wieder. „Red' nicht davon, Mariele", sagte er mit erstickter Stimme. „Freilich damals, als ich wieder aufgewacht bin, da habe ich zuerst gedacht, ich könnt's nicht tragen, daß das Geld fort ist, und habe gewünscht, ich wäre tot. Aber dann bist du um mich gewesen wie ein Engel, und ich habe wohl gemerkt – durch dich, Kind, durch dich! – daß es noch etwas Besseres gibt als das Geld. Da habe ich gedacht, ich will ein anderer Mensch werden, wenn ich erst wieder gesund bin, und du solltest mir dabei helfen. Und nun – nun tut mir Gott das an! Und ich hab's wohl verstanden – wenn's der Doktor auch nicht so herausgesagt hat –, daß er denkt, ich bin schuld daran, daß du so daliegst, weil ich dich so habe schaffen lassen und nähen lassen. Und es ist auch immer gewesen, als ob mir jemand ein Tuch vor die Augen hielte, daß ich nichts habe sehen können als nur immer das Geld."

Die Kranke hatte ihn ausreden lassen. „Vater", sagte sie jetzt, „der Herr Jesus, mein Heiland, ist für Sünder am Kreuz gestorben, und Er ist immer da, wenn jemand Ihn braucht. Und Ihr braucht Ihn, Vater, und ich bitte Ihn beständig, daß Er Euch hilft. Er wird helfen – wenn Ihr zu Ihm kommt. Und wenn Ihr mir noch eine Liebe auf Erden antun wollt, so versprecht mir das eine: Nicht wahr, wenn der Ernestel heimkommt, so wollt Ihr ihn aufnehmen wie der Vater im Gleichnis vom verlorenen Sohn . . .?"

Er versprach alles. Er bekannte, daß er an allem schuld sei. „Der Ernest hat ja nicht wagen können, mich, seinen Vater, um Hilfe zu bitten! Dabei hätt' ichs doch zwanzigmal bezahlen können, und er wäre kein Dieb geworden! Und wie habe ich auch gegen deine Mutter und dich gesündigt mit meinem Geiz! Und gegen Gott! Gar nicht an Ihn und Seine Heiligkeit gedacht! Immer hat sich bei mir alles nur ums Irdische gedreht, Tag und Nacht!"

Auf ein solches Bekenntnis folgt Vergebung.

Meister Sell fühlte plötzlich eine Hand in der seinen und sah seine Frau an seiner Seite niederknien. Mariele lächelte glücklich. Nun konnte sie ausruhen! Es war, als ob sie alle ihre Kräfte erschöpft hätte in der Erfüllung ihrer letzten großen Aufgabe. Als der Abend kam, schloß sie die Augen, leise, schmerzlos, um auf Erden nicht mehr zu erwachen. –

Dann kehrte der Frühling wieder einmal ein, der alte, ewig junge Gast, der so schnell vorüberzieht und so schnell wiederkehrt. Das Häuschen neben der Kirche hatte schon längst den Schnee von der neuen roten Kappe abgeschüttelt, die es seit dem Spätherbst trug. Die Summe, die noch von früher her auf der Sparkasse gewesen war, hatte noch gerade dazu gereicht, den Oberstock wieder aufzubauen. –

Heute war Ernest heimgekehrt.

Wie schwer war es ihm gewesen, als die Eltern ihn im Gefängnis besucht hatten und er von Marieles Tod erfuhr! Er hatte gemeint, diesen Schlag nicht auch noch tragen zu können. Doch ebenso unfaßbar war ihm, daß der Vater zu ihm kam, ihm vergab und auch den Ernest um Vergebung bat für das, was er versäumt hatte an seiner Familie.

Als sie abends zusammen beim Nachtmahl saßen, klopfte es, und der Schulmeister schaute kurz zur Tür herein. „Ich hab' mit dem Velten gesprochen, er will ihn nehmen und einen tüchtigen Gärtner aus ihm machen. Die Leute werden erst reden, freilich, aber das muß er tragen, und sie werden's auch wieder vergessen." Seine Augen glänzten.

Nachher, als die Sterne schon klar am Himmel standen, gingen sie noch miteinander hinunter zum Friedhof, wo unter Veilchen und Anemonen das Mägdlein schlief, das ihnen allen der Wegweiser zum Heiland geworden war, ein Bote Gottes.

# Der Sohn des Künstlers

Die Beisetzung war vorüber. Ein langer Zug von Freunden und Bekannten war der sterblichen Hülle des Malers Theodor Hösel zu ihrer letzten Ruhestätte gefolgt. Es war merkwürdig, wie viele Menschen sich mit einem Male des tüchtigen Künstlers erinnert hatten, dessen Verdienst vielleicht deswegen nicht genügend gewürdigt worden war, weil seine stille Bescheidenheit und sein zurückgezogener Lebenswandel nicht recht in die Umgebung gepaßt hatten, in die sein Beruf ihn gestellt hatte.

Theodor Hösel hatte kein eigenes Heim besessen. Er hatte zur Miete gewohnt bei einer Witwe Bröker, einer einfachen Frau, deren Name in ihrem ganzen Bekanntenkreise einen guten Klang hatte. Marta, so wurde sie allgemein genannt, hatte den Dahingeschiedenen gepflegt bis zu seinem letzten Atemzug. Sie war vielleicht auch die einzige, die wirklich um den so früh Verstorbenen trauerte, denn Heinrich, das einzige Söhnchen des Künstlers, war noch zu jung, um den Verlust in seiner ganzen Schwere zu fühlen.

Drei ehemalige Freunde des Malers kehrten nach der Beerdigung mit den beiden zu der Wohnung des Heimgegangenen zurück. Es galt zu beraten, was fernerhin mit dem kleinen Jungen geschehen solle.

„Aus den Gemälden Theodors wird sich bei einigem Geschick immerhin eine hübsche Summe lösen lassen", meinte einer.

„Mittlerweile könnte man eine Sammlung veranstalten", schlug ein anderer vor. „Meinen Beitrag möchte ich gleich heute dazu geben." Der Vorschlag fand Beifall.

„Aber wo soll der Junge bleiben?" war die nächste Frage.

„Meine Herren", fiel hier Marta, die schweigend zugehört hatte, bescheiden ein, „den Jungen werden Sie mir doch lassen, bis er zur Schule geht. Ich war bei ihm, als seine Mutter starb, und ich habe für ihn gesorgt seit seiner Geburt. Er ist mir wie ein eigenes Kind. Da werden Sie ihn mir doch sicher nicht nehmen wollen."

Als die drei Herren ohne zu antworten einander fragend anschauten, fuhr sie fort: „Sie denken wohl ans Bezahlen. Aber darüber wollen wir kein Wort verlieren. Verwahren Sie alles, was ihm gehört, bis er es einmal selber braucht. Ich kann ihn, Gott sei Dank! ohne Hilfe ernähren. Ich schulde seinem Vater mehr, als ich je zurückgeben kann."

Die Tränen, welche diese Worte begleiteten, redeten deutlicher als alles. Es erhob sich kein Widerspruch. Heinrich wurde der Sorge Martas übergeben, und einer der Herren erbot sich, den Nachlaß des Verstorbenen zu ordnen und ihn für den kleinen elternlosen Jungen zu verwalten.

Plötzliche Entschlüsse, die der Augenblick bringt, kommen sehr häufig nicht zur Ausführung. So war es auch hier. Der arme Theodor Hösel wurde ebenso schnell vergessen, wie man sich seiner an seinem Todestage erinnert hatte. Einiges von seinen Arbeiten wurde verkauft; der Rest blieb in den Ausstellungen hängen, wohin man seine Bilder gesandt hatte. Die veranstaltete Sammlung hatte auch kein Ergebnis, das man als befriedigend hätte bezeichnen können.

Marta Bröker, die das Leben und die Menschen ein wenig kannte, war nicht sonderlich überrascht von diesem Ausgang, so leid es ihr tat. Sie war froh, daß sie den Jungen nicht abgegeben hatte. Das aus dem Verkauf und der Sammlung gelöste Geld wurde ihrem Wunsch gemäß auf ein Sparkonto eingezahlt, bis Heinrich es zu seiner Ausbildung nötig haben würde.

Marta war Eigentümerin des Hauses, in dem sowohl Herr Hösel als auch seine Frau gestorben waren. Durch das Vermieten der Zimmer und die Bedienung der Mieter verdiente sie ihren Lebensunterhalt.

Das Ehepaar Hösel hatte von vornherein einen tiefen Eindruck auf sie gemacht, einmal durch das schöne Verhältnis, das zwischen Mann und Frau bestand, dann aber auch durch die Pünktlichkeit, mit der sie ihre Miete bezahlten; und es wurde ihnen manchmal recht sauer, besonders in der Zeit, wo Frau Hösel nach der Geburt des kleinen Heinrich so lange krank war. Marta war auf das Wohl eines jeden einzelnen ihrer Mieter bedacht, aber Herr und Frau Hösel wuchsen ihr geradezu ans Herz, und als die junge Frau nach langem Siechtum schließlich starb, da nahm sie den kleinen Heinrich in ihre Arme und gelobte sich, ihm nach besten Kräften die Mutter zu ersetzen.

Nach dem Tode der Frau war es die stille, würdige Trauer des Mannes, die Martas Herz tief bewegte. Sie hatte einen wilden, leidenschaftlichen Schmerzausbruch erwartet, aber sie sah nichts davon. Welche Kämpfe der arme Mann im geheimen durchmachte, wußte sie freilich nicht. Nach außen hin war er stets gefaßt, wohl ernst und manchmal auch traurig, aber immer ruhig und still. Nie kam ein Wort der Klage über seine Lippen.

Und dann kam die Zeit, in der Marta von ihrem Mieter das

empfing, was sie ihm nach ihren eigenen Worten nie zurückgeben konnte.

Der Maler wurde krank. Er mußte Pinsel und Palette beiseite legen. Wie schwer ihm das wurde, ahnte kein Mensch, aber auch jetzt klagte er nicht. Woher kam das? Theodor Hösel war von Jugend auf in den Wegen des Herrn unterwiesen worden, und diese Erziehung hatte kostbare Frucht getragen. Schon früh hatte er den Herrn Jesus als seinen Heiland kennengelernt. Seine Frau war gleicher Gesinnung gewesen wie er. In dieser Tatsache lag der Schlüssel zu allem, was Marta bisher so schön und teilweise unbegreiflich erschienen war. An Theodors Krankenbett erhielt sie Aufschluß über viele Dinge. Ihr war bisher die Gnadensonne noch nicht aufgegangen. Jahre schweren Ringens und Kämpfens lagen hinter ihr. Sie hatte sich immer bemüht, ihr Bestes zu tun. Aber das änderte nichts an der ernsten Tatsache, daß sie mit jedem Jahr dem Tode näher kam, und dieser Gedanke bereitete ihr zuweilen Sorgen. Denn das wußte sie aus dem Religionsunterricht ihrer Jugend: Nach dem Tod kommt das Gericht! Jetzt nun hörte sie, daß der Sohn Gottes gekommen sei, um die Macht des Todes zu brechen und alle die zu befreien, welche durch Todesfurcht das ganze Leben hindurch der Knechtschaft unterworfen sind. Sie hörte, daß Er sich selbst in den Tod gegeben hat, um den armen, sündigen Menschen aus der Gewalt dessen zu befreien, der die Macht des Todes hat; um ihn rein zu waschen von aller Schuld und ihn zu einem glücklichen Kinde Gottes und einem Erben der himmlischen Herrlichkeit zu machen. In einfältigem Glauben nahm sie das Wort der Gnade an. Alle Furcht schwand, und sie ‚zog fortan ihre Straße mit Freuden'. Jetzt verstand sie auch, wie die junge Gattin und Mutter so ruhig den Mann ihrer Liebe und ihr Kind hatte zurücklassen können, verstand, weshalb der Gatte bei allem Schmerz um die Entschlafene nicht murrte. Daß er selbst ebenfalls mit glücklichem Herzen diese Erde verließ, wo doch sein unmündiges Kind ganz allein zurückblieb, erschien ihr jetzt ganz natürlich.

Jede freie Stunde widmete Marta fortan dem kleinen, elternlosen Jungen. Heinrich war ein kluges, aufgewecktes Kind. Martas Kenntnisse waren nicht groß, aber sie reichten doch so weit, daß sie ihm beim Lesen und Schreiben behilflich sein konnte, woran er bereits großes Interesse bekundete. Vor allem aber war sie bemüht, den Jungen von frühester Jugend an in die Heilige Schrift einzuführen, die ja doch Anfang und Ende aller Wissenschaft ist.

So kam die Zeit, da Heinrich zur Schule gehen sollte. In dieser Frage, deren Beantwortung von entscheidendem Einfluß auf das ganze Leben des Knaben sein konnte, vermißte Marta den Rat eines verständigen Freundes. Ihre Freude war deshalb groß, als sie in diesen Tagen den Besuch jenes Herrn empfing, der seinerzeit die Verwaltung des Geldes übernommen hatte. Er hieß Franz Torsten und war Maler wie Heinrichs Vater auch.

Franz Torsten war in früheren Jahren nahe befreundet gewesen mit Theodor Hösel, dessen Kunst er schätzte. Aber mit den Jahren waren die Wege der beiden Männer immer weiter auseinander gegangen. Der Grund war sehr einfach: Hösel war ein überzeugter Christ, und Torsten war stolz auf seine „freisinnigen Anschauungen". Hösel hatte mehrmals versucht, dem Freund von seinem Glück und Frieden zu erzählen, aber der hatte nichts davon wissen wollen. Naturgemäß hatte sich das Freundschaftsverhältnis allmählich gelockert. Aber Theodor Hösel hatte nicht aufgehört, für Franz Torsten, den er lieb hatte, zu beten.

Dieser Mann also war es, der jetzt in Martas Stube saß. Ein

Bild Hösels, gemalt in der ersten Zeit ihrer Freundschaft, hatte ihn an das Dasein des Waisenknaben erinnert.

„Nun, Frau Bröker, wie geht's dem kleinen Burschen? Ach, da ist er ja! Groß geworden! Da wird's Zeit, an die Schule zu denken."

Marta nickte und meinte, sie würde ihn am liebsten in eine ganz in der Nähe liegende Privatschule schicken. Da sei die Gefahr nicht so groß, daß er mit anderen Jungen so viel zusammen komme.

„Warum soll er denn nicht mit seinesgleichen zusammenkommen?" fragte Herr Torsten verwundert. „Er ist doch kein Mädchen!"

„Nein", erwiderte Marta. „Aber ich möchte nicht, daß er mit schlechten Jungen verkehrt."

„Mit schlechten Jungen? Unsinn! Alle Jungen sind gleich."

„Gewiß", sagte Marta, „in einem Sinne sind sie alle gleich. ‚Da ist kein Unterschied', sagt Gottes Wort. Aber dabei ist doch der eine so und der andere so. Heinrich kennt bis heute noch keine schlechten Worte, und ich würde es sehr bedauern, wenn er sie lernte."

„Was wollen Sie denn aus ihm machen?" fragte Herr Torsten lachend.

„Ich tue mein Bestes", versetzte Marta, „um ihn seinem Vater ähnlich zu machen."

„Sein Vater hatte einige sonderbare Haken", erwiderte der Maler, halb zu sich selbst sprechend, „wenn er auch sonst ein guter Mensch und recht geschickt war."

„Hoffentlich kommt noch der Tag", meinte Marta kopfschüttelnd, „wo Heinrich dieselben Haken haben wird wie sein

Vater. Daß er so geschickt werden wird wie er, ist sicher." Mit diesen Worten entnahm sie einem Kästchen ein paar Zeichnungen, die der Kleine mit Geschick verfertigt hatte, und begann sie ihrem Besucher zu erklären.

„Ich sehe schon", versetzte Herr Torsten belustigt, „das Kind hat zweifellos das Talent seines Vaters geerbt. Aber wir dürfen keinen Maler aus ihm machen, Frau Bröker, lieber einen Zimmermann oder Schlosser. Solch ein Mann kann, wenn er sein Handwerk versteht, der ganzen Welt Trotz bieten und ist weit besser dran als so ein armer, halb verhungerter Künstler mit wehem Herzen, geknechtet von denen, die er verachtet."

Marta antwortete nichts auf diese bittere Bemerkung. Welchen Beruf Heinrich später ergreifen würde, erschien ihr zunächst unwichtig. Vorläufig handelte es sich um die Entscheidung der Schulfrage. Es lag ihr viel daran, daß ihr Liebling die von ihr bezeichnete Schule besuchte. Sie wurde von einer Dame geleitet, die nicht nur den Ruf einer tüchtigen Lehrerin hatte, sondern auch als wahre Christin galt.

Herrn Torsten war es im Grunde gleichgültig, wo der Knabe etwas lernte. Er glaubte mit seiner Anregung seine Schuldigkeit getan zu haben, gab seine Zustimmung zu allem und verließ Marta mit der Aufforderung, ihm die Schulrechnung zur Bezahlung zuzusenden und ihn über die Fortschritte des Kleinen ein wenig auf dem laufenden zu halten.

Die ersten Schuljahre verliefen für den kleinen Heinrich wie für die meisten Kinder ungetrübt. Er machte erfreuliche Fortschritte, auf die niemand stolzer sein konnte als Marta. Besondere Freude aber machten ihr die Bibelsprüche, die Heinrich lernte. Sie wurde nicht müde, ihm diese zu erklären und dabei zu erzählen, wie sie seinen Vater getröstet hatten. Wie versprochen, besuchte sie hier und da den

Künstler, um Bericht zu erstatten; aber er war gewöhnlich so sehr mit seiner Arbeit und seinen Gedanken beschäftigt, daß ihre Mitteilungen nur mit halbem Ohr angehört wurden. So beschränkte sie mit der Zeit ihre Besuche auf ein Mindestmaß.

Als Heinrich zehn Jahre alt war, kam die Zeit, ihn eine höhere Knabenschule besuchen zu lassen. Er mußte zu diesem Zweck nach auswärts, und Marta mußte sich mit dem Gedanken vertraut machen, ihren Liebling in die Welt hinausziehen zu lassen. Herr Torsten hatte bereits einen Platz gewählt und trug Marta auf, alles Nötige zu besorgen, damit der Junge so bald wie möglich in die neue Heimat übersiedeln könne.

Am Abend vor der Abreise saßen Pflegemutter und Pflegesohn in traulichem Gespräch beisammen.

„Versprich mir", sagte Marta, während sie die letzten Knöpfe an eine Jacke setzte, die sie mit viel Geschick aus einem alten Rock des verstorbenen Vaters verfertigt hatte, „täglich einen Abschnitt aus dem Worte Gottes zu lesen und schlechten Umgang zu meiden! Halte dich fern von Jungen, die Gott nicht fürchten! Denke an deine lieben Eltern! Ich habe dir ja so manches von ihnen erzählt. Vergiß auch nicht, was dein lieber Vater in der letzten Nacht noch zu mir sagte! ‚Marta', sagte er, ‚richten Sie mich bitte ein wenig auf. Ich möchte noch einmal die Sonne auf Erden untergehen sehen, denn ich gehe jetzt dahin, wo die Sonne nie untergeht, wo Licht, nur Licht, in alle Ewigkeit Licht sein wird.' Dann fiel sein Blick auf dich; du ahntest nichts von dem großen Verlust, der dir bevorstand, und saßest vergnügt mit einem Windmühlchen spielend, das dein Vater noch selbst für dich bemalt hatte, in deinem Stühlchen. Das Windmühlchen war das Letzte, das sein Pinsel berührt hatte, und ich habe es zum Andenken aufbewahrt. ,Der Herr wird für ihn sorgen', fuhr er mühsam fort. ,Aber, nicht wahr, Marta, auch Sie nehmen sich seiner an und ruhen nicht, bis Sie sehen, daß der Herr Jesus sein Herz besitzt.' Er sagte noch mehr. Du weißt es ja. Deshalb darfst du dich nicht darüber wundern, daß ich so viel an deine Seele denke. Denn wie könnte ich ihm dereinst da oben gegenübertreten mit einem gebrochenen Gelübde?"

Heinrich hatte schweigend zugehört. "Zeige mir das Windmühlchen!" bat er.

"Ja, du darfst es sehen, aber es gehört mir. Ich lasse es mir nicht fortnehmen. Wenn ich die Linien sehe, die deines Vaters schwache Hand nur noch zitternd ziehen konnte, dann kommen mir die letzten Stunden, so traurig und selig zugleich, wieder in Erinnerung. Du verlangtest damals schreiend nach dem Spielzeug, bevor die Farben trocken waren. Da sagte er lächelnd: ,Sehen Sie, Marta, wie töricht wir sind! So oft machen wir es gerade wie das Kind und wären imstande, den für uns zubereiteten Segen zu verderben, bloß weil wir nicht die Zeit abwarten können. Aber Gottes Zeit ist die beste. In diesem Stück haben wir noch viel zu lernen.'" –


War das jedesmal eine Freude, wenn Heinrich zu seiner Pflegemutter zurückkehrte, um die Ferien bei ihr zu verleben! Stets war er größer und kräftiger geworden. Es war für Marta keine Kleinigkeit, die nötigen Kleidungsstücke zu besorgen, die das neue Leben erforderte. Aber sie arbeitete von früh bis spät und machte die Beobachtung, daß sich immer gerade so viel Geld vorfand, wie sie nötig hatte. Keine Mühe war ihr zu groß, jede Arbeit leicht, solange sie nur hoffen konnte, daß das innere Wachstum ihres Lieblings mit dem äußeren gleichen Schritt halten würde. Leider mußte sie aber schon nach verhältnismäßig kurzer Zeit die Wahrnehmung machen, daß in Heinrichs Verhalten eine Änderung einzutreten begann. Wie aufmerksam hatte er früher auf ihre Worte gelauscht, wenn sie ihm vom Herrn Jesus erzählte, wie gern mit ihr die lieblichen Lieder gesungen, die Seine Liebe priesen! Jetzt dagegen ging er solchen aus dem Wege, und je älter er wurde, desto größer war die Zurückhaltung, die er in dieser Hinsicht zu erkennen gab. Nie ließ er es an Liebe und Achtung Marta gegenüber fehlen, aber im Blick auf diesen einen Punkt, der für Marta doch der wichtigste war, schien die Entfernung zwischen den beiden bei jedem Kommen größer zu werden. In den letzten Jahren seiner Schulzeit pflegte Heinrich den größten Teil der Ferien bei dem einen oder anderen Schulkameraden zuzubringen, so daß Marta ihn nur wenig sah. Aber dieses wenige genügte, um ihr zu zeigen, daß ihre Gebete für ihn noch nicht erhört waren.

Als Heinrich sechzehn Jahre alt war, meldete Herr Torsten ihn von der Schule ab, da das für die Erziehung bestimmte Geld verbraucht war. Er mußte fortan sehen, das zum Leben Nötige selbst zu verdienen.

Marta war nicht traurig, als Heinrich mit Sack und Pack zu ihr zurückkehrte und ihr sagte, daß er mit dem Schulleben abgeschlossen habe. Als er aber hinzufügte, es sei jetzt an der Zeit für ihn, als Mann „den Kampf mit dem Leben aufzunehmen", da blickte sie ernst. „Da werden noch einige Jahre vergehen, bis du ein Mann bist", meinte sie. „Und was den Kampf mit dem Leben betrifft, nun, so kannst du glücklich genug durchs Leben kommen, wenn du nur die rechte Straße einschlägst."

Heinrichs Art sich auszudrücken behagte der einfachen, nüchtern denkenden Frau wenig. Er war romantisch veranlagt, empfindsam, feinfühlig, und seine Lehrer schätzten ihn besonders deswegen, weil er in seinem sittlichen Verhalten als ein Muster galt und nie Anlaß zum Tadeln gegeben hatte.

Herr Torsten hatte über den letztgenannten Punkt allerdings seine besonderen Ansichten:

„Der Bursche ist genau das geworden, was ich befürchtet habe: ein verweichlichter Schwärmer", sagte er achselzuckend zu einem Lehrer Heinrichs, der ihn besuchte, weil er Heinrichs Vormund war. „Sein Vater war genauso töricht."

„Töricht . . .?" fragte der Lehrer erstaunt.

„O, ich meine jene schädliche romantische Gemütsrichtung, die sich in gefühlsduseliger Poesie gefällt. Davon hatte sein Vater leider ein gutes Teil."

„Ich begreife, daß er Poesie und Romantik liebte", versetzte der Lehrer. „Er wäre sonst kein Maler gewesen. Und Sie werden zugeben, daß solche Liebhabereien für einen angehenden Künstler durchaus am Platze sind."

„Aber Heinrich soll kein Künstler werden", rief Herr Torsten fast heftig; „wenigstens werde ich meine Hand nicht dazu bieten!"

„Sie werden das kaum verhindern können", versetzte der Lehrer kopfschüttelnd. „Heinrich hat zweifellos Talent. Jede freie Stunde benutzte er zum Zeichnen oder zu freien Entwürfen. Ich sollte sagen, er müßte auf diesem Gebiet etwas leisten."

„Pah! Das ist von den meisten von uns früher mal behauptet worden. Auch von mir hat man so gesprochen. Dabei würde aber die Welt das Licht meines Sterns schwerlich vermissen, wenn ich heute oder morgen die Augen schlösse."

Diese Unterhaltung gab, obwohl sie wenig Eindruck auf den Maler zu machen schien, doch Veranlassung, daß er noch am selben Abend Martas Wohnung aufsuchte, um mit Heinrich über sein künftiges Leben zu reden.

Marta hatte an diesem Tage ihren Liebling in eine geheimnisvolle Kammer geführt, die sein Fuß bisher noch nicht betreten hatte. Es war ein kleines, abgelegenes Gemach. Als Marta die Tür öffnete und den Jüngling zum Eintritt aufforderte, stockte sein Fuß. Er schaute in eine vollständig eingerichtete Malerwerkstatt. Da stand eine Staffelei, darauf ein halbfertiges Bild; da lagen Farbtöpfe, Paletten und Pinsel, und eine Reihe von Gegenständen stand oder hing an den Wänden umher, wie man sie nur in Künstlerräumen findet. Das einzige Fenster des Gemachs war zum Teil abgedunkelt, um das Licht nur von einem Punkt aus hereinzulassen. Es war die Künstlerklause von Heinrichs Vater.

Bis zu diesem Tage hatte nur Marta sie betreten, seit der traurigen Stunde, da sie den Maler halb ohnmächtig hinausgetragen hatten auf sein letztes Lager. Es war ein besonderer Raum für sie. Selbst dem Sohn des Verstorbenen war er bis dahin verschlossen geblieben. Ein Schauer überlief den Jüngling. Es war ihm, als ob der Geist des toten Vaters noch in diesem stillen Künstlergemach lebe. Nachdem er sich ein wenig an die Umgebung gewöhnt hatte, blieb sein Auge an dem Bilde auf der Staffelei hängen. Es stellte eine lesende Frau dar, und es erschien ihm unvergleichlich schön. Er hörte nicht, was Marta sagte. Die wunderbare Verteilung von Licht und Schatten, die harmonischen Farbtöne nahmen seine Sinne so gefangen, daß demgegenüber alles andere versank.

„Wer ist das?" stieß er endlich hervor.

Marta lächelte. „Eigentlich ist es niemand", versetzte sie.

„Ich habe – lache nicht, Heinrich! – deinem Vater zu dem Bilde gesessen, aber es gleicht mir nicht im geringsten. Er hatte ja immer nur sie vor sich, die von ihm gegangen war. Während ich bei ihm saß, pflegte ich ihm aus der Bibel vorzulesen. Er nannte das: ‚einen Trunk aus den Wassern des Lebens nehmen', und während ich las, rief er manchmal: ‚O welch köstliche Wahrheit!' – ‚Welch göttliche Liebe!' und dergleichen. Ach, wie rasch waren diese Stunden immer verflogen!"

Heinrich achtete nicht sonderlich auf ihre Worte. Er dachte nur an das herrliche Bild. Als sich die beiden wieder in der Küche, die zugleich als Eß- und Wohnzimmer diente, gegenübersaßen, rief er plötzlich:

„Sitz still, Marta, bitte, sitz still! Halt' dich genau so, wie du jetzt tust! Ich möchte dich zeichnen, und ich glaube, ich kann es."

Damit nahm er ein Stück Holzkohle und fuhr damit über einen schönen weißen Bogen, der Marta gehörte. Mit wenigen Strichen brachte er einen charakteristischen Kopf zustande. Er hielt die Zeichnung Marta hin.

„Aber Heinrich!" rief diese, nicht allzusehr entzückt von dem Kunstwerk, „wie hast du mir meinen einzigen weißen Bogen Papier beschmiert! – Und mir dabei nicht mal eine Mütze aufzusetzen!" fügte sie vorwurfsvoll hinzu.

„Das Bild oben hat auch keine Mütze!"

„Dafür hat es aber einen Schleier. Ich hatte an dem ersten Tage Zahnschmerzen und hatte mir deshalb die Schürze über den Kopf gezogen, und dein Vater wollte nicht, daß ich sie abnahm. Er sagte, es sei so besser, und – weißt du – er war ein halber Zauberer, er konnte ein Ding mit wenigen Griffen oder Strichen in ein ganz anderes verwandeln. Man sollte es gar nicht glauben. So kam es, daß aus der Schürze ein schöner Schleier wurde."

Offenbar war Martas Achtung vor der Kunstfertigkeit ihres Pflegesohnes nicht allzu groß. Das kümmerte diesen aber wenig. Er war im Gegenteil mit seinem ersten nach dem Leben gezeichneten Porträt recht zufrieden und betrachtete es verstohlen immer wieder.

In diesem Augenblick erklang die Hausschelle. Herr Torsten stand draußen und wollte Heinrich sprechen. Die beiden hatten einander lange nicht gesehen, und es war unverkennbar, daß die Erscheinung des Jünglings einen guten Eindruck auf den Maler machte.

Herr Torsten erkundigte sich mit ein paar Worten nach den Fortschritten, die Heinrich in der Schule gemacht hatte, und fragte ihn dann, was er jetzt vorhabe. Er wartete jedoch die Antwort auf diese Frage gar nicht ab, sondern erklärte sogleich, ein Freund von ihm, der auch Heinrichs Vater gekannt habe, sei bereit, ihn als Kaufmannsgehilfen in sein Geschäft einzustellen. „Er ist ein tüchtiger Kaufmann", fuhr er fort, ohne den niedergeschlagenen Blick des jungen Mannes zu beachten, „nebenbei ein guter Mensch, und du wirst nicht übermäßig zu arbeiten haben. Was willst du sonst auch anfangen? Dein Geld ist alle; da kannst du froh sein, sogleich ein kleines Gehalt zu beziehen und nicht länger Frau Bröker zur Last zu liegen. Sie hat sich lange genug als uneigennützige Freundin erwiesen. Wir alle sind ihr sehr zu Dank verpflichtet."

Marta runzelte die Stirn. Das Lob des Malers war nicht nach ihrem Sinn. Was sie getan, hatte sie aus Liebe zu ihrem Herrn getan. Dafür brauchte Herr Torsten ihr nicht zu danken. Auch erschien ihr sein Vorgehen wie ein Eingriff in ihre Beziehungen zu dem Verstorbenen sowohl als auch zu

Heinrich selbst. Sie hatte doch Rechte, die sie nicht so ohne weiteres preisgeben wollte.

„Geben Sie mir einen Bogen Papier", fuhr Herr Torsten fort, „ich will sogleich an den Kaufmann schreiben."

Dabei griff er nach dem Bogen, den Heinrich bei seinem Eintritt mit der Zeichnung nach unten auf den Tisch gelegt hatte. Heinrich wollte ihn jetzt verlegen beiseite schieben; aber es war schon zu spät. Herr Torsten ergriff ihn und wandte ihn um.

„Was ist das?" fragte er im nächsten Augenblick, indem er die Zeichnung aufmerksam betrachtete.

„Hast du das gemacht?"

Heinrich bejahte.

„Frei nach dem Leben?" fuhr Herr Torsten fort zu fragen.

Heinrich erzählte nun von dem Besuch in Vaters ehemaligem Arbeitszimmer, und wie er durch das Bild auf der Staffelei angeregt worden sei, zum erstenmal nach dem Leben zu zeichnen.

„Es würde ähnlicher geworden sein", fiel hier Marta ein, „wenn er mir eine Mütze aufgesetzt hätte." Ohne diesen Einwurf zu beachten, ließ Herr Torsten seinen Blick nachdenklich auf der Zeichnung ruhen. Endlich legte er sie vor sich auf den Tisch, sprach aber kein Wort. Erst nach längerem Nachsinnen fragte er Heinrich, was für ein Bild es gewesen sei, das ihn so begeistert habe. Dieser gab eine anschauliche Schilderung. Seine Augen glänzten, als er den Eindruck beschrieb, den das Gemälde auf ihn gemacht hatte, und der Blick des Malers hing unverwandt an seinen sprechenden Zügen.

Als er schwieg, schüttelte Herr Torsten den Kopf und fragte mit leisem Lächeln:

„Ich fürchte, aus dir werden sie nie einen richtigen Kaufmann machen. Du hast, scheint mir, deines Vaters Begabung. Solltest du ihm auf seinem Wege folgen, so geschieht es hoffentlich mit mehr Glück, als er im Leben gehabt hat."

Fast hätte Heinrich einen Jubelruf ausgestoßen. Ein wahrer Freudentaumel ergriff ihn. Auch Marta war freudig erregt. Die Anerkennung, die in den Worten des Malers lag, tat ihr wohl.

„Komm morgen um fünf Uhr in mein Atelier!" fuhr Herr Torsten fort. „Wir wollen dann miteinander überlegen, was weiter für dich geschehen kann. Darüber, wohin deine Neigungen dich ziehen, brauchen wir ja nicht erst zu reden."

Nein, das war freilich nicht nötig. Heinrichs Augen sprachen deutlich genug.

„Sie haben hier aber auch ein Wort mitzureden, Frau Bröker", wandte Herr Torsten sich daraufhin an Marta. „Der Junge wird vorläufig nichts verdienen. Wollen Sie ihn nochmals unter Ihre Fittiche nehmen?"

„Herr Torsten!" erwiderte Marta feierlich, „ich glaube, der Eintritt von Herrn Hösel in mein Haus war etwas Ähnliches wie das Kommen der Bundeslade zu Obed-Edom – Sie kennen sicher die Geschichte. So wie Obed-Edom gesegnet wurde, solange die Lade bei ihm blieb, kann auch ich sagen, daß ich stets reichlich gehabt habe, so lange ich die Familie Hösel im Hause hatte."

Die Geschichte der Bundeslade im Hause Obed-Edoms war nun allerdings dem Maler unbekannt, aber er schloß aus Martas Worten, daß sie auch noch weiterhin ein Opfer zu bringen bereit war, und das genügte ihm. So nahm er Stock und Hut und empfahl sich.

Am nächsten Nachmittag punkt fünf Uhr stand Heinrich vor

der Wohnung des Künstlers. Er traf Herrn Torsten nicht an. Das Mädchen führte ihn ins Atelier und bat ihn, hier zu warten.

Verwundert schaute der junge Mann sich in dem großen Raum um, dessen dunkel gehaltene Wände eine Welt für sich zu umschließen schienen. Obwohl es erst fünf Uhr war, begann es bereits zu dämmern. Das war wohl ein Grund mit, weshalb Heinrich sich nicht allzu wohl in der ungewohnten Umgebung fühlte. Von einem an der Decke angebrachten Gestell schaute eine Riesenmaske Jupiters kalt und feierlich auf ihn herab. Kleinere und größere Standbilder füllten Nischen und Ecken. Auf einem Tisch lagen Palette, Farben und Pinsel, während einen anderen ein aus Holz geschnitzter Kopf eines Cherubs sowie Stücke einer alten Rüstung zierten. In der einen Ecke stand eine einfache Gliederpuppe, in die Gewänder einer längst vergangenen Zeit gehüllt. Die Längswand nahm ein mächtiger Schrank ein, dessen geöffnete Türen den Blick auf eine reiche Auswahl seltsamer Kleider aus alter und neuer Zeit freigaben.

Ein halb vollendetes Gemälde auf einer Staffelei zeigte, womit der Künstler gerade beschäftigt war. Heinrich hatte Zeit, den interessanten Raum in Ruhe zu betrachten, denn eine Stunde verging, und der Maler war noch nicht zurück. Was sollte er tun? Es schien, als ob Herr Torsten ihn vergessen hätte. Da fielen seine Augen auf ein Buch, das auf dem Kissen eines Sessels achtlos hingeworfen lag. Es war ein Roman. Heinrich warf einen Blick hinein, und der Inhalt fesselte ihn. Er setzte sich in den Sessel und begann zu lesen. Bald merkte er, daß es kein gutes Buch war. Im Gegenteil. Hätte Marta ihn in diese Art Lesestoff vertieft gesehen, sie würde ihm sicher geraten haben, lieber eine Schlange in die Hand zu nehmen als ein solches Buch. Aber Marta war nicht da, und das Buch war fesselnd und aufregend zugleich. Er las, bis es ganz dunkel im Zimmer geworden war. Dann stand er auf, und mit einem Gefühl des Bedauerns, daß er sich in ein solches Buch hatte vertiefen können, warf er es zu Boden. Noch besaß er gesundes Gefühl genug, um sich der schädlichen Einwirkung eines solchen Lesestoffes bewußt zu sein.

Er wünschte, der Maler wäre zurückgekehrt. In der Dunkelheit starrten ihn die verschiedenen seltsamen Dinge unheilverkündend an. Zudem hatte er durch das Lesen des Buches ein schlechtes Gewissen, und ein schlechtes Gewissen macht feige.

Seine Freude war deshalb groß, als endlich – es war gegen halb acht Uhr – schwere Tritte vor der Tür laut wurden und Herr Torsten eintrat.

„Allein und im Dunkeln!" rief der Maler, als er seinen Besucher erblickte. „Welch ein Mißgeschick! Ich bin aufgehalten worden, und das Mädchen hat dich, scheint's, ganz vergessen. Hast du Sebastian, meinen Sohn, gesehen?"

Heinrich verneinte.

„Und seit fünf Uhr bist du schon hier!? In der Tat, ein übler Anfang."

Herr Torsten hielt ihn nicht lange mehr auf. Er setzte die Stunden fest, die Heinrich bei ihm malen sollte, und versprach in freundlicher Weise, für die nötige Ausrüstung selbst sorgen zu wollen. Als Heinrich sich dankend verabschiedete, stieß er an das am Boden liegende Buch. Herr Torsten hob es auf. „Ach, natürlich von Sebastians Plunder!" rief er geringschätzig. „Nur tauglich fürs Feuer!"

Mit welchem Behagen atmete Heinrich die frische Abendluft ein, als er nach Hause eilte! Das zweieinhalbstündige Warten in dem großen, fremden Raum hatte ihn ganz nervös gemacht. Umso gemütlicher aber war es hernach, als er beim Schein der traulichen Petroleumlampe Marta von seinem Besuch berichtete. Nur von dem Lesen des Buches erwähnte er nichts. Die Erinnerung daran war ihm peinlich. –

Als Heinrich am nächsten Tag seine Arbeit beginnen wollte, fand er den Künstler im Sessel sitzend, mit einer Zeitung auf den Knien und einer Meerschaumpfeife im Mund, aus der er dichte Rauchwolken in die Luft blies. Er war in ein weites, orientalisches Gewand gehüllt, das ihm, im Verein mit seinem wirren, langen Haar, das schon Silberfäden zu durchziehen begannen, ein phantastisches Aussehen gab. Er schien eben erst gefrühstückt zu haben, denn der Frühstückstisch stand noch gedeckt neben ihm. Herr Torsten war kein Frühaufsteher. Er pflegte bis spät in die Nacht hinein bei seiner Pfeife zu sitzen und stand erst spät auf. Seinen neuen Schüler grüßte er mit gemessener Freundlichkeit, und indem er auf das große Gipsmodell eines griechischen Athleten deutete, forderte er Heinrich auf, es zu zeichnen.

Der angehende Künstler machte sich an die Arbeit. Auch der Maler legte Zeitung und Pfeife beiseite und griff zu Pinsel und Palette. Keiner redete ein Wort. Heinrich gab sich alle Mühe, seiner Aufgabe gerecht zu werden. Aber da niemand ihn anleitete, war es kein Wunder, daß sich eine ganze Reihe Fehler in die Zeichnung einschlichen. Der Maler schien Heinrichs Anwesenheit völlig vergessen zu haben. Wenigstens kümmerte er sich nicht im geringsten um ihn. Über eine Stunde war so vergangen. Mit recht unglücklichem Gesicht saß dieser vor seiner Zeichnung. Die Erfahrung, daß aller Anfang schwer ist, blieb auch ihm nicht erspart. Da plötzlich wurde die Tür aufgerissen, und ein junger Mann mit kühnen, wohlgebildeten Gesichtszügen, eine echte Künstlererscheinung, trat ins Zimmer, nickte dem Maler „Guten Morgen!" zu und schüttelte dann Heinrich herzlich die Hand.

„Sei mir gegrüßt, Kunstgenosse!" sagte er in gemacht feierlichem Tone. „Wie ich höre, bist du gekommen, um den Kampf um den Künstlerpreis mit mir aufzunehmen und mir den Rang abzulaufen." Er warf einen Blick auf den Bogen, den Heinrich unter so vieler Mühe mit Kreide und Kohle bearbeitet hatte, und fuhr mit gutmütigem Lachen fort: „Das ist aber noch nicht allzu viel, mein Lieber . . ." Heinrich gestand kleinlaut, daß er keinen rechten Anfang finde. „Es fehlt eben an der Anleitung", versetzte Sebastian, indem er selbst die Kreide nahm. „Mein Vater hat die Angewohnheit, seine Schüler möglichst lange zappeln zu lassen. Ich kenne diesen flotten Griechen so gut und hoffe, ihn so herauszubringen, daß das festgefahrene Schiff wieder frei wird."

Damit machte er sich an die Arbeit, wobei er Heinrich Erklärungen darüber gab, in welcher Weise fortzufahren war.

Während dieser ganzen Zeit sprach der Maler nicht ein einziges Wort. Sein Sohn schien ebensowenig für ihn da zu sein wie Heinrich. Das kümmerte jenen aber offenbar nicht. Hinter Heinrich stehend, sah er zu, wie dieser weiter zeichnete. Es ging jetzt besser. Da Sebastian so freundlich war, störte ihn auch dessen Kritik nicht. „Vortrefflich! – Achtung, aufgepaßt! – O weh! – So, jetzt ist's besser! – Es ist erreicht. In der Tat eines Hellenen würdig!" So ging es in einem fort.

Sebastian gewann Heinrichs Herz im Sturm. Er war zweifellos in seinem Fach sehr tüchtig, und die Achtung des jungen Anfängers vor seiner Kunst stieg beachtlich. Zugleich war sein Benehmen und Wesen so anziehend, daß Heinrich im Nu für ihn gewonnen war. Mit Staunen nahm er wahr, daß das Verhältnis zwischen Vater und Sohn kein gutes zu sein schien. Während das Gemälde, an dem Sebastian arbeitete,

Heinrichs ganzes Entzücken wachrief, schaute der Vater mit recht kühler Miene darauf hin und sprach, wenn überhaupt, in wenig anerkennendem Ton davon. Das machte jedoch keinen Eindruck auf den jungen Künstler. Er nahm sich nach wie vor Heinrichs mit viel Eifer an und gewann einen täglich wachsenden Einfluß über ihn.

Marta war zunächst sehr erfreut, als Heinrich ihr von dem neuen Freund erzählte; und als er ihr gar seine erste, unter Sebastians Leitung verfertigte Zeichnung zeigte, geriet sie in Entzücken. Am nächsten Morgen sagte sie:

„Solltest du nicht dem freundlichen jungen Mann ein kleines Geschenk machen? Viel Geld habe ich ja dafür nicht zur Verfügung, aber zu einer Kleinigkeit reicht es immerhin."

Heinrich war sofort einverstanden. Aber was sollte es sein?

„Nun", meinte Marta, „eine Bibel und ein Gesangbuch wird er gewiß haben. Was meinst du zu einem christlichen ‚Vergißmeinnicht', ähnlich, wie dein Vater mir eins geschenkt hat? Das dürfte das richtige sein. Sie sind auch, hübsch gebunden, billig zu kaufen."

Heinrich schüttelte den Kopf. „Nein, nein, nichts derart!" erwiderte er hastig. „Merkwürdig, ich wüßte kaum, womit ich ihm eine Freude machen könnte."

„Vielleicht hat er die ‚Pilgerreise' noch nicht", schlug Marta vor, „oder sonst ein hübsches Gedicht- oder Liederbuch."

„Nein, von der Art darf es nicht sein", erwiderte Heinrich, indem er hinausging.

Marta blickte dem Davoneilenden betrübt nach. „Der junge Mann mag ja sehr freundlich sein", sagte sie seufzend zu sich selbst, „aber er ist kein guter Gefährte für Heinrich. Gottesfürchtig ist er jedenfalls nicht. Ach, was wird noch aus meinem Jungen werden! Die Bibel liest er fast gar nicht mehr. Doch ich darf nicht dem Kleinglauben Raum geben. Dennoch – ich möchte fast wünschen, er verließe seinen neuen Platz so bald wie möglich."

Diese und ähnliche Gedanken beschäftigten sie den ganzen Tag, und als Heinrich am Abend heimkam, schüttete sie ihm ihr Herz aus.

Der junge Mann zuckte unwillig die Achseln. „Wie kommst du dazu, anzunehmen", fragte er unwillig, „daß Sebastian verkehrte Wege geht? Von mir hast du doch sicherlich nichts gehört, woraus du solche Schlüsse ziehen könntest!"

„Nein, gesagt hast du mir nichts über ihn. Aber wenn der junge Herr recht denkt, weshalb kann er dann nicht ein Liederbuch von dir annehmen? Und wenn du auch nichts gegen ihn gesagt hast, so hast du doch ebensowenig etwas gesagt, woraus man annehmen könnte, daß er ein Mensch ist, der Gott fürchtet."

„Wie kann ich wissen, wie es in seinem Innern aussieht?" murrte Heinrich.

„Wie du das wissen kannst?" fragte Marta. „Nun, durch sein Reden und Tun. Sagt nicht unser Herr selbst: ‚Aus der Fülle des Herzens redet der Mund'? Und du weißt, einer der ersten Sprüche, die ich dich gelehrt habe, lautet: ‚Selbst ein Knabe gibt sich durch seine Handlungen zu erkennen, ob sein Tun lauter und ob es aufrichtig ist'. Und er ist doch kein Knabe mehr!"

Heinrich wußte darauf nichts zu antworten, und Marta fuhr fort:

„Laß mich dir etwas erzählen! Es gab eine Zeit, wo der alte Herr Torsten und dein Vater gute Freunde waren. Dann aber lernte dein Vater den Herrn Jesus lieben und folgte Ihm, und

144

Herr Torsten tat das nicht. Von da an haben deine Eltern nicht mehr die Gesellschaft des Ungläubigen gesucht, obgleich sie ihn sehr gern hatten. Nicht daß sie ihn vergessen hätten! O nein. Oft genug habe ich gehört, wie dein Vater dessen Namen im Gebet nannte."

„Dann bist du also der Ansicht, daß ich nicht mehr mit Sebastian verkehren sollte?" fragte Heinrich gespannt.

„Es wäre vielleicht das beste. Aber es wird kaum gehen. Doch hüte dich, daß er nicht deiner Seele schadet! Du kennst genug Sprüche, die uns vor dem Weg des Gottlosen warnen. Der Apostel Paulus sagt: ,Böser Verkehr verdirbt gute Sitten'!"

„Du sprachst heute morgen davon, daß ich mich ihm dankbar erzeigen solle", lenkte Heinrich ab.

„Ganz recht. Auch dein Vater ist dankbar gewesen Herrn Torsten gegenüber, der ihm manches Gute erwiesen hatte. Aber wodurch hat er seine Dankbarkeit gezeigt? Gerade dadurch, daß er nicht in dessen verkehrte Wege einwilligte, sondern ihm die Wahrheit sagte, seine Gesellschaft mied und für ihn betete. Und vor allem das letztere solltest auch du tun, Heinrich, wenn du wirklich ein Christ bist."

Seit dieser Unterredung legte Heinrich sich seiner Pflegemutter gegenüber mehr Zurückhaltung auf in seinem Verkehr mit Sebastian; er mußte sich selbst gestehen, daß Marta in ihrem Urteil recht hatte. Sebastian war ein durchaus ungläubiger Mensch, und daraus machte er, nachdem die beiden erst etwas näher miteinander bekannt geworden waren, gar keinen Hehl. Solang sein Vater zugegen war, nahm er sich zusammen. Waren sie aber allein, so schien es ihm eine innere Freude zu bereiten, alles, was Heinrich bisher heilig gewesen war, ins Lächerliche zu ziehen. Ab und zu, wenn er an dem erschrockenen Gesicht des Jüngeren merkte, daß er zu weit gegangen war, wußte er sich geschickt zu verbessern oder sich selbst zu tadeln. „Bist ein guter Kerl! Und ich bin ein schlechter Hund, das weiß ich. Aber weißt du, ich bin nun einmal so erzogen worden. Und dann habe ich eben die empfangenen Lehren noch ein wenig verbessert." Ein andermal sagte er: „Weißt du, ich habe dich gern, wenn du auch die Bibel und dergleichen liest. Du hast wenigstens nicht so'n frommes Getue an dir wie so manche andere."

Anfänglich errötete Heinrich vor Scham bei solch zweifelhaftem Lob. Aber sein Ohr war schon zu weit den Einflüsterungen des Feindes geöffnet, als daß diese Regungen auf die Dauer angehalten hätten. Sein Herz suchte schon längst nicht mehr die Gemeinschaft seines Heilandes. Von Jugend auf im Worte der Wahrheit unterwiesen, hatte er als Kind einfältig geglaubt. Aber noch nie hatte er sich wirklich im Lichte Gottes erkannt, und so war das Werk in ihm kein gegründetes gewesen. Das zeigte sich jetzt. Er wurde von Tag zu Tag nachlässiger und innerlich kälter. Die Stimme des Gewissens verstummte mehr und mehr. Marta sah die Veränderung mit tiefem Schmerz. Vergeblich versuchte sie ab und zu ein Wort liebender Ermahnung anzubringen. Heinrich wies alle ihre Vorstellungen ungeduldig zurück, so daß sie schließlich überhaupt nicht mehr wagte, ihm irgend etwas zu sagen.

So verging die Zeit. Die meisten Stunden des Tages verbrachte Heinrich im Atelier und machte unter der fachkundigen Anleitung seines Ausbilders große Fortschritte. Die noch übrige freie Zeit beschäftigte er sich dann leider oft mit Büchern ungläubiger Schriftsteller, die Sebastian ihm lieh. Da fand er denn, daß die Bibel von den meisten nicht ganz und gar verworfen wurde. Nein, manche Bücher, wie Hiob, das Hohelied und einige Propheten, wurden sogar als hochpoetische Leistungen frommer Menschen gewürdigt, aber das war auch alles. Daß Gott durch die Bibel zu den Herzen und Gewissen der Menschen rede, das war ein überwundener Standpunkt. Zuerst schrak Heinrich zurück. Aber das menschliche Herz ist böse, und Satan ist listig. Mit der Zeit gewöhnte er sich an diese Art Lesestoff, und schließlich wuchs sein Geschmack daran so, daß er die Bücher mit nach Hause nahm und nachts im Bett las. Marta fand sie unter seinem Kopfkissen und warf einen Blick hinein. Manches verstand sie ja nicht, aber soviel wurde ihr bald klar, daß böse Dinge darin geschrieben standen.

Des Sonntags ging Marta jetzt gewöhnlich allein, um Gottes Wort zu hören. Heinrich zog vor, daheim zu bleiben, zu rauchen und zu lesen.

Eines Sonntags war er wieder daheim geblieben. Er fühlte sich nicht ganz wohl und saß frierend neben dem Herdfeuer. Trotzdem holte er eine Zigarre aus der Tasche hervor und suchte, da er keine Streichhölzer mehr hatte, nach einem Stück Papier, um es am Feuer anzuzünden. Er fand keins. Schließlich schaute er auch in der Schublade nach, in der Marta ihre Handarbeit aufbewahrte. In einer Ecke lag ein Paketchen, in Packpapier gewickelt. Er öffnete es, und ein Kinderspielzeug kam zum Vorschein, jenes Windmühlchen, das sein kranker Vater noch in seinen letzten Tagen bemalt hatte. Jeden der vier Papierflügel schmückte ein besonderes Muster in verschiedenen Farben. Heinrich erkannte es sofort wieder. Wie oft hatte er damit gespielt! Da waren die von der zitternden Hand eines Schwerkranken gezogenen Linien, und da waren auch die Eindrücke, die winzige Kinderfinger damals auf der noch feuchten Farbe hinterlassen hatten.

Der Anblick des Spielzeugs aus den Tagen seines frommen Vaters machte einen seltsamen Eindruck auf den jungen

Mann. Sein Gewissen war noch nicht verhärtet. Die plötzliche Erinnerung an den sterbenden Vater – Marta hatte seinen Namen in der letzten Zeit gar nicht mehr erwähnt – weckte Gedanken in ihm, wie sie ihn lange nicht beschäftigt hatten. Mit bebender Hand wickelte er das Spielzeug wieder in das Papier.

Marta war an diesem Tage mit ihrem Pflegesohn zufriedener, als sie seit Monaten gewesen war. In seinem Benehmen war zweifellos eine Änderung eingetreten.

„Ich möchte heute abend wohl mit dir zur Bibelstunde gehen", meinte Heinrich zögernd. „Nur ist's kalt, und ich fühle mich nicht recht wohl."

Marta schaute ihm ins Gesicht und sagte: „Siehst allerdings ein wenig blaß aus und bleibst vielleicht besser daheim." Es tat ihr aber doch so so leid, daß er nicht mitkam, daß sie ihre kaum gesprochenen Worte bereute, und als Heinrich meinte, er könne doch vielleicht mitgehen, stimmte sie nur allzugern zu. So gingen sie denn beide zur Versammlung. Aber die vielen Menschen und das grelle Licht ermüdeten Heinrich so sehr, daß er außerstande war, dem Vortrag ganz zu folgen. Müde und erschöpft kehrte er nach Hause zurück.

Es folgte eine unruhige Nacht. Fliegende Hitze wechselte mit Frostschauern ab. Ein heftiges Fieber schien im Anzug zu sein. Am nächsten Morgen bestellte Marta den Arzt. Der schüttelte den Kopf und meinte, es sei ein ernster Fall.

„Wir müssen seiner guten Art und seiner Jugend vertrauen", sagte er.

Glücklicherweise hatte Marta etwas besseres, dem sie vertrauen konnte. Hätte sie das nicht gehabt, so wäre sie tief unglücklich gewesen. Vor allem der Gedanke an das Seelenheil ihres Jungen bereitete ihr große Sorge. Fast unablässig flehte sie zum Herrn, daß Er sich über den geliebten Kranken erbarmen und ihn, falls seine Stunden auf Erden gezählt seien, doch nicht in seinen Sünden sterben lasse.

Gott antwortete in Gnaden auf das Gebet Seiner einfältigen Jüngerin. Die Krisis ging vorüber, und Heinrichs Zustand besserte sich. Die Kräfte kehrten zwar nur langsam zurück, aber nach nicht sehr langer Zeit war doch der Kranke imstande, sein Zimmer auf Augenblicke zu verlassen.

An einem dieser Tage empfing Marta den Besuch eines ihr gut bekannten Herren, der am selben Ort wohnte, als Diener seines himmlischen Meisters sich um die Herde Christi kümmerte und den einzelnen Schäflein zu dienen suchte. Er war schon vielen zum Segen geworden.

Mit einem Herzen, das in Liebe für den Heiland schlug, verband Herr Lattner Eifer und Hingebung für Christi Herde. Marta war deswegen erfreut, diesen Mann in ihrem Haus zu sehen. Sie schüttete ihm ihr ganzes Herz aus, erzählte ihm von Heinrich, wie er dem Unglauben anheimgefallen und dann krank geworden sei, vergaß aber auch nicht, von dem Glauben und seligen Heimgang seiner Eltern zu berichten.

„Ich kann nicht glauben", schloß sie ihre Mitteilungen, „daß ein Kind, für welches von frühester Jugend an so viel gebetet worden ist, verlorengehen sollte. Gewiß wird der Herr ihm gnädig sein. Es scheint, daß er am Tage seiner Erkrankung durch irgend etwas tief ergriffen worden ist. Aber Sie wissen ja selber, wie wenig auf Gefühle zu geben ist, die in kranken Tagen kommen. Sie sind meist nicht von langer Dauer."

Herr Lattner versprach, Heinrich besuchen zu wollen, sobald der Kranke wieder kräftiger sei. Mit einem ermunternden Hinweis auf die unendliche Liebe des Herrn verabschiedete er sich.

Nachdem Herr Lattner gegangen war, setzte Marta sich mit einer Näharbeit in Heinrichs Zimmer. Der Kranke lag in leichtem Schlummer auf dem Sofa. Sie fühlte sich an diesem Nachmittag so zuversichtlich, wie es lange nicht der Fall gewesen war. Sie war überzeugt, daß Gott in Herrn Lattner einen Mann in ihr Haus gesandt hatte, der geeignet war, Heinrich von seinem Irrtum zu überführen. Als sie sich ausmalte, wie glücklich erst ihr Leben sein würde, wenn Heinrich denselben Weg mit ihr wandelte, den Weg zur ewigen Herrlichkeit, da hätte sie vor Freude laut jubeln mögen.

„Nun, Marta, du scheinst ja recht glücklich zu sein", sagte plötzlich eine Stimme in ihr Nachsinnen.

Sie fuhr auf und schaute in das lächelnde Antlitz Heinrichs, der aufgewacht war und sie eine Zeitlang still beobachtet hatte.

„Ja, mein Junge, das bin ich", bestätigte sie. „Alle meine Gedanken drehten sich um dich. Aber ich dachte, du schliefest."

„Ich fürchte nur, ich habe dir wenig Anlaß zu fröhlichen Gedanken gegeben", versetzte er seufzend.

„Weshalb meinst du das?" fragte sie überrascht.

„Ich weiß, ich habe dich sehr unglücklich gemacht", fuhr er fort. „Ich bin böse Wege gegangen, Marta, sehr böse Wege. Aber wenn ich wieder gesund werde, hoffe ich, daß es anders wird." Mit diesen Worten streckte er ihr seine schmale, weiße Hand entgegen, die sie in überströmendem Glücksgefühl immer wieder drückte. Wie hatte Gott auf ihr Flehen geantwortet!

„O", rief sie aus tiefstem Herzensgrund, „mir ergeht's gerade wie den Jüngern, die vor Freude nicht glauben wollten. Ich meinte, ich hätte allezeit im Glauben gebetet, und jetzt, wo der Segen kommt, bin ich so überrascht, als ob ich nie darum gefleht hätte." –


Am Abend dieses Tages las Marta ihrem Patienten wieder einmal einen Abschnitt aus Gottes Wort vor. Darauf bekannte Heinrich ihr, daß er schon seit einiger Zeit unglücklich gewesen sei. Er habe sich das allerdings selbst kaum eingestanden, so sehr sei er durch Sebastian beeinflußt worden. Dann kam er auf jenen Sonntagmorgen zu sprechen, an dem er das Windmühlchen in Martas Schublade gefunden hatte. Das Bild des sterbenden Vaters war dadurch mit einemmal vor seine Seele gerückt worden; viele seiner Aussprüche, die er durch Marta gehört hatte, waren ihm ins Gedächtnis gekommen, und er hatte sie nicht wieder vergessen können. Während seiner Krankheit hatte er mit Angst an den Tod gedacht und um Bewahrung gebetet vor der ewigen Verdammnis.

„Zu wem hast du denn gebetet, mein Junge?" fragte Marta.

„Zum Herrn Jesus, obwohl ich Ihn nicht kannte. Aber, weißt du, Marta, ich dachte daran, wie das Volk Ihn anrief, als Er durch die Straßen schritt. Die Menschen damals kannten Ihn auch nicht, und doch hörte Er auf ihre Stimme. Ich kam mir gerade vor wie einer von diesen Leuten. Und ich glaube, Er hat mich erhört, denn ich hatte ein Gefühl in mir, als ob ich nicht sterben würde."

„Lobe den Herrn, meine Seele!" rief Marta.

Diese Stunde räumte die Wand hinweg, die sich im Laufe der Zeit trennend zwischen die beiden Herzen gestellt hatte. –

Mit überströmendem Herzen teilte Marta Herrn Lattner bei seinem nächsten Besuch die große Veränderung mit, die bei Heinrich eingetreten war. „Und Sie, lieber Herr Lattner", sagte sie zum Schluß, „Sie sind der Mann, den er jetzt braucht, um innerlich weiterzukommen."

Es war so. Herr Lattner gewann schnell Heinrichs Vertrauen. Er sagte ihm alles. Herr Lattner sah bald, daß er es mit einer Seele zu tun hatte, die unter dem Gewicht ihrer Sünden am Boden lag und aufrichtig nach Frieden begehrte. Welch eine Freude war es da für ihn, Heinrich die ganze Größe des Werkes Christi vorzustellen und ihn auffordern zu dürfen, von der in Ihm dargebotenen Gnade Gebrauch zu machen! Er fand einen dankbaren Zuhörer. Das Herz des jungen Mannes war durch die Wirksamkeit des Heiligen Geistes vorbereitet zur Aufnahme der Heilsbotschaft. Er glaubte und fand Frieden. Immer wieder verurteilte er seinen bisherigen Weg. Es kam ihm geradezu unfaßbar vor, daß die bösen, verderblichen Bücher, die Sebastian ihm gegeben, einen solchen Einfluß auf ihn hatten gewinnen können. Je besser er aber sich selbst erkannte, desto herrlicher ging ihm „der Lichtglanz des Evangeliums der Herrlichkeit des Christus" auf.

Ein festes Band umschloß fortan die drei äußerlich so verschiedenen Menschen. Herr Lattner wurde ein häufiger und gern gesehener Gast in Martas Hause, der Vertraute ihrer Leiden und Freuden.

Eines Tages sagte Marta ihm, Heinrich bedürfe zur völligen Wiederherstellung einer Luftveränderung. Das für einen Kuraufenthalt nötige Geld sei vorhanden, aber sie selbst könne den Kranken nicht begleiten.

„Da kann Rat werden", erwiderte Herr Lattner. „Ich selbst muß ebenfalls ein paar Wochen ausspannen und bin gern bereit, Heinrich mitzunehmen. – Aber, Frau Bröker", fuhr er fort, „wie steht's zwischen ihm und Herrn Torsten? Müßte man diesem nicht Mitteilung machen, wenn Heinrich für längere Zeit fortginge?"

„Ich bin mehrmals in seinem Hause gewesen", versetzte Marta, „um ihn über Heinrichs Befinden zu unterrichten, aber ich fand wenig Teilnahme."

„Wie, hat Herr Torsten sich überhaupt nicht nach dem Kranken umgesehen? Wie sonderbar!"

„Ja, er ist ein eigentümlicher Mann. Ich weiß, er hat Heinrich nicht vergessen. Er hat sich im Gegenteil wirklich als Freund erwiesen. Aber er liebt es nun einmal nicht, seine Gefühle offen zu zeigen. Doch meint er es gut, und es wäre gewiß richtig, mit ihm über Heinrich zu reden."

„Ich will Herrn Torsten besuchen", versprach Herr Lattner. „Man darf ihn nicht umgehen in dieser Sache."

Damit war Marta wohl zufrieden.

Herr Lattner führte seinen Vorsatz an einem der nächsten Tage aus. Er traf den Künstler in der selben Verfassung wie Heinrich an dem Morgen seines Studienbeginns. Herr Torsten empfing seinen Besucher mit höflicher Korrektheit, aber kein Zug seines Gesichtes verriet irgendwelches Interesse an dem Bericht über Heinrich. Das einzige, was er sagte, war, er habe durch Frau Bröker von dessen Wiederherstellung gehört.

Herr Lattner merkte wohl, daß der kühle Empfang mehr auf seine Rechnung als auf diejenige Heinrichs zu setzen war. Aber dadurch ließ er sich nicht beirren.

„Darf ich fragen, was Sie von Heinrich halten?" fragte er, ohne sich durch Herrn Torstens Blick auf die Uhr aus dem Gleichgewicht bringen zu lassen. „Ich meine, sind Sie der Ansicht, daß er es zu etwas bringen wird in seinem Beruf...?"

„Er hat zweifellos Talent", lautete die Antwort. „Es könnte schon was aus ihm werden, wenn – nicht alles an seinem Charakter scheitert."

„Wo fehlt's denn da?"

„Zu sensibel, zu weich", versetzte Herr Torsten kurz. „Das Künstlerleben führt leider in Versuchungen ernstester Art, in Versuchungen, die für Heinrich infolge seiner Veranlagung und Erziehung gefährlich genug werden können. Ich fürchte, wenn er nicht unter beständiger Führung, ja, noch mehr, unter der Leitung einer starken und weisen Hand bleibt, eines Freundes, der es versteht, seine Zuneigung zu gewinnen und seinen Willen zu beeinflussen, so . . ."

Hier brach der Sprecher achselzuckend ab.

„Ich denke, Sie behalten ihn ein wenig im Auge", bemerkte Herr Lattner.

„Ich kannte seinen Vater."

„Und Sie schätzen sein Andenken?"

„Ich habe gezeigt, daß ich das tue", antwortete Herr Torsten kühl.

„Dann werden Sie sich freuen zu hören, daß Heinrich den Freund gefunden hat, den Sie so nötig für ihn halten."

„So?" horchte Herr Torsten auf. „Nun, in der Tat, das freut mich. Denn, offen gestanden, ich war vor seiner Krankheit etwas besorgt um ihn. Er hatte sich in den letzten Wochen nicht zu seinem Vorteil verändert, oder, besser gesagt, sein Charakter bildete sich in kurzer Zeit in einer Weise, die mich bei der Verantwortlichkeit, die ich auf mich genommen habe, ängstlich machte. Darf ich denn wissen, wer der Freund ist, der mir in so liebenswürdiger Weise diese Sorge abnehmen will?"

Herr Lattner antwortete nicht sogleich. Nach einer Pause aber sagte er, den Fragesteller fest anblickend: „Jesus von Nazareth."

Herrn Torstens Überraschung über diese unerwartete Auskunft verwandelte sich sehr bald in unverhohlene Verachtung. Er sagte nichts, aber sein Gesicht sprach deutlich genug. Der Besucher war keineswegs erstaunt darüber. Er hatte nichts anderes erwartet. Ohne sich irre machen zu lassen, gab er einen kurzen Bericht über Heinrichs innere Kämpfe, seine tiefe Reue, sowie über den Sieg der Gnade in seinem Herzen, und schloß mit den Worten: „Sie werden daher, wenn er zu Ihnen zurückkommt, sicherlich eine große und wichtige Veränderung bei ihm wahrnehmen."

„Aus allem entnehme ich", erwiderte der Maler „daß der Sohn sich zu den Anschauungen bekehrt hat, die seinen Vater ruiniert, ja, ich kann wohl sagen, getötet haben."

„Ruiniert und getötet haben? Wie können Sie so etwas sagen?"

„Auf Grund der Tatsachen. Die unseligen Anschauungen machten ihn ungeeignet für jedes Geschäft, trennten ihn von seinen Freunden, untergruben seine Gesundheit und brachten ihn so in ein frühes Grab."

Herr Lattner lächelte.

„Verzeihen Sie, daß ich über einen solch ernsten Gegenstand lächele", sagte er. „Ihre Worte machen auf mich den gleichen Eindruck, wie etwa eine Zeichnung von mir auf Sie machen würde. Wenn ich einen Mann zu zeichnen versuchte, so würde das jedenfalls ein höchst lächerliches Bild ergeben, nicht etwa aus schlechter Absicht, sondern weil ich es eben nicht besser verstehe. So ist es auch lediglich Unkenntnis, die Sie in einer solchen Weise von dem Glauben sprechen läßt, der die letzten Lebenstage von Theodor Hösel vergoldet hat, und der ihn mit einem Loblied auf den Lippen heimgehen ließ in die ewige Herrlichkeit."

„Ich denke, mein Herr", versetzte der Künstler, indem er sich erhob, „wir verlieren zu viel Zeit mit unserer Unterhaltung. Nennen Sie es Unkenntnis oder wie Sie es sonst nennen wollen. Jedenfalls verhalten sich unsere Ansichten über diese Dinge zueinander wie Licht und Finsternis."

„Ganz meine Meinung", bestätigte Herr Lattner.

Der Künstler biß sich auf die Lippen.

„Vielleicht gestatten Sie mir noch die Bemerkung", sagte er dann in höhnisch klingendem Ton, „daß es gerade keine Empfehlung für Ihren Stand ist, seine Ideen da anzubringen, wo man offensichtlich nichts von ihnen wissen will."

„Sie da anzubringen, wo man ihnen geneigt ist, wäre zwecklos", versetzte der Besucher ruhig. „Wir sind dazu berufen, den Abgeneigten das Wort von der Gnade Gottes zu bringen; aber, wenn ich recht unterrichtet bin, sind Sie nicht immer abgeneigt gewesen. Es hat in Ihrer Jugend Zeiten gegeben, wo Sie unruhig waren, und auch heute werden Sie zugeben müssen, daß Sie manchmal ein Sehnen verspüren nach irgend etwas, das weder Ruhm, noch Reichtum, noch der Reiz Ihres Berufs zu stillen vermag. Und je näher die Zeit kommt, wo Ihre Hand die gewohnte Geschicklichkeit nicht mehr beweisen kann, noch Ihre Augen sich an Ihren Werken weiden können, die Zeit, wo Sie Abschied nehmen müssen von diesem Leben, desto trüber wird die Aussicht in die Zukunft."

Ein Zug, halb ärgerlich, halb schmerzlich, ging für einen Augenblick über das ausdrucksvolle Gesicht des Malers, verschwand aber, als er in gleichem Ton wie vorher erwiderte: „Für den Fall, daß ich einmal Ihres geistlichen Zuspruchs bedürfen sollte, habe ich Ihre Karte. Einstweilen aber bitte ich mich zu entschuldigen. Die Zeit vergeht, und zweifellos haben wir beide heute noch zu tun." Damit verbeugte er sich steif.

„Ich gehe", versetzte Herr Lattner. „Aber denken Sie an Ihr Versprechen, mich holen zu lassen, falls Sie einmal eine Unterredung mit mir wünschen. Es scheint ja jetzt, als ob es kaum eine Sache gäbe, in der wir eines Sinnes sind, aber im Grunde besteht nur ein einziger großer Unterschied zwischen uns: Ich glaube dem Evangelium Gottes, und Sie glauben ihm nicht."

„Unverschämter Narr!" brummte der Künstler, als die Tür sich hinter seinem Besucher geschlossen hatte. Wer aber beschreibt seinen Verdruß, als kaum eine Minute später dieser abermals bei ihm anklopfte!

„Verzeihen Sie, daß ich nochmals störe", begann er ruhig. „Wir sind beide beschäftigt. Aber ich hatte kaum Ihr Haus verlassen, als mir etwas sehr Wichtiges einfiel, das ich vorhin ganz vergessen hatte."

Der Künstler war viel zu ärgerlich, als daß er ein Wort erwidert hätte. Mit finsterer Miene starrte er den Lästigen an.

„Heinrich Hösel", begann dieser aufs neue, „sprach mit warmer Dankbarkeit von den Diensten, die Ihr Sohn ihm erwiesen hat. Aus seinen Worten, so sorgsam er sie auch wägen mochte, ging aber klar hervor, daß Ihr Sohn Charakterzüge zeigt, die jeden Vater beunruhigen müssen. Und wenn Sie bei Heinrich der Ansicht sind, daß er einer starken, weisen Hand zur Führung bedarf, bei Ihrem Sohn ist es sicherlich noch mehr der Fall. Glauben Sie mir, Herr Torsten, seine Ideen, die in ihren Anfängen von Ihnen selbst ausgehen, werden sicher eines Tages verderblich für ihn werden."

„Die Ideen eines Knaben erscheinen mir wenig beachtenswert", erwiderte Herr Torsten schroff. „Mit zunehmender Reife wird er, wie ich es auch getan habe, schon lernen, die Wahrheit von dem Falschen zu trennen und sie in ihrer ganzen Schönheit aus dem Wust von Schlechtem herauszuschälen."

„Wenn er so wie bisher weitergeht, wird er, fürchte ich, nie den ehrenvollen Platz einnehmen, auf dem Sie stehen. Vergessen Sie nicht, daß Sie von den Gebeten und der Sorge einer Mutter getragen worden sind, er nicht. Und leider haben Sie selbst ihm erlaubt, in der Unwissenheit der Jugend das Gift zu trinken, das für Sie bei der Erfahrung Ihrer vorgerückten Jahre längst nicht so gefährlich ist wie für ihn. Bitte, nehmen Sie mir meine offenen Worte nicht übel! Sie sind ganz gewiß gut gemeint."

Damit begann er das eine und andere aus dem Leben Sebastians zu erzählen, was Heinrich beiläufig erwähnt haben mochte, doch bald unterbrach Herr Torsten ihn unwillig:

„Sie machen sich unnötige Mühe. Ich weiß, wie junge Leute sind. Ich kenne auch meinen Sohn. Es geht ihm eben wie den meisten von uns. Durch einen Haufen Irrtümer und Verkehrtheiten müssen wir uns zu wahrer Weisheit und Erkenntnis hindurchringen."

Dann eine nochmalige kalte Verbeugung, und der Besucher war entlassen.

Der Künstler gab sich Mühe, seine Arbeit fortzusetzen, legte aber bald den Pinsel beiseite. Lust und gute Laune waren völlig geschwunden.

„Ich wünschte, der Mensch kümmerte sich um seine eigenen Angelegenheiten", murmelte er vor sich hin. „Er hat mir den Morgen gründlich verdorben. Und Herr Heinrich scheint von seinem Christentum auch keinen besseren Gebrauch machen zu können, als daß er seine Freunde schlechtmacht."

Trotz der Geringschätzung aber, die in diesen Worten lag, war Herr Torsten in seinem Herzen keineswegs so ruhig, wie er sich den Anschein gab. Er konnte sich nicht verhehlen, daß Sebastian tatsächlich auf keinem guten Weg war. Sein neuestes Bild, das halb fertig auf seiner Staffelei stand, hatte er seit Tagen nicht mehr angerührt.

„Der Bursche ist faul", seufzte der Künstler, „wie lange hat er keinen Pinselstrich mehr gemacht!"

Mißmutig zündete er sich seine Pfeife an, aber die blauen Wolken, die er ihr entlockte, waren nicht imstande, Ärger und Sorge mit fortzunehmen.

„Sebastian weiß ganz gut", setzte er sein Selbstgespräch fort, „daß ich seine Ausschweifungen nicht gutheiße. Habe ich ihm nicht gesagt, daß sie seiner nicht würdig sind, auch der hohen Kunst nicht würdig, die er mit soviel Begabung ausübt? Aber er muß eben selber lernen."

In diesem Augenblick trat das Dienstmädchen ein und meldete, ein unbekannter Herr wünsche Herrn Torsten unter vier Augen zu sprechen.

„Es ist doch nicht der selbe, der eben noch hier war?" fragte Herr Torsten hastig.

„O nein, er sieht ganz anders aus."

In der nächsten Minute trat der Fremde ein. Der sieht allerdings anders aus als dieser Lattner, dachte der Künstler bei sich, indem er den Mann heimlich musterte. Er hatte weder etwas Einnehmendes an sich, noch auch das Ansehen eines Mannes aus der besseren Gesellschaft, obwohl er wie ein solcher gekleidet war.

„Herr Torsten, glaube ich!" begann er mit einem fast vertraulichen Lächeln. Der Künstler bejahte und bat kurz um Namen und Wunsch seines Besuchers.

„Hm! ja, 's ist gerade kein angenehmes Geschäft, das mich herführt. Mein Name ist Picker. Ich bringe eine kleine Rechnung. Ihr Sohn hat einige Schulden gemacht. Hm! Rechnungen bezahlen ist nie angenehm, besonders dann nicht, wenn man nicht darauf vorbereitet ist. Und das, hm! werden Sie in diesem Falle kaum sein."

Mit diesen Worten holte der Mann eine Brieftasche hervor, entnahm ihr umständlich ein zusammengefaltetes Blatt und überreichte es mit dem gleichen vertraulichen Lächeln Herrn Torsten.

Es bedurfte der ganzen Selbstbeherrschung des Künstlers, um die Erregung, die ihn bei den Worten des Wucherers, denn das war der ehrenwerte Herr Picker zweifellos, ergriffen hatte, zu verbergen, und es dauerte ziemlich lange, bis er mit dem Lesen des überreichten Zettels fertig war und eine Antwort fand.

„Das geht mich nichts an", sagte er schließlich so ruhig wie möglich, indem er das Papier zurückreichte. Herr Picker aber war anderer Meinung und bat ihn höflich, die Aufstellung zu behalten.

„Ich denke", versetzte er in verbindlichem Ton, „ich denke, es geht Sie doch etwas an, Herr Torsten. Ihr Sohn ist noch nicht mündig, und solange das nicht der Fall ist, sind Sie für seine rechtmäßigen Schulden verantwortlich."

„Rechtmäßige Schulden?" rief der Künstler, unfähig, seinen Zorn länger zu meistern. „Das sind keine rechtmäßigen Schulden, sondern die Forderungen eines betrügerischen Wucherers! Und ich will nichts damit zu tun haben!" Damit warf er das Papier wütend auf den Boden.

„Herr!" mahnte Herr Picker gedehnt, indem er sein bartloses Kinn rieb, „ich hoffe, Sie werden noch zu einer anderen Meinung kommen. Sie werden doch einen öffentlichen Skandal vermeiden wollen."

„Öffentlichen Skandal? Was schert mich die Öffentlichkeit!" schrie der Maler, der seine Ruhe gänzlich verloren hatte, mit zornbebender Stimme. „Wird mich die Öffentlichkeit vielleicht dafür verdammen, daß ich mich weigere, ein Wuchergeschäft anzuerkennen?"

„Bitte, mein Herr, bitte, beruhigen Sie sich!" beschwichtigte der Geldverleiher. „Es ist nicht schwer, einen anderen einen Betrüger zu schelten, aber es ist hart für jemand, der mit seinem guten Geld Ihrem Sohn aus der Klemme geholfen hat, sich dafür von Ihnen eine solche Behandlung gefallen lassen zu müssen. Es ist mir nur mit Mühe gelungen, dem jungen Herrn das Geld zu beschaffen, das nötig war, wenn nicht das eine und andere von ihm ans Tageslicht kommen sollte, was besser nicht genannt würde. Weil ich Ihre große Ehrenhaftigkeit kenne, habe ich ihm geholfen, und ich habe ihm die Zinsen so niedrig wie möglich berechnet, konnte aber trotzdem keinen Pfennig von ihm erhalten. Oft genug habe ich ihm gesagt, ich müsse mich an Sie wenden; leider scheint er aber nicht gewillt zu sein, seinen Verpflichtungen so nachzukommen, wie ein Herr von seinem Stande es sollte."

Als der Sprecher sah, daß seine Worte nicht ohne Eindruck blieben, fuhr er fort, dem Vater das eine und andere aus Sebastians Leben zu erzählen. Er tat es mit solcher Rücksichtslosigkeit, daß der Künstler sich unter den Mitteilungen innerlich wand wie ein Wurm.

„Genug, genug!" rief Herr Torsten endlich. „Sie haben recht daran getan, sich an mich zu wenden. Kommen Sie in drei Tagen wieder! Ich werde Ihnen dann sagen, was ich tun will."

Herr Picker meinte, eine sofortige Regelung sei ihm lieber. Als er aber merkte, daß im Augenblick nicht mehr zu erreichen war, verabschiedete er sich und ging.

Erschöpft lehnte der Künstler sich in seinen Sessel zurück. Die Sache griff ihn gewaltig an. Noch vor einer Stunde hatte er diesem Lattner gegenüber die Wege des Sohnes wenn auch nicht gutgeheißen, so doch verzeihlich gefunden als den Ausfluß überschäumender Jugendkraft; jetzt aber, wo er so schwer für die Verfehlungen Sebastians büßen sollte, betrachtete er sie in wesentlich anderem Licht. Er hatte Sebastian nie knapp gehalten und nachsichtig über vieles hinweggesehen, aber was er jetzt erfuhr, ging weit über das erlaubte Maß hinaus. Da er fühlte, daß seine Selbstbeherrschung ihn aufs neue verlassen würde, wenn sein Sohn ihm in diesem Augenblick gegenüberträte, verließ er das Haus und suchte einen guten Freund auf, um mit ihm die Angelegenheit zu bereden. Auf den Rat des Freundes entschloß er sich endlich, die verlangte Summe zu bezahlen unter der Bedingung, daß Sebastian ein für allemal seine liederlichen Wege verließe.

Über die Unterredung, die zwischen Vater und Sohn stattfand, ist nicht viel zu sagen. Sebastian hatte seinen Vater, der so stolz auf seine kühle, philosophische Ruhe war, noch nie so aufgeregt gesehen. Doch nahm er die Vorwürfe, die nur so auf ihn herniederhagelten, als die verdiente Strafe hin. Er gab das verlangte Versprechen, hielt sich auch wirklich eine Zeitlang besser und arbeitete fleißiger, als er es lange Zeit getan hatte. Von einer wirklichen Sinnesänderung aber war keine Rede. Der Vater wiegte sich indes in kühnen Hoffnungen. Seine Erziehung, so redete er sich ein, würde doch am Ende die erwarteten guten Früchte tragen, und Sebastian würde nach diesen stürmischen Jugendjahren zu der abgeklärten Weisheit des reifen Mannes gelangen. –

Heinrich Hösel war, gestärkt nach Leib und Seele, von seinem Landaufenthalt in die Stadt zurückgekehrt. Er freute sich, seine Arbeit nach so langer Zeit wieder aufnehmen zu können. Die Frage war nur: Wo sollte er arbeiten? Sollte er zu Herrn Torsten zurückkehren oder sich eine andere Stelle suchen?

Marta war der Meinung, das Atelier Torsten sei kein passender Aufenthalt mehr für ihn; Herr Lattner dagegen war anderer Ansicht.

„Wir müssen Herrn Torsten fragen", sagte er. „Er hat damals Heinrichs Ausbildung in uneigennütziger Weise in die Hand genommen. Nachdem er dann so manche gute Anleitung bei ihm erhalten hat, wäre es unrecht, wenn Heinrich ihm ohne weiteres den Rücken kehren würde. Außerdem kann er noch manches bei ihm lernen, denn Herr Torsten gilt als tüchtiger Künstler. Ich will selbst hingehen zu ihm und die Sache in Ordnung bringen."

Einige Tage später führte Herr Lattner seine Absicht aus. Hätte er gewußt, wie die Stimmung im Torsten'schen Hause war, so würde er wohl einen günstigeren Augenblick für seinen Besuch gewählt haben.

Herr Torsten besaß nur wenige wirkliche Freunde. Sein Urteil war oft scharf, ja verletzend. Vor allem vertrug er keinen Widerspruch. Das brachte ihm manchen Gegner ein. Auch litten seine Einnahmen darunter. Mancher hätte vielleicht ein Bild von ihm gekauft, wenn seine Persönlichkeit einnehmender gewesen wäre.

So war es kein Wunder, daß Herr Torsten trotz Fleiß und wirklicher Tüchtigkeit keine Reichtümer aufgehäuft hatte. Die ständigen erheblichen Auslagen für Sebastian und nicht zuletzt dessen große Schulden waren natürlich auch nicht dazu angetan, den Stand seines Vermögens zu heben.

An dem Tage nun, an welchem Herr Lattner seinen Besuch machte, war noch etwas hinzugekommen, was den Stolz des Künstlers aufs empfindlichste verletzt und seine Laune dementsprechend auf den Nullpunkt herabgestimmt hatte. Ein Freund hatte ihm die Mitteilung gemacht, daß eines seiner neuesten Gemälde, auf das er für eine Ausstellung große Hoffnungen gesetzt hatte, von der Leitung der Kunstakademie zurückgewiesen worden war.

Alles schien sich an diesem Tage wider den armen Mann verschworen zu haben. Bittere Enttäuschung im Herzen, aufs äußerste in seinem Künstlerstolz gekränkt, stand der Maler vor seiner Staffelei, als Herr Lattner gemeldet wurde.

„Ich bin beschäftigt, stark beschäftigt", wehrte er den Besucher ab. Aber dieser hatte auf keine Einladung gewartet, sondern stand schon in der Tür. Er entschuldigte sich wegen der Störung und bat nur für ein paar Minuten um Gehör. Schweigend nickte der Maler.

„Ich komme nochmals wegen Heinrich Hösel. Er ist wiederhergestellt und möchte, wenn Sie gestatten, seine Studien bei Ihnen wieder aufnehmen. Was seinen inneren Menschen betrifft, so darf ich sagen, daß die große und wichtige Änderung, von der ich seinerzeit sprach, stattgefunden hat. Er ist . . ."

„Ich weiß, was Sie sagen wollen. Doch, bitte, gestatten Sie mir die Bemerkung, daß ich keine Lust verspüre, den jungen Mann wieder zu mir zu nehmen. Er hat genügend gelernt, um sich selber weiterhelfen zu können. Zudem stehen ihm ja die öffentlichen Hilfsmittel zur Verfügung."

„Gut", versetzte der Besucher. „Wir hatten nur gedacht, es sei undankbar und ungehörig, ihn gerade jetzt fortzunehmen, wo er Ihnen in der einen oder anderen Art vielleicht hätte nützlich sein können. Aber wenn es Ihr Wunsch ist . . ."

„So wie er jetzt steht, möchte ich noch weit weniger mit ihm zu tun haben als damals", unterbrach der Maler den Sprecher unhöflich. „Und um Ihnen die Wahrheit zu sagen, ich will keinen Spion innerhalb meiner Wände." Diese letzten Worte wurden in so scharfem, wegwerfendem Ton gesprochen, daß es dem Besucher die Röte in die Wangen trieb.

„Ebensowenig gerecht wie edel", versetzte Herr Lattner ruhig, aber bestimmt. „Sie spielen auf die Warnung an, die ich Ihnen bezüglich Ihres Sohnes gab, und die, das kann ich Ihnen wohl sagen, reinster Nächstenliebe entsprang."

„Ihre Nächstenliebe wäre besser bei dem angebracht, der nichts Besseres zu tun wußte, als noch auf dem Krankenlager den Charakter seines besten Freundes zu verunglimpfen. Ich fühle ebensowenig Verlangen nach dessen Gesellschaft wie nach Ihrer Nächstenliebe."

Da Herr Lattner wohl merkte, daß dem Maler irgend etwas Unangenehmes widerfahren sein mußte, ließ er sich durch die verletzenden Worte nicht aus dem Gleichgewicht bringen.

„Was ich über Ihren Sohn erfuhr", erwiderte er ruhig, „entnahm ich nicht Heinrichs Bericht, sondern dem, was er über seine eigenen Fehler sagte. Dadurch wurde Ihr Sohn natürlich in gewisser Beziehung bloßgestellt."

Er brach ab, da Herr Torsten, etwas höflicher als vorher, bat, das Thema fallenzulassen. Er sei stark beschäftigt und wünsche allein zu sein.

„Wie Sie wollen! Ich gehe also. Gestatten Sie mir nur noch, Ihnen in Heinrichs Namen und auch in dem seines längst verstorbenen Vaters den herzlichsten Dank für alles auszusprechen, was Sie an ihm getan haben!"

Die Erwähnung Theodor Hösels schien den Künstler ein wenig zu besänftigen. Wenigstens erwiderte er höflich die Verbeugung des Scheidenden. –

„Wie froh bin ich!" rief Marta, als sie von dem Ergebnis der Unterredung erfuhr.

„Ich auch", versetzte Herr Lattner. „Doch habe ich eine Vorahnung, daß wir noch öfter mit Herrn Torsten zusammentreffen werden. Ich habe nämlich – wovon er nichts weiß – eine Tante, die ihn früher gut gekannt hat. Was sie mir sagte, hat mich sehr für den Mann interessiert."

Von dieser Tante hatte Herr Lattner erfahren, daß Herr Torsten in früher Jugend in tiefer Sündennot gewesen war, und daß seine Mutter, eine bewährte Christin, die besten Hoffnungen für ihn gehabt hatte. Diese Hoffnungen hatten sich bisher leider nicht erfüllt. Die Mutter hatte aber nicht aufgehört, für ihren Sohn zu beten, und noch sterbend hatte sie ihrer Freundin, jener Tante Lattners, das Versprechen abgenommen, seiner in ihren Gebeten zu gedenken. –

Auf gemeinschaftlichen Beschluß richtete Heinrich in Martas Haus ein eigenes Atelier ein. Er bezog die Räume, die einst sein Vater gehabt hatte. Sein Wunsch war, der Herr möge ihm wenigstens soviel zu verdienen geben, daß er nicht länger seiner treuen Pflegemutter, bei der sich allmählich die Beschwerden des nahenden Alters bemerkbar machten, zur Last fallen müsse.

Der erste, der ihm zu einem Bilde saß, war Herr Lattner. Das Gemälde gefiel allgemein so gut, daß bald andere folgten. So wurde Heinrichs Wunsch schnell erfüllt. Nebenbei vernachlässigte er auch seine weitere Ausbildung nicht. Ihr widmete er täglich mehrere Stunden.

Die Zeit verging. Gott war mit dem jungen Maler. Je älter er wurde, desto mehr erinnerte er Marta an seinen verstorbenen Vater. Von Sebastian Torsten und dessen Vater hörten sie so gut wie gar nichts mehr. Das hinderte sie aber nicht, häufig an die beiden zu denken. Im Kämmerlein oder bei ihren gemeinsamen Andachten brachten sie den Künstler und seinen Sohn oft vor den Thron der Gnade. Von Sebastian sprach Heinrich noch oft mit viel Liebe. Es tat ihm leid, daß jener, wie er annehmen mußte, einen so schlechten Eindruck von ihm als Freund hatte. Gern hätte er sowohl ihm als auch seinem Vater seine wahre Gesinnung gezeigt. Aber wie sollte er das machen? Er durfte ja ihr Haus nicht betreten, und zu schreiben war zwecklos.

Eines Tages kehrte er mit Marta aus einer Abendversammlung zurück. Eifrig unterhielten sie sich über den behandelten Gegenstand, als er plötzlich eine Hand auf seinem Arm fühlte. Zugleich bat ihn eine wohlbekannte, aber lange nicht mehr gehörte Stimme leise um eine kurze Unterredung. Einen Augenblick zögerte er mit einem Blick auf Marta.

„Ich kann meine Begleiterin nicht allein gehen lassen", gab er flüsternd zurück.

„Dann folge ich dir zu deiner Wohnung", lautete die Antwort.

Alles war das Werk eines Augenblicks. Marta hatte von dem Vorfall nichts bemerkt, und das war Heinrich lieb. Er wußte nicht, was Sebastian – denn er war es – von ihm wollte. Seine Stimme hatte merkwürdig leise und heiser, aber nicht unfreundlich geklungen. Endlich würde er Gelegenheit haben, sich ihm gegenüber zu rechtfertigen.

Er brachte Marta in ihr Zimmer und ging dann wieder hinaus auf die Straße, wo Sebastian auf ihn wartete. „Ich hatte mir wohl gedacht, daß du alte Tage nicht ganz vergessen hattest, Heinrich", sagte jener, als seine Hand, die er dem ehemaligen Freunde geboten, herzlich geschüttelt wurde.

„Alte Tage geraten manchmal sehr leicht in Vergessenheit", versetzte Heinrich, „aber alte Freunde nie."

„Wenn ich das nicht von dir geglaubt hätte, stände ich jetzt nicht hier. Ich bin in großer Not, Heinrich, und besitze keinen Freund, an den ich mich wenden könnte."

Überrascht blickte Heinrich ihn an.

„Du denkst an meinen Vater", meinte Sebastian seufzend. „Er hat mit mir abgeschlossen, und ich darf ihn deswegen nicht tadeln. Ich habe es nicht besser verdient, wenn auch die Schuld, daß alles so gekommen ist, nicht bei mir allein liegt."

„Was ist denn vorgefallen?" fragte Heinrich erschrocken.

„Unendlich vieles", versetzte Sebastian, „was ich dir hier nicht alles erzählen kann."

„Dann komm doch mit ins Haus", sagte Heinrich.

„Das würde kaum gehen. Die Wahrheit ist, ich darf mich nicht in der Öffentlichkeit sehen lassen. Selbst mein Hiersein ist gefährlich. Kannst und willst du mit mir kommen?"

„Sicher! Überall wohin du willst."

Sebastian nahm den Arm des Freundes, und raschen Schrittes gingen sie einem Stadtteil zu, wo Heinrich völlig unbekannt war. In einer kleinen, finsteren Gasse machte Sebastian halt, warf einen verstohlenen Blick umher, zog einen Schlüssel aus der Tasche, öffnete rasch eine Haustür und zog Heinrich mit sich ins Haus, worauf er die Tür wieder verschloß.

„So, jetzt sind wir in Sicherheit", sagte er aufatmend.

Er führte den Freund in ein kleines, dunkles Zimmer und machte Licht, so daß Heinrich seine Umgebung mustern konnte. Der Raum enthielt nichts weiter als eine Bettstelle; Sebastian setzte sich darauf und bat Heinrich, neben ihm Platz zu nehmen. Dieser hatte bis jetzt kaum ein Wort gesprochen. Sein Blick war starr auf das blasse, hohlwangige Gesicht des jungen Mannes neben ihm gerichtet. War das der vornehm aussehende, allezeit fröhliche Sebastian Torsten von früher? Wie abgezehrt sah er aus! Wo war der Glanz der strahlenden Augen geblieben? Er war nur noch ein Schatten von dem, was er einst gewesen. Mit Tränen in den Augen fragte Heinrich:

„Was in aller Welt hat diese fürchterliche Veränderung bei dir hervorgebracht? Bist du krank gewesen?"

„Das gerade nicht", lautete die mit erkünstelter Ruhe gegebene Antwort. „Ich habe böse Zeiten hinter mir, und das verbessert ja nicht gerade das Aussehen eines Menschen. Gut, daß du nicht mehr ins Atelier zurückgekehrt bist, gut für uns beide, denn dann hätte ich, fürchte ich, jetzt nicht zu dir flüchten können. Ich hätte dich mit ins Unglück gestürzt."

„Aber was ist denn geschehen?" fragte Heinrich in dringendem Ton, als sein Freund, der mit gefalteten Händen neben ihm saß, nicht weitersprach.

„Nun, die Sache ist die: Ich habe gegen den Willen meines Vaters geheiratet, und seitdem ist jede Verbindung zwischen uns gelöst. Er will mir nicht vergeben, verweigerte auch jede Unterstützung. Dann bin ich krank geworden. Wie ich bis heute durchgekommen bin, weiß ich eigentlich selber nicht."

„Deswegen brauchst du aber doch nicht Verstecken zu spielen", wandte Heinrich ein. „Deine Heirat mag eine Torheit gewesen sein, ist aber doch kein Verbrechen, weswegen du das Tageslicht zu scheuen hättest."

„Ich habe noch nicht alles gesagt", fuhr Sebastian leise fort, ohne den Freund anzublicken. „Ich hatte kein Geld mehr, und meine Frau liebte es nicht, sich Einschränkungen aufzuerlegen, und da . . . habe ich . . . meines Vaters Namen benutzt. Du verstehst. Was sollte ich sonst anfangen? Ich wollte ja alles zurückerstatten."

„O, das ist schlimm!" rief Heinrich schmerzlich bewegt. „Aber dein Vater wird dir gewiß vergeben, wenn er von deiner Not erfährt. Er wird dich doch nicht . . ."

„Verklagen?" unterbrach ihn Sebastian. „Das wird er wohl tun, und vergeben wird er mir auch nicht."

„O, er muß dir vergeben!" rief Heinrich. „Soviel ich weiß, hat er doch auch gegen den Willen seiner Mutter geheiratet, und sie vergab ihm."

„Das war etwas anderes. Seine Frau war ein ordentliches Mädchen, eine Person, gegen die nichts weiter einzuwenden war, als daß sie in Religionsdingen eine andere Überzeugung hatte als meine Großmutter."

„Und deine Frau?" fragte Heinrich.

„Ich habe", antwortete Sebastian – und nun fiel ihm das Sprechen wirklich schwer –, „das Mädchen geheiratet, welches Vater zu dem Bilde saß, das hernach von der Akademie zurückgewiesen wurde, damals, als er dir den Laufpaß gab. Du hast das Bild nicht gesehen. Es ist während deiner Abwesenheit gemalt worden."

„O Sebastian, wie konntest du?" rief Heinrich.

„Ja, wie konnte ich?" antwortete der unglückliche junge Mann dumpf, das Gesicht in den Händen verbergend. „Mit mir ist's aus, Heinrich, völlig aus. Sieh hier!" Damit entblößte er seinen Arm. „Ich könnte jetzt keinen Achilles mehr abgeben, was meinst du?" Das traurige Lächeln, das diese Worte begleitete, schnitt Heinrich ins Herz, und der Anblick des bis auf die Knochen abgemagerten Armes erregte sein ganzes Mitleid.

„Ich will dir erzählen, wie sich alles zugetragen hat", hob Sebastian aufs neue an. „Als Vater hörte, daß ich verheiratet sei, geriet er in furchtbare Wut. Er ging so weit, daß er mich verfluchte, und das war nicht recht von ihm. Hat er mich nicht selbst erzogen, auf die Ansichten anderer Menschen zu pfeifen? Sprach er nicht stets von der Gleichheit der Stände und vom Adel des Talents? Das Mädchen, das ich heiratete, war nach meinem Geschmack. Und was für ein Gesetz habe ich denn gebrochen? Er hat doch stets kein anderes Gesetz gelten lassen als seinen eigenen Willen. In diesem Sinne hat er mich erzogen. Da darf er sich nicht wundern, daß auch ich mir meine Meinung über Gesetz und gute Sitte bilde. Doch was nützt alles Reden? Von meinem Vater habe ich nichts weiter zu erwarten, als daß er mir die Polizei auf den Hals schickt, und ich weiß mir keinen anderen Rat, als möglichst schnell das Land zu verlassen. Kannst du mir dazu die nötigen Mittel verschaffen?"

„Ach, mein armer Freund!" rief Heinrich, „du willst das Land verlassen? Die Aufregung dieser Stunde ist ja schon zu viel für dich!" In der Tat standen dicke Schweißtropfen auf der Stirn des bedauernswerten jungen Mannes, und er bebte am ganzen Leibe.

„Mir bleibt keine andere Wahl", versetzte er düster.

„Kannst du nicht mit zu mir kommen?" fragte Heinrich. „Kein

Mensch wird dich bei uns vermuten. Wir wollen dich nach besten Kräften pflegen, und vielleicht gelingt es uns, alles wieder in Ordnung zu bringen."

Sebastian schüttelte den Kopf.

„Ach, ich vergaß", fuhr Heinrich fort, „deine Frau! Du kannst sie nicht verlassen."

„Nein, allerdings nicht", erwiderte Sebastian mit bitterem Auflachen; „sie hat mich schon längst verlassen."

„Was sagst du?" rief Heinrich erschrocken.

„Kannst du sie deshalb tadeln? Als sie mich heiratete, hielt sie mich für einen feinen Herrn, der eine feine Dame aus ihr machen würde. Für Armut, Schande und einen Mann im Gefängnis hatte sie nichts übrig."

Heinrich schüttelte den Kopf. „Warum willst du denn nicht mitkommen?"

„Weil ich kein Recht habe zu deinesgleichen zu gehen. Ich war Zeuge eurer Unterhaltung und habe mich hinterher gewundert, daß du meine Hand überhaupt angenommen hast."

„O mein lieber, armer Sebastian!" rief Heinrich mit Tränen in den Augen.

Warme, von Herzen kommende Teilnahme verfehlt ihren Eindruck selten. Das zeigte sich auch hier. Sebastian weinte.

„Ich bin sehr schwach, Heinrich", sagte er heiser. „Die Wahrheit ist, ich – habe Hunger."

Aufs neue redete Heinrich auf Sebastian ein, doch mit ihm zu gehen, und endlich ließ dieser sich überreden. An Heinrichs Arm ging er durch die dunklen, stillen Straßen. Marta war noch auf. Heinrich brachte den Kranken in sein Zimmer und legte ihn in sein Bett. Dann teilte er Marta das Nötigste mit. Es bedurfte nicht vieler Worte, um sie zum Helfen zu veranlassen. Mit fast mütterlicher Zärtlichkeit sorgte sie für den Unglücklichen und brachte ihm, was sein Zustand erforderte. Dieser ließ alles still mit sich geschehen. Kein Wort kam über seine Lippen, aber die Blicke verrieten seine herzliche Dankbarkeit.

Am nächsten Morgen berichtete Sebastian dem Freunde noch weitere Einzelheiten aus seinem Leben. Er war ganz offen. Mit Schrecken aber erkannte Heinrich, wie sehr Krankheit, Sorgen und Mangel bereits an diesem ehedem so kräftigen Körper gezehrt hatten.

Sebastian dagegen hatte die beste Hoffnung. Die freundliche Aufnahme und gute Pflege gaben ihm frischen Mut. Er blieb dabei: sobald er sich einigermaßen wohlfühle, wolle er die Heimat verlassen und nach Amerika gehen.

„Dort fange ich ganz von vorne an, Heinrich", sagte er. „Es wird mir sicher gelingen. Meine erste Sorge wird sein, meinem Vater das Geld zurückzusenden, und vielleicht kehre ich selbst einmal später als gemachter Mann heim. Wer weiß?"

Heinrich seufzte. Er fürchtete, daß der Arme schon bald eine andere Reise antreten würde, von der es kein Zurück mehr gibt. Doch davon sagte er vorläufig nichts. Nur Marta teilte er seine Befürchtungen mit.

„Wir wollen ihn dem Herrn anbefehlen, mein Junge", war ihre Antwort. „Er hat ihn uns sicher nicht ohne Grund in unser Haus gesandt."

Herr Lattner wurde natürlich auch ins Geheimnis eingeweiht. Er hatte sich als ein so treuer Freund erwiesen, daß er volles Vertrauen verdiente. Auf seinen Rat wurde ein tüchtiger Arzt zugezogen. Das ärztliche Urteil lautete ernst, aber nicht hoffnungslos. Eine unmittelbare Gefahr liege nicht vor; Ruhe und sorgsamste Pflege würden dem Kranken vielleicht noch einmal auf die Beine helfen.

„Das beste wäre, wenn eine Versöhnung mit seinem Vater zustande käme", meinte Herr Lattner. „Aber das wird schwerhalten. Der Alte hat einen furchtbaren Eigenwillen, den nur Gott brechen kann. Jedenfalls aber wollen wir tun, was in unseren Kräften steht, um Vater und Sohn von Nutzen zu sein und letzteren vor Schande und Elend zu schützen." –

Wieder einmal stand Herr Torsten vor seiner Staffelei und war mit einem Gemälde beschäftigt. Er schien noch ganz der alte zu sein. Er trug den gleichen orientalischen Rock. Das Haar war immer noch voll und der Blick stolz und selbstbewußt. Bei näherem Zuschauen aber entdeckte man, daß er doch nicht mehr der selbe war. Sein Gesicht war viel blasser geworden, über dem Haar lag ein weißer Schimmer, und manchmal nahm der stolze Blick einen müden, unbefriedigten Ausdruck an.

Das Gemälde, an dem der Künstler an diesem Tag arbeitete, stellte einen alten Mann dar. Doch schien ihn diesmal sein Werk selbst nicht zu befriedigen, denn mißmutig schüttelte er mehrmals den Kopf.

Während er auf den Herrn wartete, der gerade wieder einmal zum Malen sitzen wollte, wurde Herr Lattner gemeldet. Dieser war lange nicht mehr bei ihm gewesen. Was mochte er von ihm wollen? Nicht ohne Neugierde, aber mit gut zur Schau getragener Gleichgültigkeit wartete Herr Torsten auf seine Eröffnungen.

„Wie ich höre", begann Herr Lattner, „malen Sie Herrn Doktor Kleingold."

Der Künstler bejahte.

„Dürfte ich das Bild vielleicht einmal sehen?"

Herr Torsten wies mit dem Pinsel darauf.

„Aha, da ist er ja. Gut, in der Tat, sehr gut! So sieht er montags immer aus."

Herr Torsten warf dem Sprecher einen fragenden Blick zu.

„Hat Doktor Kleingold seine Sitzungen nicht gerade des Montags bei Ihnen?" fragte Herr Lattner weiter.

„Das hat er. Aber was soll das?"

„Das will ich Ihnen sagen. Sie wissen, daß Doktor Kleingold ein Evangelist und Prediger des Wortes Gottes ist. Da können Sie sich denken, daß er gerade sonntags am meisten beschäftigt ist. Da hält er nämlich zwei, manchmal auch drei Predigten, und das hat zur Folge, daß er am nächsten Tag, also am Montag, in der Regel ziemlich müde aussieht. Das Predigen strengt nämlich auch an. Und auf dem Bild hat der Doktor einen müden Blick. Sie sollten ihn dagegen einmal sonntags sehen! Da ist er ein ganz anderer Mensch."

„Aha", sagte der Künstler, der mit Interesse gelauscht hatte, „das verstehe ich. Da bin ich nur gespannt, wie er heute aussehen wird. Ich warte nämlich schon auf ihn."

„Er wird heute nicht anders aussehen als sonst auch", erwiderte Herr Lattner kopfschüttelnd. „Ich weiß, daß er gestern einen anstrengenden Tag hatte."

„Dann muß ich ihn bitten, an einem anderen Tag zu kommen", meinte Herr Torsten.

„Damit werden Sie kaum Erfolg haben. Es hat Mühe gekostet, ihn überhaupt zu einer Sitzung zu bewegen. Seine Kinder drängten darauf. Er hat eben wenig Zeit. Aber schade ist's, sehr, sehr schade! Könnten Sie ihn nicht einmal am Sonntag sehen? Es würde dem Bild da sehr förderlich sein, weil er dann so ganz anders aussieht. Aber ich möchte nicht aufdringlich sein."

„Bitte sehr, durchaus nicht", versetzte der Künstler höflich. „Ich bin Ihnen im Gegenteil dankbar für Ihren Wink. Ich weiß selbst, daß an dem Bild etwas fehlt. Wo kann man ihn hören?"

Herr Lattner gab die gewünschte Auskunft.

„Danke sehr! Wenn Sie in einiger Zeit nochmals vorsprechen wollen, um den Unterschied zu sehen, wird es mich freuen."

„Ich würde an Ihrer Stelle heute keinen Pinselstrich mehr machen", sagte Herr Lattner, indem er das Bild nochmals eingehend betrachtete. „Doktor Kleingold wird heute so abgespannt sein wie stets an diesem Tag. Ich komme übrigens an seinem Haus vorbei. Wenn es Ihnen recht ist, will ich ihm Bescheid geben, daß Sie ihn für heute nicht erwarten. Wir sind gute Freunde."

Herr Torsten war natürlich einverstanden. Die Verbeugung, mit der er sich von Herrn Lattner verabschiedete, war so höflich und verbindlich wie noch nie. –


„Es ging nicht anders, ich mußte ihn mit List fangen", schloß Herr Lattner seinen Bericht in Martas Zimmer. „Doktor Kleingolds Bild war der Grund, auf welchen hin ich mich nochmals in die Höhle des Löwen wagte. Aber ich hatte nicht gehofft, daß alles so glatt ablaufen würde. Jedenfalls darf ich nächste Woche wiederkommen; der Herr wird dann weiterhelfen. Und Herr Torsten geht nach Jahren zum erstenmal wieder unter Gottes Wort."

Am nächsten Sonntag saß der Künstler wirklich unter den Zuhörern Doktor Kleingolds. Gesang und Gebet ließen ihn kalt. Als aber der Evangelist ans Rednerpult trat, da wurde sein ganzes Interesse wach. Lattner hatte recht. Der Doktor war heute ein ganz anderer. Wie sprechend die Augen, wie lebendig die Züge! Im Geiste sah Herr Torsten schon ein ganz anderes Bild entstehen als das bisher gemalte. Es würde ein Kunstwerk ersten Ranges werden! Welch ein Glück, daß dieser Lattner ihn aufmerksam gemacht hatte! Diese eine gute Tat sprach ihn von allem frei, worin er bei seinen früheren Besuchen gefehlt hatte.

Herr Torsten war nur des Studiums halber gekommen. Unwillkürlich aber lauschte er ganz gegen seinen Willen schließlich auch dem Vortrag. Doktor Kleingold verstand es, seine Zuhörer zu fesseln. Er sprach über den Text: „Was haben wir miteinander zu schaffen, Mann Gottes? Du bist zu mir gekommen, um meine Ungerechtigkeit ins Gedächtnis zu bringen und meinen Sohn zu töten!" Als diese Worte aus dem ersten Buch der Könige zum erstenmal vorgelesen wurden, hatten sie keinerlei Eindruck auf den Künstler gemacht. Als sie aber im Laufe des Vortrags noch einige Male wiederholt und in ernstester Weise auf Eltern angewandt wurden, deren Sünden Gott an ihren Kindern heimsucht, da packten sie ihn, aber nicht etwa in gutem Sinne, sondern sie riefen seine helle Entrüstung wach. Das war ja eine ganz niederträchtige, abgekartete Sache! Zweifellos hatte der ehrenwerte Herr Lattner seine Hand dabei im Spiel. Er mußte irgendwie erfahren haben, was in seinem, Torstens, Hause vorgefallen war, hatte Doktor Kleingold von allem unterrichtet und ihn selbst nach hier gelockt, um ihn hier durch die Predigt Kleingolds einmal gründlich zur Rede zu stellen. Aber die Herren hatten sich geirrt; er war nicht der Mann, der sich wie ein Gimpel fangen ließ. Er würde schon Mittel und Wege finden, um ihnen seine Verachtung zu bekunden und sie fühlen zu lassen, wie er sie durchschaut habe. Mit diesem Vorhaben machte er sich auf den Heimweg.

Am nächsten Morgen erwartete er wie gewöhnlich Doktor Kleingold. Er hatte schon versucht, das Gemälde nach den am Tage vorher empfangenen Eindrücken zu ändern, aber es war ihm nicht gelungen. Das Bild des feurigen Redners war verwischt, und nur das des ernsten Bußpredigers stand ihm vor der Seele. Ärgerlich hatte er den Pinsel beiseite geworfen.

Nachdem Doktor Kleingold gekommen war, bemühte er sich, zunächst seine Gefühle sorgfältig zu verbergen. Er wollte ihn in seiner Rede fangen und ihn mit seinen eigenen Worten schlagen. Aber er hatte kein Glück. Doktor Kleingold war sehr einsilbig und sprach fast kein Wort. Entweder war er in Gedanken, oder er war sehr müde, denn er schlief beinahe ein.

„Ich werde ihn am Ende noch mit geschlossenen Augen malen müssen", sagte der Maler zu sich selbst und fuhr dann laut fort:

„Sie sehen heute nicht so frisch aus wie gestern abend, Herr Doktor."

„Wie gestern abend?" fuhr der Angeredete aus seinem Halbschlummer auf. „Wie meinen Sie das? Wo haben Sie mich gesehen?"

„In der Predigt", versetzte Herr Torsten, sehr erfreut über die Wirkung seiner Worte.

„In der Verkündigung? Waren Sie denn persönlich da?"

„Freilich, gestern abend", erwiderte der Künstler, eifrig

bemüht, den Ausdruck der Spannung in den Zügen des Fragestellers im Bilde festzuhalten.

„Nun, dann werden Sie verstehen", lautete die Antwort, „daß ich heute müde bin. Es ist stets mein Wunsch, mein ganzes Herz in den Vortrag zu legen. Gestern abend aber war ich besonders bewegt infolge eines sehr traurigen Ereignisses. Es macht mir noch immer zu schaffen."

Jetzt erwachten bei Herrn Torsten Spannung und Neugierde. War mit dem traurigen Fall etwa sein eigener gemeint? Dann war der fromme Mann in der Kunst der Verstellung recht bewandert.

„Ich sah, daß Sie erregt waren", sagte er. „Aber wiewohl ich einerseits Ihre Beredsamkeit bewundern mußte, war ich andererseits erstaunt über Ihre engherzigen Ansichten."

„Ich engherzig?" rief Doktor Kleingold. Er bot jetzt ganz das Bild vom Vorabend, und der Künstler sah mit Entzücken das Gesicht vor sich, das er sich so gut eingeprägt und doch vergessen hatte.

„Haben Sie nicht die Gottheit so dargestellt, als bestrafe sie den Unschuldigen für den Schuldigen?"

„Wenn Sie das aus meinem Vortrag herausgehört haben, so haben Sie nicht gut aufgepaßt!" rief Doktor Kleingold. „Das habe ich ganz gewiß nicht getan." Alle Müdigkeit war vergessen, und in kurzen Worten gab er den Inhalt des Vortrags wieder.

Herrn Torsten wurde es kalt und warm. Als Künstler freute er sich darüber, ein solches Modell zu haben. Zugleich aber trat bei diesen Worten das Bild des verstoßenen Sohnes vor seine Seele, und die Frage wurde laut und lauter in seinem Innern: „Wer ist schuld daran, daß es mit Sebastian so weit gekommen ist? Ist er nicht das Opfer seiner Erziehung geworden?" Lange Jahre hatte die Stimme seines Gewissens geschwiegen, doch in diesem Augenblick vernahm er sie, noch leise, aber ernst und eindringlich.

„Ich denke, wir hören für heute auf", sagte er, sich gewaltsam zur Ruhe zwingend. „Sie sind müde, und dabei veranlasse ich Sie noch zum Reden."

„Ich hoffe, solange ich noch eine Zunge habe, nie müde zu werden, von meinem Herrn zu zeugen", versetzte der alte Mann. „Aber sind Sie noch immer der Meinung, daß meine Ansichten engherzig sind?"

Herr Torsten erwiderte, er liebe es nicht, seine Meinung über ihm fernliegende Dinge abzugeben. „Fragen Sie mich über Licht und Schatten oder über die Schönheit der Linienführung", setzte er hinzu, „da will ich Ihnen meine Meinung nicht vorenthalten."

Der andere sah ihn groß an. „Berühren diese Dinge Sie nicht auch ganz persönlich? Ich denke, die göttliche Wahrheit geht Sie genauso gut an wie mich oder jedes andere Kind des gefallenen Adam. Ich muß jetzt gehen, aber ich möchte Sie bitten, sich diese Stellen, die ich Ihnen aufschreibe, in Ihrer Bibel anzusehen. Wir können dann das nächste Mal darüber reden, ob ich meine Ansichten aus Gottes Wort geschöpft habe oder nicht."

Damit zog er eine Karte und einen Schreibstift aus der Tasche und machte einige Notizen.

Als Herr Torsten die Karte nahm, sah er auf der anderen Seite eine Mitteilung. „Das hat nichts zu bedeuten", sagte Doktor Kleingold; „als Herr Lattner vorige Woche bei mir war, um die Sitzung bei Ihnen abzubestellen, traf er mich nicht an. Da ließ er diese Karte für mich zurück."

Auf der Karte stand unter Lattners Namen: „Lieber Freund!

180

Herr Torsten bittet Sie, Ihren nächsten Besuch auf kommenden Montag zu verlegen. Ich war eben bei ihm."

Der Künstler wurde rot. Sein Verdacht war jetzt völlig als falsch erwiesen. Als der alte Herr gegangen war, besah er sich die angeführten Schriftstellen. Die Freude, sie aufzuschlagen, konnte er dem Alten ja machen. Er besaß noch eine Bibel. Er holte sie herbei, warf das Buch aber bald wieder zur Seite. „Pah!" murmelte er. „Wir sind zu lange getrennte Wege gegangen, um jetzt wieder zusammenzukommen."

Damit stand er auf, um seine Arbeit fortzusetzen. Aber seine Gedanken waren nicht bei der Sache. Er nahm Hut und Stock; draußen in der frischen Luft hoffte er sein seelisches Gleichgewicht wiederzufinden. –


„Wie geht es ihm?" Mit diesen Worten begrüßte Herr Lattner Marta, als sie ihm die Tür öffnete. Es war an demselben Morgen, an dem Doktor Kleingold seine Unterredung mit Herrn Torsten hatte.

„Schlecht, sehr schlecht", erwiderte Marta, indem sie traurig den Kopf schüttelte. „Ich glaube kaum, daß er die Krankheit überstehen wird. Das Fieber ist so hoch gestiegen. Er phantasiert fortwährend. Es tut einem am Herzen weh, diese Klagen anzuhören. Wir sollten doch sicher seinem Vater Bescheid geben. Einem solchen Leiden gegenüber kann er unmöglich unversöhnlich bleiben."

Herr Lattner trat an das Krankenbett, warf einen Blick auf den Kranken und dachte dasselbe.

„Wir haben heute früh schon wiederholt für ihn zum Herrn gerufen", sagte Marta, indem sie ihre Augen mit der Schürze trocknete. „Sollte der Herr nicht hören? Er sagt doch in Seinem Wort: ‚Alles, um was irgend ihr betet und bittet, glaubet, daß ihr es empfanget, und es wird euch werden.'"

„Haben Sie denn diesen Glauben, Marta?"

„Ich glaube, daß der Herr Jesus willens und imstande ist, jedermann zu retten, der durch Ihn zu Gott kommt!"

„Das ist gewiß so. Aber hat der Kranke irgend ein Zeichen gegeben, aus dem man schließen könnte, daß er durch Jesum Christum zu Gott gekommen ist?"

„Ach, lieber Herr Lattner", erwiderte Marta weinend, „er konnte ja doch kein Wort sagen. Die ganze Nacht hat er sich hin und her geworfen, ohne nur einen Augenblick bei klarer Besinnung zu sein. Aber wir haben für ihn gebetet, wie jenes kananäische Weib für ihre Tochter betete, die so schlimm besessen war, und die sicher auch nicht für sich selbst beten konnte. Der Apostel sagt doch, daß, wenn wir etwas nach dem Willen des Herrn bitten, Er uns hört, und wir hören an anderer Stelle, daß Gott nicht den Tod des Sünders will, sondern daß er sich bekehre und lebe. Haben wir also in solchem Falle nicht ein Recht, auf Gnade zu hoffen und den Herrn beim Wort zu nehmen?"

„Gott verhüte, daß ich Ihrem Glauben hindernd im Wege stehe!" versetzte Herr Lattner. „Sie haben recht", fügte er hinzu, sich nochmals über den Kranken beugend, „es ist hohe Zeit, seinen Vater zu benachrichtigen. Wo ist Heinrich?"

„Er hat heute morgen geschäftlich draußen zu tun. Aber er wird zurückkommen, sobald er kann."

Damit hatte sie vollkommen recht. Dem armen Heinrich, der in diesen Minuten im Hause einer französischen Dame weilte, die er malte, brannte der Boden unter den Füßen. Aber er konnte nicht fort, bevor das Bild vollendet war. Es war eine ältere, recht geschwätzige Person, der es darauf ankam, so vorteilhaft wie möglich auf die Leinwand gebracht zu werden. Obwohl die Gedanken des jungen Künstlers häufig in das stille Krankenzimmer des Freundes wanderten, gelang es ihm, seine Auftraggeberin voll und ganz zufriedenzustellen. Da sie unbedingt ein „schönes" Bild haben wollte, mußte er jedoch seine Einbildungskraft zu Hilfe nehmen. Das Ergebnis war ein reizendes Bild. Es stellte zwar nicht ganz die Person dar, die es sein sollte, entlockte der Dame aber die Ausbrüche der höchsten Bewunderung. „Nur", schloß sie mit einem tiefen Seufzer, „sah ich so vor zwanzig Jahren aus! Ach, wir sind gewesen und können nicht immer sein."

Heinrich war nicht wenig erstaunt über diesen Ausspruch aus dem Munde der redseligen Dame. Sie hatte recht. Sein sterbender Freund war ein Beweis für die Wahrheit des Wortes, mehr noch als die Sprecherin selbst. Der Gedanke an ihn beflügelte seine Schritte. Er war im Geiste so sehr mit dem armen Leidenden beschäftigt, daß er kaum auf den Weg achtete und fast mit einem fremden Herrn zusammengeprallt wäre. Eine Entschuldigung murmelnd, wollte er weitergehen, da schaute er dem Fremden in die Augen. Eine Blutwelle stieg ihm ins Antlitz. Er erkannte Herrn Torsten, seinen alten Meister. Unwillkürlich blieb er stehen. Auch Herr Torsten stockte und streckte ihm die Hand entgegen.

Heinrich hatte sich rasch gefaßt. Mit tiefer Bewegung nahm er die Veränderung im Aussehen des Künstlers wahr. Dann dachte er an Sebastian. Diese Begegnung kam nicht von ungefähr. Er mußte sie ausnutzen, und er wußte es nicht besser zu tun, als daß er zunächst Herrn Torsten von ganzem Herzen für alles dankte, was er in vergangenen Tagen an ihm und für ihn getan hatte. Im Anschluß daran bat er den Künstler, den Sohn seines alten Freundes doch nicht ganz zu verstoßen.

„Ich habe dich noch nie verstoßen, Heinrich", versetzte Herr Torsten mit zitternder Stimme. „Wenn du damals einen anderen Weg einschlugst, so lag darin nichts Böses, und ich wünschte nur, ich hätte in jener Zeit die Warnung dieses Herrn Lattner angenommen."

Das war ein großes Zugeständnis von seiten des stolzen Mannes, und Heinrich war dankbar dafür.

„Ich nehme an, daß dir die Geschichte deines ehemaligen Freundes zu Ohren gekommen ist", fuhr Herr Torsten nach kurzer Pause fort, indem er sich bemühte, seinen alten Ton stoischen Gleichmuts wiederzugewinnen. „Er wird wohl mittlerweile ziemlich herumgekommen sein."

Heinrich nickte. „Ich habe ihn so lieb gehabt", sagte er dann, „und tue es noch." Der Künstler antwortete nicht; schweigend gingen sie einige Schritte miteinander.

„Er war immer so freundlich", hob Heinrich nach einer Pause aufs neue an. „Und man schätzte sein Talent umsomehr, weil er allem Eigendünkel fern war."

„Meinst du?" sagte Herr Torsten. „Nun, es mag sein. Aber das alles liegt hinter uns. Ich habe mit Sebastian abgeschlossen und will ihn nie mehr wiedersehen."

„Das werden Sie doch", erwiderte Heinrich freundlich, aber in einem Ton, der die Aufmerksamkeit des Malers erregte. „Sie müssen ihn wiedersehen, schon um Ihrer selbst willen, und das so bald wie möglich."

„Das wird so schnell nicht möglich sein, denn wie ich hörte, ist er ins Ausland gegangen."

Heinrich schüttelte den Kopf.

„Was weißt du denn davon?" Die Stimme Herrn Torstens

zitterte vor verhaltener Aufregung. „Weißt du Näheres über ihn?"

„Ich kenne seine ganze Geschichte", sagte Heinrich ruhig, „und ich betrachte unsere heutige Begegnung als von Gott gefügt, denn ich bin ganz sicher, wenn Sie erst alles wissen, werden Sie mit mir zu Sebastian gehen und ihm vergeben."

Darauf erzählte er, was sich in der letzten Zeit alles zugetragen hatte. Herr Torsten unterbrach ihn mit keinem Wort. Äußerlich blieb er ruhig, aber Heinrich merkte, daß es in seinem Innern ganz anders aussah. Sebastian war sein einziger Sohn, und war dem Tode nahe!

Als sie vor Martas Haus ankamen, trafen sie Herrn Lattner auf der Treppe. Er kam von dem Kranken und war im Begriff, den Künstler an das Sterbebett seines Sohnes zu rufen.

Einen Augenblick später stand der Vater des unglücklichen jungen Mannes im Krankenzimmer. Sebastian war immer noch bewußtlos. Sein Atem ging röchelnd. Starren Blicks schaute der Maler auf seinen Sohn. Totenbleich, unbeweglich wie eine Bildsäule stand er da, aber nicht hochaufgerichtet wie sonst. Seine Gestalt war zusammengesunken, und er lehnte sich an Heinrichs Schulter. Marta kniete vor einem Stuhl. Noch einmal flehte sie aus der Tiefe ihres Herzens zu Gott um Erbarmen. Kurz darauf war Sebastian gestorben. —


Das Begräbnis war vorüber. Als Hauptleidtragender hatte Heinrich die sterbliche Hülle seines Freundes zur letzten Ruhestätte geleitet. Der Vater des Verstorbenen war ferngeblieben. Der plötzliche Tod seines einzigen Sohnes, an dem er die Schuld sich selbst zuschreiben mußte, hatte ihn so erschüttert, daß er unfähig war mitzugehen. Er war seit jenem schrecklichen Tag ein anderer geworden. Sein Hochmut war völlig zusammengebrochen. Was in ihm vorging, wußte niemand. Außer zu Heinrich, der auf seinen Wunsch hin zu ihm übergesiedelt war, sprach er zu keinem Menschen ein Wort. Seine Arbeit ruhte. Das Atelier hatte er seit der Todesstunde Sebastians nicht mehr betreten. So verging eine längere Zeit.

Eines Tages aber äußerte er zu Heinrichs Überraschung den Wunsch, ins Atelier zu gehen. Heinrich suchte ihm den Gedanken auszureden, aber er blieb dabei. Doch gelang es Heinrich, vor dem Eintritt Sebastians Staffelei sowie alles beiseite zu schaffen, was in besonderer Weise an den Verstorbenen erinnerte. Er war eben damit fertig, als Herr Torsten kam. Er warf einen Blick durch den Raum, deutete auf den Platz, an dem die Staffelei seines Sohnes gestanden hatte, und fragte:

„Wo ist sie?"

Heinrich berichtete, was er getan hatte.

„Hole sie wieder her!" befahl er. „Schone mich nicht! Die Pein, die der Anblick dieser Dinge mit sich bringt, muß ich tragen. Vielleicht ist sie mir nützlich."

Heinrich gehorchte schweigend.

„So ist's gut", sagte Herr Torsten, als alles wieder an seinem alten Platze war. Er deutete auf die Staffelei. „Dort stand er!" Dann aber verließ ihn die mühsam bewahrte Selbstbeherrschung, und mit dem wehen Aufschrei: „O mein Gott! Du hast fürwahr meine Ungerechtigkeit ins Gedächtnis gebracht und meinen Sohn getötet!" sank er in seinen Sessel und bedeckte das Gesicht mit beiden Händen.

Nach einiger Zeit wurde er ruhiger. Er erblickte Herrn Lattners Karte mit den Schriftstellen, die an jenem verhängnisvollen Tage auf dem Tisch liegengeblieben war. Mechanisch nahm er sie in die Hand.

Plötzlich schaute er auf. „Heinrich", sagte er, „ich habe damals Herrn Lattner versprochen, ihn rufen zu lassen, falls ich ihn einmal nötig hätte. Ich glaube, diese Zeit ist jetzt da. Willst du ihn bitten, mich einmal zu besuchen?"

Heinrich nickte. Sagen konnte er nichts. Aber sein Herz jubelte. Sollten die vielen Gebete endlich ihre Erhörung finden?

„In welch verächtlichem Ton habe ich damals gesprochen", fuhr der Maler nach einer Pause fort, „als Herr Lattner mir erzählte, du habest einen Freund gefunden, und dieser Freund sei Jesus von Nazareth! Aber wenn Er mich noch annehmen will, – ich glaube, Er ist gerade der Freund ... den ich nötig habe."

# Friede nach Streit

Es war gegen Abend an einem schönen Spätsommertag, als Frau Steigerwald mit Elfi wieder vor ihrem Häuschen stand und das frischgestrichene Gartentor aufschloß.

„Mama, was bin ich froh, daß wir wieder daheim sind!" rief Elfi.

Sie hatten Einkäufe in der großen, sehr zerstörten Nachbarstadt gemacht. So sehr sich die Kleine gefreut hatte, dort Eis essen zu dürfen und neue Schuhe zu bekommen – die trostlosen Trümmer und die grauen Haufen von Schutt, die in manchen Seitenstraßen noch lagen, verleideten ihr den Aufenthalt in der Stadt immer sehr. Nun kamen sie wieder in ihren Heimatort. An ihm war der Krieg fast spurlos vorübergegangen, allerdings nur an den Häusern; in manchen H e r z e n hatte er auch in diesem Ort, einem kleinen Dorfe, Furchen eingegraben, die nie mehr auszugleichen waren, denn viele Männer und Söhne waren nicht heimgekehrt.

„Wie bin ich froh! Wie schön ist's doch bei uns!" wiederholte Elfi. „Guck mal, die Astern sind jetzt schon alle auf, und die Trauben fangen an blau zu werden!"

Es war wirklich ein schmuckes Häuschen mit dem gepflegten Vorgarten und dem Laubengang voller Trauben. Aber Frau Steigerwald hatte keinen Blick dafür.

„Ach, es macht mir alles keinen Spaß mehr, seit wir die

Gesellschaft dort oben sitzen haben", erwiderte sie und sah finster nach den Fenstern des ersten Stockes, deren dürftige Vorhänge wesentlich von den duftigen, geschmackvoll gerafften im unteren Stock abstachen.

Sie stellte ihre Tüten und Taschen in der Küche ab. Die weißen Möbel, die geblümte Tischdecke, der blitzblanke Herd – auch hier lachte einen alles ordentlich an. Aber der Mutter Miene blieb düster, und als Elfi, die sich erst noch im Garten umgesehen hatte, mit der Meldung hereinkam, der kleine Lolo von oben sei an den Brombeeren gewesen, ärgerte sich die Mutter erst recht.

„Eine Unverschämtheit!" stieß sie hervor, „und höre nur, wie sie da oben wieder bollern und randalieren. Dieser Lärm über meinem Kopf macht mich noch verrückt!" Sie sah zur Decke, und dann schrie sie auf, daß Elfi zusammenfuhr: „Was ist denn los?"

„Siehst du nicht den Fleck an der Decke? Sie wäscht wieder da oben, die unverschämte Person!" Frau Steigerwald stürzte zur Küchentür.

„Mama", bat Elfi mit ängstlichem Gesicht, „Mama, sag nichts! Warte bis der Papa da ist!"

„Ach, der hat ja keinen Mut, den Leuten zu sagen, was sich gehört. Ich will ihr Bescheid sagen, der . . ."

Und schon war sie auf der halben Treppe und schrie:

„Frau Ott!"

Oben öffnete sich eine Tür, und eine Frauenstimme antwortete: „Ja, was ist?"

„Was ist? – Was ist? – Sie haben wieder in der Stube gewaschen, das Wasser kommt durch die Decke! Vor einer Woche erst haben wir sie geweißt. Sie bezahlen das Ausbessern jetzt! Ich habe Ihnen doch gesagt, gewaschen wird in der Waschküche, die ist dazu da bei anständigen Leuten. Aber so ist das ja, wenn Sie wissen, es ist keins im Haus, da tun Sie, als wenn Sie daheim wären!"

„Ach, daheim! Das bin ich hier im Hause nie! Und in die Waschküche gehen bei so einer kleinen Wäsche, wie ich sie heute hatte, damit ich mir nachher wieder soll sagen lassen, wie ich den Kessel so schlecht geputzt habe, nein, das tu ich nicht. Und daß Fritz aus Versehen den Eimer umgestoßen hat, als ich im Hof die Wäsche aufhängte, dazu konnte ich nichts. Das kann überall und jedem passieren . . ."

Frau Ott, die Flüchtlingsfrau aus dem Osten, sprach ziemlich gleichmäßig, aber Frau Steigerwald überstürzte sich mit heftigen Worten. Schließlich geriet auch Frau Ott in Rage. Der dreizehnjährige Fritz kam ihr zu Hilfe und rief, Frau Steigerwald solle so kein Aufhebens machen wegen eines Wasserfleckens an der Decke. Sie selbst, Otts, hätten doch alles verloren.

„Ja", fuhr seine Mutter weinend fort, „ich kann nicht verstehen, wie Sie so sein können. Sie haben noch Ihren Mann, Ihr Haus . . ."

„Davon habe ich schon lange nichts mehr", war die Antwort, „das haben Sie mir schon alles längst verleidet. Und du, frecher Lausbub, hast dich überhaupt nicht da reinzuhängen! Erziehung habt ihr ja alle miteinander keine, – hergelaufenes Pack!"

O, das hätte die Mama nicht sagen dürfen! dachte Elfi erschrocken. Sie stand an der Küchentür unten und hatte alles mitangehört. Der Mutter war selbst angst geworden, sie lief die Treppe hinunter, schlug ihre Küchentür zu und ließ sich zitternd, mit hochroten Flecken im Gesicht und am Hals, auf einen Stuhl fallen.

„Mama, komm, reg dich nicht so auf!" bat Elfi, selbst zitternd, „gleich kommt der Papa heim, die Kartoffeln habe ich schon abgeschüttet."

Bis der Vater kam, hatte sich die Mutter äußerlich auch ein wenig beruhigt, doch er merkte bald, daß wieder etwas nicht stimmte. Die Suppe ließ ihn die Mutter noch in Ruhe essen, dann legte sie los. Der Vater hörte lange schweigend zu. Daß Lolo an den Brombeeren war, nahm er nicht wichtig: „Was kann so ein kleiner Kerl viel an der stachligen Hecke ausrichten!" meinte er. Doch der Fleck an der Decke ärgerte ihn. Er selbst hatte die Decke erst vor kurzem schön geweißt und die Wände mit Ölfarbe gestrichen. Er hielt auf sein Haus wie keiner. Und jetzt, wo es wieder die guten Farben gab, benutzte er jeden Feierabend, auch die Sonntage, um auszubessern und in Ordnung zu bringen. Aber er liebte auch die Ruhe, und darum ging er auf die Klagen seiner Frau nicht so ein, wie sie gewünscht hätte. Er war besonders müde von der Arbeit gekommen und wollte jetzt gemütlich seine Zeitung lesen: die einzige Erholung, die er sich gönnte. Als seine Frau ihn dabei noch störte, wurde er brummig. Nun klopfte es auch noch an die Tür! Elfi fuhr zusammen. Ja, es war jemand von oben – der alte Vater der Frau Ott! Man sah ihm gleich an, wie erregt er war. Seine Hände und sein Mund zitterten, als er sich an den Vater wandte:

„Herr Steigerwald, Ihre Frau hat zu meiner Tochter gesagt, wir seien hergelaufenes Pack . . ."

Weiter kam er nicht. Der Vater warf die Zeitung zur Seite und schrie ihn an, er solle nicht jedes Wort auf die Goldwaage legen, er könne sich ja hier den Schaden besehen, den seine Tochter angerichtet habe. Die solle sich gefälligst nach der Hausordnung richten. Seitdem sie im Haus seien, sei's mit dem Frieden vorbei! Der alte Mann, der mehrmals vergeblich versucht hatte, zu Wort zu kommen, sagte schließlich bebend:

„Die Decke bringe ich in Ordnung. Wegen so einer Kleinigkeit braucht Ihre Frau nicht gleich so ausfällig zu werden. Sie kann aber mit niemandem Frieden halten. Erst waren ihr die zwei alten Frieses nicht recht, und zur Strafe hat der Bürgermeister uns vier hier hereingesetzt. Aber er hat uns mitgestraft. Ich werde mit ihm reden." Damit ging er hinaus.

Das hatte getroffen. Der Vater war auf einmal verstummt und brütete in stillem Grimm vor sich hin.

Ach, es war ein sehr unschöner Abschluß des Tages, auf den Elfi sich so gefreut hatte. Lange lag sie in ihrem Bett und konnte nicht einschlafen. Es war früher so schön bei ihnen gewesen, ehe die Frau Ott mit ihren zwei Buben und dem alten Mann eingezogen war! Das heißt, schon mit Frieses war es nicht gut gegangen. Aber hätten sie die doch wenigstens behalten! War wirklich die arme Mutter schuld? Sie war ja ganz verändert, seit sie ihr Häuschen nicht mehr für sich allein hatten. Wie war sie sonst so vergnügt gewesen, hatte gesungen bei der Arbeit und mit der Nachbarin gelacht und geschwatzt. Jetzt stand sie nur noch leise tuschelnd bei ihr am Gartenzaun und erzählte von all den Schandtaten ihrer Mieter. Und der arme Papa, der so gern seine Ruhe hatte, wenn er heimkam! Aber die Leute oben taten ihr auch leid. Sie hatten in ihrer Stube ein Bild hängen von ihrem früheren Haus.

„Das war größer als unsers", hatte Elfi der Mutter berichtet, „und so schön!" – „Ich möcht's nicht von innen gesehen haben", war der Mutter wegwerfende Antwort gewesen. Nein, solche Antworten hatte die Mutter früher gar nicht gegeben. Es stimmte sicher, daß sie kranke Nerven bekommen hatte, drum sah sie alles so anders an. Es war überhaupt nicht mehr schön auf der Welt! „Nimm mich lieber von der Erden", hieß es in ihrem Kindergebet. Ach, sie hatte es ja heute abend noch gar nicht gesagt. Sie schloß die Augen und murmelte:

„Lieber Gott, mach mich fromm,
daß ich in den Himmel komm!
Wenn ich das nicht sollte werden,
nimm mich lieber von der Erden,
nimm mich in Dein Himmelreich,
mach mich Deinen Englein gleich."

„Wenn ich das nicht sollte werden . . ." wiederholte Elfi. Was denn? Fromm! Was war das denn, fromm? Wie mußte man da sein? Immer beten? „Den Englein gleich", das war's wohl. Wenn man Bilder von denen sah, so waren sie so vergnügt und spielten in den Wolken. Ja, da war Frieden und Ruhe. Frieden, den hätte sie auch gern. Wirklich? Hatte sie nicht manchmal Freude daran, wenn Mutter und Frau Ott sich zankten? Nur so schlimm wie heute durfte es nicht werden, das war schrecklich. Aber sicher sollte sie sich auch nicht bei einem k l e i n e n Streit freuen. Das taten die Engel sicher nicht. Auf einmal erkannte sie, wie unschön es war, dem Ärger der Mutter noch Nahrung zu geben, indem sie dies und jenes von den Buben oben hinterbrachte. Nein, nein, das wollte sie jetzt nicht mehr tun. „Mach mich Deinen Englein gleich!" Mit diesem innigen Wunsch und Gebet schlief Elfi ein. —

Der große Wasserflecken an der Küchendecke war getrocknet und hatte nur einen feinen blaßgelben Rand zurückgelassen, von dem Herr Steigerwald meinte, er störe so weniger, als wenn darüber geweißt würde. Das lieblose, harte Wort der Frau Steigerwald jedoch hatte im Herzen ihrer Mieterin eine dunkle Spur hinterlassen. Trotzdem bat Frau Ott ihren Vater, nichts gegen die Hausleute zu unternehmen.

„Es gibt hier ja doch keine andere Wohnung für uns. Ich muß hier aushalten; und wenn du dich beschwerst, ist Frau Steigerwald nur noch mehr gegen uns aufgebracht." Auch war der Hausherr, wohl um den Fehler seiner Frau gutzumachen, ihnen auf einmal entgegengekommen und hatte im Hof eine Ecke für ihr Brennholz freigemacht. Das empfanden die eingeengten Leute schon angenehm, und sie schwiegen. —

Elfi hatte sich seit jenem Abend wirklich bemüht, „den Englein gleich" zu sein. Aber sie mußte feststellen, daß das gar nicht so leicht war. Zwar hatte sie der Mutter nicht verraten, daß der Vater der Frau Ott, Herr Felsing, wieder auf dem Zementboden im Keller Holz gehackt hatte, anstatt den Hackklotz im Hof zu benutzen. Aber als Lolo ihren Puppenwagen umwarf — absichtlich, wie auch Helga, die Freundin, meinte —, da konnte sie doch nicht ruhig bleiben. Sie packte den kleinen Missetäter und schüttelte ihn so heftig sie nur konnte. Lolo schrie und weinte, seine Mutter lief herzu und zankte Elfi aus, was wieder Frau Steigerwald nicht schweigend hinnehmen konnte. So kam es wieder einmal zu Lärm und Zank im Hause, und Elfi war am Abend sehr unglücklich, weil sie sich sagte: Hätte ich mich nicht so über den kleinen Lolo geärgert, der vielleicht doch gar nichts dafür konnte, daß der Puppenwagen umfiel, so wäre der Streit unterblieben. Mit der Zeit litt sie immer mehr unter der Mißstimmung im Hause, an der sie meist wirklich keinerlei Schuld trug. Jedoch wie ihr entgehen? —

Da lag eines Tages eine Postkarte in Steigerwalds Briefkasten. Elfi brachte sie mit wichtiger Miene der Mutter. „Ach", sagte die, „von Tante Helene! Daß die wieder einmal von sich hören läßt."

Sie las: „Lieber Bruder, liebe Schwägerin, schon lange ist die Grenze offen, und noch immer habe ich den Weg zu Euch nicht gefunden. Aber in den nächsten Wochen soll es dazu kommen. Ich habe in Frankfurt zu tun und will bei dieser Gelegenheit einen Abstecher zu Euch machen. Ich hoffe, es paßt Euch. Auf ein Wiedersehen freut sich   Eure Helene."

Die Mutter nahm die Nachricht nicht allzu beglückt auf, aber Elfi umso mehr, denn Besuch war etwas Seltenes bei ihnen. Nun wollte das Kind näheres über Tante Helene wissen, da es sich nicht mehr an sie erinnern konnte. Sie war eine Stiefschwester des Vaters und diesem herzlich zugetan. Aber zunächst durch den Krieg, dann durch das Wohnen in verschiedenen Zonen – die Tante wohnte in der französischen, Steigerwalds in der amerikanischen Zone – war man jahrelang getrennt gewesen.

„Hast du die Tante Helene gern?" wollte Elfi wissen.

„Ach", war die zögernde Antwort, „ich hab' sie schon ganz gern, sie ist nur ein bißchen sonderbar."

„Wie denn?"

„Nun, so religiös, – der Vater mag das auch nicht recht."

„Was ist religiös, Mama?"

„Na, so – fromm."

Elfi horchte auf: fromm. Ja, das wollte sie selbst doch auch werden. Aber besser sagte man das der Mutter nicht, wenn sie das so sonderbar fand.

Voller Spannung sah sie nun dem Besuch der Tante entgegen. Und die hatte gleich ihr kleines Herz erobert, als sie sie so herzlich in die Arme nahm und rief: „Und das ist die kleine Elfi, die ich früher mal in den Schlaf gesungen habe! Bist du aber groß geworden! Sieh mal, kannst du das essen?"

Und dabei hielt sie ihr eine große Tafel Schokolade hin.

Das war ein vielversprechender Anfang. Und er täuschte nicht. Elfi war munter und glücklich, so lange die Tante bei ihnen wohnte. Sie wartete jedoch insgeheim immer darauf, etwas Sonderbares an ihr zu entdecken.

Auch die Tante ihrerseits beobachtete heimlich ihr Nichtchen.

Sie hatte gleich am ersten Abend viel über die Mieter hören müssen, hatte auch schon bald einen Zusammenstoß zwischen den beiden Parteien miterlebt, und es war ihr aufgefallen, wie ängstlich und aufgeregt Elfi wurde, wenn sie Schritte von oben die Treppe herunterkommen hörte. Und doch war es der Kleinen viel leichter zumute, seit die Tante da war. Es ging von ihr so etwas Beruhigendes, Fröhliches aus. Wie enttäuscht war Elfi daher, als sie eines Tages hörte, die Tante wolle morgen abreisen! Und gerade am letzten Abend jammerte die Mutter so viel.

Sie klagte über ihren Kopf, ihre Nerven, und an allem seien die Flüchtlinge schuld:

„Ich habe zu nichts mehr Lust. Elfi müßte unbedingt jetzt die Winterkleider in Ordnung gebracht bekommen. Stoff für zwei neue Kleider habe ich da liegen, und die alten müßten ausgelassen und ausgebessert werden. Meinst du, ich hätte die Kraft dazu? Ich bin einfach erledigt, so setzt mir das zu, daß ich die Leute im Haus habe."

„So setzt dir das zu", wiederholte Tante Helene. „Aber denk mal, was es für die Leute heißt, zu viert in zwei kleinen Stuben zu hausen, nachdem sie es vordem so schön hatten. Keine Küche . . ."

„Ja, ich weiß", unterbrach ihre Schwägerin schnell, „es ist für die Leute auch nicht schön. Aber warum muß i c h sie gerade hier haben! Fischers gegenüber haben viel mehr Platz."

„Warum? – Nun, Frieda, es gibt ein schönes Wort: Es kommt

nichts an uns, was nicht erst an Gott vorbeigegangen ist. Gott hat es so gewollt, daß du einmal fremde Leute ins Haus kriegst. Sei mir nicht böse, aber du hast doch bis jetzt immer alles nach Wunsch gehabt, bist so gut durch den Krieg gekommen. Nun sollst du einmal das, was du behalten hast, teilen mit andern . . ."

„Ach, hör auf!" rief die Schwägerin. „Wie viele gibt's, denen geht es viel besser als uns! Die sind auch jetzt noch allein und haben Frieden ihm Haus. Wenn's noch ordentliche Leute wären!"

Da kam der Vater zur Tür herein. „Seid ihr schon wieder an dem Thema? Man hat ja wirklich bald keine Lust mehr heimzukommen. Außerdem möchte ich mal Leute sehen, an denen du nichts auszusetzen hättest." Ärgerlich ging er wieder hinaus.

Jetzt begann die Mutter zu weinen: „Siehst du, so war er früher gar nicht. Das kommt auch von denen da oben."

„Wenn du nur einmal sagen könntest: Es kommt von oben, von Gott, daß die Leute bei mir sind", sagte die Tante nun eifrig. „Sieh mal, es würde dir alles so viel leichter werden, wenn du ‚Ja' sagen könntest zu Gottes Führung. Ich habe es auch oft lernen müssen, und wenn ich's gelernt hatte, dann wurde ich ruhig und glücklich. Aber", setzte sie zögernd hinzu, „du hast ja noch keine Verbindung mit Gott. Hast dich seither wohl noch nie danach gesehnt. Vielleicht sollen dich diese Verhältnisse dazu bringen . . ."

Frau Steigerwald sah ihre Schwägerin so verständnislos an, als spräche sie eine fremde Sprache.

„Ach, es war nicht das rechte Wort für sie", dachte Tante Helene betrübt, „und ich möchte ihr doch so gern helfen, man sieht ihr an, wie der stete Groll im Innern sie aufreibt. Und auch dem Kind möchte ich helfen, das wieder so blaß und ernst dasteht und unverwandt mich ansieht, als könne ich hier etwas tun."

Elfi aber hatte jetzt zum ersten Male ihre Tante „sonderbar" gefunden. Doch ganz wohl war dem Kind dabei ums Herz geworden.

„Ich habe eine Idee!" rief Tante Helene plötzlich erfreut. „Wie wäre es, wenn i c h Elfis Kleider in Ordnung brächte? Du weißt ja, ich schneidere meine und Margrits Sachen immer noch selbst. Kannst mir also schon etwas zutrauen!"

„O ja", bettelte Elfi, „bleib hier, Tante Helene, mach du meine Kleider!"

„Nein, Liebling, das kann ich leider nicht. Ich muß ja wieder nach Hause, ich muß doch auch kochen für meinen großen Jungen und für Margrit. Aber wie wär's, wenn ich dich mitnähme? Du bekommst ja morgen Ferien. Ach so, ich hätte erst die Mama fragen sollen, ob sie es erlaubt. Aber ich weiß, sie erlaubt es schon, wenn du nur möchtest."

Elfi sah die Mutter an. So gern sie die Tante hatte – von der Mutter weggehen . . .? In eine Stadt so groß wie Frankfurt und gewiß vom Krieg auch so mitgenommen! Wenn die Mutter jetzt sagte, sie müsse hierbleiben, wäre sie gar nicht so traurig.

Als ob die Tante erriete, was in ihr vorging, sagte sie:

„So schön wie bei euch ist's bei uns ja nicht. Aber ich glaube, du fühlst dich doch ganz wohl bei mir und Margrit; und Werner freut sich auch, wenn du kommst. Du brauchst ja auch nur so lange zu bleiben, bis deine Kleider in Ordnung sind. Ich fange gleich damit an, wenn ich heimkomme. Du kannst mir dafür kleine Einkäufe besorgen, Milch und Brot holen. Willst du?"

Und nun nickte Elfi, denn die neuen Kleider lockten. Welches kleine Mädchen hätte nicht gern ein neues Kleid? Und zwei sollten es sogar werden! Die Mutter war merkwürdigerweise gleich mit dem Vorschlag der Tante einverstanden, denn bei dem Gedanken, daß nun die Kleiderfrage für Elfi geregelt werden sollte, fiel ihr ein Stein vom Herzen. So wurde die Abreise für den nächsten Tag beschlossen. Der Einwilligung des Vaters war man sowieso gewiß. —

Nun saß Elfi mit der Tante im Zug und schluckte ein wenig an den aufsteigenden Tränen. Die Mama war so lieb gewesen, hatte sie immer wieder geküßt und gesagt: „Nun habe ich gar keine Freude mehr, wenn du weggehst!" Der Vater hatte den Kopf dazu geschüttelt. „So seid ihr Frauen, erst seid ihr Feuer und Flamme für eine Sache, und wenn es soweit ist, fangt ihr an zu weinen." Die Tante hatte beschwichtigend gesagt: „Es ist ja nur für eine kurze Zeit, und ich bringe sie auch gleich wieder, wenn sie Heimweh bekommt." Damit tröstete sich Elfi. —

Aber sie bekam kein Heimweh. Schon der Empfang durch ihre Kusine Margrit war so herzlich: „Ei, Mutti, wen hast du denn da mitgebracht? Ist das Elfi?" rief sie, als sie ihre Mutter begrüßt hatte.

„Ja, das ist Elfi; sie wollte mal in andere Luft."

„In andre Luft? Na, ich denke, die Luft in Waldheim ist doch besser als hier bei uns!"

„Doch, das Kind braucht Luftveränderung", sagte Tante Helene bedeutungsvoll, so daß Margrit verstand. Sie streckte dem Kusinchen die Hand hin und sagte: „Komm, Elfi, faß mich an, daß du im Gedränge nicht verlorengehst!" Der Mutter flüsterte sie zu:

„Mutti, die ist ja niedlich!" und auch Frau Wohlmut sah wohlgefällig auf ihr Nichtchen hinunter, das mit seinen blonden Ringelzöpfchen und dem zarten Gesicht auch wirklich allerliebst aussah in seinem schönen kornblumenblauen Mantel und Mützchen. „Sie gleicht ihrem Vater, meinem Bruder Richard. So ähnlich sah er aus, als er klein war", stellte sie fest.

Elfi fand ihrerseits gleich Wohlgefallen an der schlanken, dunkeläugigen und braungebrannten Kusine, die schon vier Jahre älter war als sie, aber gar nicht überlegen tat. Sie plauderte munter drauflos, und Elfi hörte aufmerksam zu, so daß sie gar nicht daran dachte, sich umzuschauen. Als dann die Tante vor einem riesigen Großstadthaus, das unversehrt zwischen zwei völlig zerstörten Häusern stehen geblieben war, haltmachte und sagte: „So, hier sind wir zu Hause", atmete das Landkind doch einmal schwer.

Übrigens zeigte es sich bald, daß das Haus im Innern doch gelitten hatte: die Wände im Treppenhaus hatten große Risse, und die zerfetzte Tapete flatterte im Zugwind. Elfi dachte: Wenn das der Vater sähe! Sie fröstelte auf einmal und faßte Margrits Hand noch fester. Die aber stieg unbekümmert die Treppe hinauf. Doch Tante Helene konnte sich in ihr Nichtchen hineindenken. Sie schaute sich nach ihm um: „Gelt, hier sieht's nicht schön aus. Aber warte nur, in unserer Wohnung ist es besser." Die vielen Stufen schienen kein Ende zu nehmen, drum wohl nahm Margrit immer zwei auf einmal, ihr Kusinchen hinter sich herziehend, dem das ungewohnte Steigen schwer fiel.

Endlich blieb man stehen vor einer großen Vorplatztür mit dem Messingschild: Dr. Otto Wohlmut. Das war der Name von Elfis Onkel, dem Mann der Tante Helene, der vor einigen Jahren gestorben war. Zwei weiße Kärtchen mit Heftzwecken steckten noch daneben mit fremden Namen und dem Vermerk dahinter: 2-mal, und beim andern: 3-mal schellen. Also wohnten auch noch Untermieter bei der Tante.

Benommen stand Elfi dann in einem riesigen dunklen Flur, bis Margrit die Tür zum Zimmer öffnete. Da lebte Elfi auf. Ihr erster Blick fiel auf einen fein gedeckten Kaffeetisch mit bunten Blumentassen, einem großen Strauß Heidekraut in der Mitte und einer verlockenden Apfeltorte. Dann bestaunte sie schweigend die schönen dunklen Möbel, die Bilder in goldenen Rahmen, die Sessel, Teppiche – sogar an der Wand hing einer. Sie konnte ja nicht wissen, daß dieser Wandbehang eine klaffende Wunde vom letzten Bombenangriff zudeckte. Auch sonst fanden sich Schäden mancher Art im Zimmer, die man mit der Zeit wohl gewahrte, aber in dieser Umgebung kaum empfand. Beim Kaffeetrinken wurde Elfi mit soviel Wärme von ihrer Tante und Margrit betreut und so ganz in die Unterhaltung mit einbezogen, daß sie sich sehr behaglich fühlte. Doch als man Schritte auf dem Vorplatz hörte und Tante Helene mit leuchtenden Augen sagte: „Ah, da kommt unser Werner!" wurde Elfi wieder ängstlich. Ach, an den Werner hatte sie ja gar nicht mehr gedacht. Wie würde der wohl sein?

Ein langer junger Bursche kam hereingestürmt, küßte die Mutter herzhaft ab und sagte dann: „Ach, das ist wohl das Mamakind aus Waldheim!"

Elfi wurde puterrot, und Werners Mutter sagte zurechtweisend: „Das war vielleicht mal ein Mamakind – vor acht Jahren. Weißt du, Elfi, daß du schon einmal hier im Hause warst? Damals hast du so geweint, als ich mit deiner Mutter abends ausging, und du wolltest dich von Werner und Margrit durchaus nicht beruhigen lassen; nun, du warst ja auch ganz fremd hier."

„Werner ist jetzt noch ein Mamakind, Elfi", warf Margrit ein. „Was hat der die vergangenen Tage ein Heimweh nach seiner Mutter gehabt! Das Essen wollte ihm nicht mal schmecken."

„Auch 'ne Auslegung!" brummte Werner; „wenn ich mich noch länger hätte ernähren sollen von dem, was du da zusammengekocht hast . . ."

Margrit wollte aufbegehren, doch die Mutter vermittelte lachend. Es ging alles so munter und natürlich zu, daß man gar nicht zu fürchten brauchte, es entstehe regelrechter Streit. Aber eine gewisse Scheu vor dem Vetter blieb Elfi auch weiterhin, wogegen sie Margrit immer mehr zugetan war. Die lachte auch nicht, als Waltraud, Elfis Puppe, ausgepackt wurde. Werner machte zwar auch keine Bemerkung, doch wohl nur, weil seine Mutter schnell erklärt hatte, Waltraud müsse auch ein neues Kleid haben, darum sei sie mitgekommen.

Nun neigte sich der Tag, und da wurde die Kleine immer stiller. „Wie wird es mit dem Schlafen werden?" dachte sie voller Angst. Und nun kam doch etwas wie Heimweh über sie.

„Ich glaube, Elfi wird müde, geh schon mit ihr hinüber", sagte Frau Wohlmut zu ihrer Tochter. Und die merkte nun doch die Veränderung bei ihrem kleinen Gast und fragte nach dem Grund.

„Ich hab' so Angst, im fremden Zimmer allein zu schlafen!" kam es schließlich heraus.

„Allein?" sagte Margrit erstaunt, „du mußt mit Mutti und mir zusammen schlafen. Wir haben doch nur die zwei Zimmer. Werner schläft im Wohnzimmer auf der Couch. Schläfst du denn zu Hause allein? Ihr habt doch auch fremde Leute."

„Ich habe mein Zimmerchen noch", sagte Elfi leise, zum ersten Male beschämt über diese Tatsache. „Die Otts wollten's ja haben als Küche, doch das hat die Mama nicht zugegeben."

202

„Ja, wo kochen sie denn?"

„Sie haben jetzt einen richtigen Kohlenherd in der Stube. Vorher hatten sie nur eine elektrische Platte."

„Na, das ist aber auch ungemütlich für die Leute, ein Herd im Zimmer! Wieviel sind's? Vier Personen? Da werden die zwei kleinen Stuben ja von den vier Betten schon ausgefüllt."

„Vier Betten haben sie nicht", sagte Elfi kleinlaut. Margrit fragte nicht weiter. Sie deckte schweigend ein großes Bett auf. „Hier schläfst du mit mir. Ich hoffe, du strampelst nicht so sehr. Ich will mich jedenfalls bemühen, ruhig zu liegen. Aber das Bett ist ja breit. Mutti schläft nebenan in dem."

„Kommst du auch bald?" erkundigte sich Elfi zögernd.

„Ja, ich komme gleich. Und die Mutti auch. Wir müssen ja so früh aufstehen. Wir haben doch keine Ferien jetzt, wie ihr."

„Geht dein Bruder auch noch zur Schule?" fragte Elfi erstaunt.

„Ja, der macht jetzt bald sein Abitur. Abitur, das ist eine Abschlußprüfung", erklärte sie auf den fragenden Blick Elfis. „So, ich lasse dir das Licht brennen", sagte sie noch beruhigend. Doch da kam Tante Helene schon.

„Ich will noch mit dir beten, Herzchen", sagte sie, nachdem Margrit gegangen war. „Du betest doch auch schon selbst. Willst du mir dein Gebet einmal sagen? Ja?"

Und Elfi sagte ernsthaft ihren Vers:

> „Lieber Gott, mach mich fromm,
> daß ich in den Himmel komm!
> Wenn ich das nicht sollte werden,
> nimm mich lieber von der Erden,
> nimm mich in Dein Himmelreich,
> mach mich Deinen Englein gleich."

„Das ist schön", sagte Tante Helene, „die letzten Zeilen habe ich gar nicht gekannt. Aber ich will auch noch mit dir beten." Und sie sprach nun zu Gott, als wenn Er im Zimmer wäre. Sie sagte Herr Jesus zu Ihm und bat Ihn, dem Kinde zu helfen, daß es so leben könne, wie es Ihm wohlgefalle, denn ohne Seine Hilfe gehe das ja nicht. Vor allem möchte Er Elfi doch zu Seinem Eigentum machen. Und dann betete sie, Er möge die guten Eltern daheim behüten, die Frau Ott mit ihren beiden Buben und den alten Vater; und nach einem herzlichen Kuß ging sie hinaus. –

Über dieses Gebet mußte Elfi so angestrengt nachdenken, daß sie noch wach lag, als die beiden Schlafgenossinnen sich einfanden. Erst unter dem anhaltenden leisen Flüstern der beiden, die sich noch soviel zu erzählen hatten, schlief das Kind fest und friedlich ein. –

Nein, Elfi hatte kein Heimweh, auch abends nicht mehr. Früher hätte sie bestimmt welches gehabt. Aber nun, da sie zu Hause so oft bedrückt gewesen, lebte sie im Haus der Tante richtig auf. Ja, hier war eine ganz andere Luft, alles so frisch und offen. Man sagte sich, was gesagt werden mußte, ganz frei heraus, so daß Elfi manchmal den Atem anhielt: Jetzt wird's was geben. Aber es ging doch immer gut aus. Selbst mit den Untermietern war es so. Zwar gab es da auch manche Unannehmlichkeiten, benutzen doch alle dieselbe Küche, doch die Tante konnte vieles großzügig übersehen.

„Man muß nicht alles so sehen und hören", sagte sie oft. Und Elfi beobachtete staunend, wie sie stillschweigend den Herd abwischte, nachdem das berufstätige Fräulein seinen Kakao darauf hatte überkochen lassen. „Sie ist so müde, wenn sie abends heimkommt, und so unpraktisch", hieß es da entschuldigend.

Das aufmerksame Kind war sich bald darüber klar geworden, womit dieser friedliche Ton zusammenhing: mit dem
Beten und Bibellesen. Die Tante las mittags und abends –
morgens schlief Elfi noch, wenn Werner und Margrit sich zur
Schule fertigmachten –, sie las aus der Bibel oder sonst eine
kleine Geschichte aus dem Kalender, meist etwas, was der
kleine Besuch auch verstehen konnte. Elfi freute sich jedesmal auf diese kurzen Andachten, und ihr kleines Herz öffnete sich weit für die frohe Botschaft. Manches verstand sie
wohl noch nicht, es war ihr halt alles zu neu. Aber das hatte
sie nun erfaßt, was „fromm" sein heißt:

Mit dem Herrn Jesus leben, von morgens bis
abends und immer nur mit dem Herrn Jesus leben. Die Tante
tat das, wenn sie auch nicht davon sprach. Aber Elfi merkte
das ganz genau. Und Margrit wollte das auch, ja selbst der
große, kluge Werner. Der schimpfte ja manchmal über die
Schule, auch neckte er gern sein Kusinchen und das alte
Fräulein Müller. Aber wenn er mit seiner Mutter über die Ge-
schichten und Unterweisungen der Bibel sprach, war er
ganz anders. Er glaubte daran und vertrat das bei seinem
Lehrer vor allen seinen Schulkameraden.

Eines Abends sagte Frau Wohlmut zu ihrer Tochter:

„Du könntest Elfi heute abend einmal mitnehmen in euren
Singkreis."

„Aber Mutti", wehrte Margrit zunächst ab, „Elfi ist doch viel
zu klein, was werden die anderen Mädchen sagen! Laß sie
doch in die Sonntagsschule gehen!"

„Ich weiß kein Kind hier in unserer Nachbarschaft, das mit
dorthin gehen könnte. Nimm du sie heute mal mit! Ihr singt
doch meist Lieder, die sie auch schon zu verstehen vermag,
und ich habe gemerkt, daß sie eine große Freude an Musik
hat. Sie holt immer wieder deine Gitarre und versucht darauf

zu klimpern. Auch hätte ich so gerne, daß das Kind von unseren schönen Liedern einen kleinen Schatz mit nach Hause nimmt."

Margrit gab dem Wunsche der Mutter nach, und es zeigte sich, daß die anderen Mädchen die kleine Kusine ihrer Freundin sehr freundlich aufnahmen. Elfi bekam einen Platz in ihrem Kreis angewiesen, und da saß sie nun mit glänzenden Augen und lauschte und beobachtete. Ein junges Mädchen, noch etliche Jahre älter als Margrit, leitete den Gesang, und sie verstand es gut. Sogar an ein Lied, das für einen vierstimmigen Frauenchor gesetzt war, hatte sie sich gewagt, und die jüngeren Sängerinnen waren selbst ganz begeistert, als es das erste Mal richtig klappte und es voll und zugleich zart durch den Raum klang:

> „Wir sind ja auf dem Heimweg,
> was blickst du so betrübt . . ."

Dieses Lied sollte einer alten Schwester zum achtzigsten Geburtstag gesungen werden. Eines der Mädchen meinte dann: „Wir sollten auch zwei, drei einfache Lieder auf Lager haben, die hat sie gern." Und so einigte man sich und übte besonders auch noch das schöne Lied „Licht nach dem Dunkel".

Von diesem Lied wurde Elfi ganz besonders berührt. Die Worte drangen ihr mitten ins Herz:

> „Licht nach dem Dunkel,
> Friede nach Streit,
> Jubel nach Tränen,
> Wonne nach Leid.
> Sonne nach Regen,
> Lust nach der Last,
> Nach der Ermüdung
> selige Rast!"

Friede nach Streit! Das war es ja, was ihr kleines Herz für sich, für die Eltern, für ihr Haus so sehnlich wünschte. Friede! Jetzt bei der Tante erlebte sie ja einmal Frieden, jetzt war für Elfi der Streit vorbei. Ach, aber nur für eine kurze Zeit, bald hieß es ja wieder heimkehren. Auf die Mutter und den Vater, auf ihr Zuhause freute sie sich ja. Aber der Streit immer darin, die Aufregung! Sie meinte, die könne sie jetzt nicht mehr ertragen, nachdem es bei Tante Helene, Werner und Margrit so ganz anders gewesen war. Wenn doch die fremden Leute aus dem Haus ihrer Eltern wären! Dann wäre wieder Friede!

Am nächsten Morgen suchte sie sich das Lied in Margrits Liederbüchlein, um die Worte zu lernen. Die Melodie hatte sie schon fest im Kopf, und als niemand in der Wohnung war, versuchte sie auf der Gitarre die Begleitung dazu. Vor allem durfte Werner nichts davon hören, der so wunderbar Violine spielte und der schon verächtlich auf das „Zupfgeigenspiel" seiner Schwester herabsah. Elfi hatte zu ihrem letzten Geburtstag auch eine Gitarre geschenkt bekommen, und ein Bekannter des Vaters hatte ihr einige Griffe gezeigt. Aber bei allem Eifer, den sie zur Sache hatte, stellte sie doch bald das Üben ein: die Fingerspitzen taten ihr zu weh, wenn sie nur eine kleine Weile die scharfen Saiten auf das Griffbrett heruntergedrückt hatte; und die Mutter sprach, als sie einmal die wunden Fingerchen gesehen, das Machtwort: Die Gitarre kommt weg, bis du älter bist und festere Finger hast!

Hier nun bei Tante Helene war eine Gitarre, die schon uralt und gut eingespielt war. Elfi hatte gleich beglückt festgestellt, daß sie es hierauf wieder einmal wagen konnte, und sie hatte sich von Margrit einige leichte Lieder zeigen lassen. Aber dieses Lied nun, das wollte sie allein herauskriegen. Sie war so hingenommen von ihrer Tätigkeit, daß sie nicht hörte, wie die Vorplatztür aufgeschlossen wurde. Werner war nach Hause gekommen, und zwar in schlechter Stimmung. Er hatte für morgen Mathematikaufgaben auf, die er nicht verstand, und sein Lehrer war sehr ungnädig gewesen, als Werner sich erlaubt hatte, noch eine Frage zu stellen. Nun kam er heim und hörte das Gezupfe aus der Küche.

„Mensch, hör auf oder spiel a-Moll!" fuhr er gleich los, als er die Küchentür öffnete, und riß mit diesem schroffen Wort die kleine Elfi aus einer Welt voll Seligkeit. Er ging zum Spülbecken und wusch sich die Hände, immer noch mit seinen bitteren Gedanken bei seinem Mathematiklehrer. Dann wandte er sich um und sah Elfi regungslos wie ein zu Tode erschrockenes Mäuschen auf der Bank sitzen. Sie starrte ihn aus großen Augen an. Sofort kam er zur Besinnung: hatte er sich nicht ebenso grob wie sein Lehrer gezeigt? Daß er noch viel grober gewesen, der Gedanke kam ihm zwar nicht.

Er trat zu dem verschüchterten Mädchen, nahm die Gitarre in die Hand, und Elfi konnte wieder durchatmen, als er mit gänzlich veränderter Stimme nun fragte, was sie denn gespielt habe.

„Licht nach dem Dunkel", flüsterte sie.

„Ach, das Lied aus lauter Hauptwörtern! Aber es ist schön", fügte er schnell hinzu, um sie nicht wieder zu kränken. „Du hast c-Dur gespielt, nicht wahr? Siehst du, da mußt du jetzt hier bei Friede a-Moll nehmen. Sieh, so –", er reichte ihr das Instrument hin, „da, versuch's mal selbst! So, d a kommt der Finger hin. Nur nicht so aufgeregt, wir haben Zeit. Jetzt noch mal! So, jetzt von vorn!" Elfi war wieder zu sich selbst gekommen und sagte ganz beglückt: „Ach ja, das klingt anders, jetzt klingt's richtig."

„So, das meinst du also auch. Es ist schon etwas wert, daß du das hörst."

„Ja, aber, daß du hörst, daß da a-Moll hinkommt...?" wagte Elfi zu fragen. Werner lachte: „Das allerdings hört man, oder man hört's nicht", erklärte er, „und doch kann man e t w a s dazu tun. Hast du Unterricht? Du scheinst gar keine Noten zu kennen."

„Nein, die kenne ich nicht. Ich hab' nur gesagt bekommen, das sei C-Dur, das G-Dur."

„So geht das ja nicht. Du mußt Klavierstunde haben. Vielleicht läßt sich das noch machen."

Er ging mit ihr nun das ganze Lied durch, und die kleine Kusine hatte alle Scheu vor ihm verloren und spielte mit hochroten Bäckchen zum Schluß vor, was sie bei ihm gelernt hatte.

„Ich danke dir auch, Werner!" sagte sie dann mit glücklichem Gesicht. „Ich hab' erst Angst gehabt, du könntest mich falsch spielen hören."

„Ja, siehst du, die Dummheit begehen so viele, daß sie sich nicht blamieren wollen und lieber selbst herummurksen. So lernt man aber nichts. Man muß seine Schwächen eingestehen und andere, die's besser wissen, um Rat fragen können. Es ist kein Meister vom Himmel gefallen!" belehrte er seine Schülerin. –

Nun, da die Angst vor Werner gewichen war, fühlte sich Elfi erst recht ganz daheim bei Tante Helene.

Aber da geschah etwas, das die heitere Stimmung schwer erschütterte.

Das Kind hatte, wie jeden Morgen, die Milch geholt. Heute kam es zurück und trug in der einen Hand die Kanne, in der anderen einen großen Blumenstrauß. Ganz wichtig und feierlich kam es damit an.

„Wo hast du die Blumen her?" fragte Tante Helene, die sofort die langstieligen bläulich-rosa Weidenröschen erkannte, die sich jetzt in der Stadt zwischen Geröll und Schutt an Hausruinen allenthalben hervorwagten. Elfi mochte an dem Ton der Frage erkennen, daß sie etwas Unrechtes getan, und sie sagte nach einer Weile leise: „Ein Kind hat sie mir geschenkt."

„Wirklich? Was war das für ein Kind? Kanntest du es?"

„Ich hab's schon ein paarmal gesehen beim Milchholen." Dann begann Elfi erst stockend, dann immer flüssiger von einer Vera zu erzählen, die keine Mutter mehr besitze und der sie, Elfi, schon ein paarmal die Bonbons zugesteckt habe, die ihr die Milchfrau schenkte. Tante Helenes Augen wurden immer größer. Schließlich rief sie aus: „Aber Kind, wie du lügen kannst! Du hast mir noch nie von dieser Vera erzählt, und Bonbons zu verschenken hat Frau Peters nie Zeit beim Milchausgeben, und sowieso ist sie sehr zurückhaltend mit so etwas. Auch sehe ich dir's an, daß du mir etwas vormachst. Nun hast du deinen Ungehorsam noch verschlimmert durch deine Lüge!"

Als Elfi sie ängstlich ansah, fuhr die Tante fort: „Du w e i ß t nicht, daß du ungehorsam warst? Hast du ganz vergessen, daß ich dir sagte, du solltest immer auf der Straße bleiben und nie auf den Trümmerhaufen herumklettern? Denk einmal, es wäre unter dir etwas zusammengekracht und du wärest in einen Keller gestürzt und von den nachrollenden Steinen verschüttet worden. Was hätte ich denn deiner Mutter sagen sollen? Denk nur, was für ein Kummer für deine Eltern! Aber daß du gelogen hast, das ist mir auch ein Kummer, Elfi. Und ich hatte gedacht, du hättest hier den Heiland kennengelernt und wolltest Ihm Freude machen. Lügner passen nicht in den Himmel. Es heißt in der Bibel: ‚Draußen ist jeder, der die Lüge liebt und tut.'"

Elfi stand da mit schneeweißem Gesichtchen, die Lippen zusammengepreßt, und schaute die Tante mit einem unergründlichen Ausdruck an. Auch als diese in das Kind eindringen wollte: „Tut dir's nicht leid? Siehst du nicht ein, daß du sehr böse gewesen bist?" erwiderte Elfi keine Silbe, so daß Tante Helene sich unmutig seufzend abwandte.

Es wurde nun ein drückend schwerer Tag. Mit dem stummen Frühstück fing es an, bei dem Elfi kaum einen Bissen hinunterbekam. Die Puppe Waltraud hatte heute noch ihr Jäckchen bekommen sollen. Daran war natürlich nicht mehr zu denken. Auch an Elfis Kleidern wurde nicht genäht. Die Tante machte sich im Schlafzimmer zu schaffen und überließ ihr Nichtchen ganz sich selbst. Als sie in die Küche kam, um das Mittagessen zu richten, saß Elfi in ihrer Ecke und schien in ein Buch vertieft. Die Tante beachtete sie gar nicht, und beim Essen unterhielt sie sich nur mit ihren beiden Kindern. Die waren so erfüllt von ihren Schulerlebnissen, daß sie gar nicht merkten, daß es zwischen den beiden, die den Vormittag zu Hause verbracht, eine Trübung gegeben hatte. Erst abends, als Elfi von der Tante mit knappen Worten zu Bett geschickt worden war, fragte Werner:

„Du bist ja heute so gemessen zu unserem kleinen Gast, was ist denn los?"

„Ach, die Kleine hat mich so enttäuscht! Sie war ungehorsam. Doch das war mir nicht so schlimm, da hatte sie sich wohl vergessen. Aber daß sie mich hinterher so glatt angelogen hat!" Und nun erzählte Frau Wohlmut ihren Kindern den Vorfall und schloß: „Ihr zwei waret gewiß nicht immer, wie ihr sein solltet, besonders du nicht, Werner; aber belogen habt ihr mich nie. Das hätte ich auch nicht ertragen können. Lügen ist mir etwas Verhaßtes, ist etwas sehr Schlimmes."

Werner hatte sein Lateinbuch beiseite geschoben, ein Zeichen, daß er sich die Sache angelegen sein ließ.

„Hör mal, Mutti", begann er, „du mußt bedenken, daß Elfi unter ganz anderen Einflüssen aufgewachsen ist als wir. Und eine solche Mutter wie wir hat sie gewiß nicht. Ich muß übrigens deinem Glauben an meine Wahrheitsliebe doch einen Stoß versetzen: ich habe dir doch manchmal ganz gehörig etwas vorgemacht. Zu meinen Untaten habe ich mich allerdings bekannt, jawohl. Aber Elfi ist ein schüchternes Mädchen. Was hat sie denn verbrochen? Wie poetisch ist doch ihr Vergehen: Blumen hat sie aus Trümmern geholt! Zu Hause haben sie einen Garten. Blumen, die werden das einzige sein, was sie bei uns vermißt. Nun hat sie in ihrer Freude an diesen duftigen Gebilden dein Verbot ganz vergessen, du hattest ihr ja auch nicht verboten, welche zu pflücken."

Nun wurde Margrit munter: „Hör auf!" rief sie. „Du bist ja ein richtiger Rechtsverdreher. Und bei mir willst du immer so genau sein!"

„Du – sportlicher Typ! – weißt dir auch selbst zu helfen!" war des Bruders trockene Antwort.

„Und das Lügen, willst du das auch entschuldigen?"

„Elfi ist ängstlich", fuhr der Bruder fort. „Sie kam so beglückt heim mit ihrem Strauß – wo ist der denn hingekommen? In den Mülleimer? Das hättest du aber nicht tun sollen! – Nun also, sie kam voller Freude heim, und da stand unsere Mutter wie die leibhaftige Göttin des Gerichts vor ihr." Er lachte: „Übrigens, wie fein die Geschichte, die sie erfunden hat! Ich sag's ja immer, sie hat etwas Künstlerisches."

Margrit empörte sich: „Gelt, so wie du? Ihr Künstler meint, ihr hättet ein besonderes Vorrecht, ihr dürftet euch über Regeln hinwegsetzen."

Jetzt wollte auch Werner auffahren, doch die Mutter kam wieder zur Sache:

„Kinder, es ist mir viel zu ernst zum Scherzen. Wir müssen uns fragen: was sagt Gott zu alledem? Mir ist die Sache ja deshalb so schmerzlich, weil ich hoffte, Elfi hätte bei uns etwas erlebt. Das hat mir auch so geschienen. Sie hat die letzte Zeit immer ganz frei aus dem Herzen gebetet, und ich dachte sicher, sie hätte hier den Herrn Jesus kennengelernt."

„Nein", sagte da Werner ganz entschieden, „das hat sie noch nicht. Das kann sie erst jetzt." Mutter und Schwester sahen ihn erstaunt an. „Erst jetzt kann sie Ihn kennenlernen", fuhr er etwas verlegen fort, „als Den, d e r   v e r g e b e n   k a n n ."

Margrit rief: „Ja, erst hast du aber doch . . ."

„Ich wollte nur zeigen, daß wir keinen Grund haben, über das Kind so entrüstet zu sein. Aber es muß diese Sache in Ordnung bringen – vor Gott, meine ich."

Die Mutter sah ihren Sohn eine ganze Weile nachdenklich an, strich ihm über den Scheitel und ging dann ins Schlafzimmer.

Es war dunkel dort, sie schaltete die Nachttischlampe ein und schaute nach dem Bett; von Elfi war nichts zu sehen. Voller Angst schob sie die Decke zurück, und da kam ein in Tränen aufgelöstes, verzweifeltes kleines Menschenkind zum Vorschein. Alles, was Frau Wohlmut hatte sagen wollen, war nun verflogen. Sie nahm das heiße Gesichtchen der Kleinen in ihre Hände:

„Elfilein – " sagte sie warm.

Das Kind umklammerte ihren Hals und rief:

„Tante Helene, ich komm' nicht in den Himmel, ich komm' nicht in den Himmel! Ich will aber doch hin! Ach, jetzt stößt Er mich hinaus, der Heiland stößt mich hinaus! Ich muß draußen bleiben, und ich wollte doch zu Ihm, ich wollte doch gut sein!"

Das Kind zitterte vor Erregung am ganzen Körper, und Tante Helene war ratlos, wie sie beginnen sollte. Bete mit ihm! hieß es auf einmal in ihr, und sie kniete vor dem Bett nieder, die fieberheißen Kinderhände in den ihrigen, und warme Worte strömten aus ihrem Herzen zu dem Heiland, der gekommen, zu suchen und zu erretten, was verloren ist. Sie führte auch das Wort an, das Er einst sprach: „Wer zu mir kommt, den werde ich nicht hinausstoßen." Er werde, so sagte sie zu Ihm, doch auch Elfi nicht von sich stoßen, die jetzt so unglücklich zu Ihm käme, weil sie gelogen habe. Er sei ja dazu in die Welt gekommen, um Lügnern und Dieben und all den schlechten Menschen ihre Sünden abzunehmen, denn selbst könnten sie sich nicht besser machen. Von selbst könnten sie nicht gut sein, das hätte Elfi erfahren. Er möge ihr doch vergeben und ihr Seinen Frieden schenken, damit sie glücklich sein und glauben könne, daß sie zu Ihm in den Himmel komme.

Elfi war bei dem Beten immer ruhiger geworden. Als die Tante schwieg, richtete sie sich auf und flüsterte in ängstlichem Verlangen: „Hat Er mir jetzt vergeben?"

Da sagte die Tante fest: „Ja, mein Kind, Er hat es!"

Da strahlte Elfi. Sie legte ihr Köpfchen an die Schulter der Tante und sagte zu deren Verwunderung aus tiefstem Herzen: „Friede, Friede nach Streit!" Als Margrit leise hereinkam, fand sie das Kind mit friedlich lächelndem Gesicht schlafend im Arm seiner Tante. —

An einem der nächsten Tage sagte Margrit zu ihrer Mutter: „Daß aber Elfi dich gar nicht um Verzeihung gebeten hat?"

„Das gerade war mir so wunderbar", erwiderte die Mutter freudig, „daß das Kind seine Sünde als ein Vergehen wider G o t t empfunden hat. Elfi hat etwas erfahren für ihr Leben, glaube ich. Daß sie mir Kummer bereitete, hat ihr auch leid getan; und ich merke, wie sie alles tut, um mir jetzt Freude zu machen. Und wie glücklich sieht ihr Gesichtchen aus seit jenem Abend!"

Und Elfi w a r glücklich. Nur an zu Hause durfte sie nicht denken, und der Tag ihrer Abreise kam doch näher und näher. Ihre Verwandten taten noch alles, um ihr die letzten Tage so schön wie möglich zu machen.

„Haben wir nicht noch so viel Geld, daß wir uns mal einen Blumenstock leisten können, ein Alpenveilchen oder so was? Der verblaßte Erikastrauß ist doch nur ein Staubfänger", so sagte an einem der folgenden Tage Werner, und Mutter und Schwester wußten, daß er dabei an sein Kusinchen dachte; aber am Nachmittag stand wirklich ein dunkelrotes Alpenveilchen auf dem Tisch. Elfi schob behutsam die Blätter auseinander und zählte entzückt die vielen kleinen Knospen, die wie winzige Ringelschwänzchen aus der Knolle brachen. Die Pflege für das Stöckchen übernahm sie nur zu gern. –

Und Margrit hatte den Gedanken, mit Elfi in den Botanischen Garten zu gehen. Eigentlich hatte Margrit gar keine Zeit, sie hatte so viel zu lernen, aber Elfis Freude und Eifer in den Treibhäusern zu beobachten war wirklich einen verlorenen Lerntag wert.

Auf dem Heimweg hatte Elfi ihrer älteren Kusine dann auch anvertraut, wie ungern sie nach Hause fahre, obwohl sie sich auf die Mutter freue.

„Weißt du", sagte sie, „es ist ja gar nicht immer so schrecklich, aber die Angst, die Angst, die ich ständig habe, es gäbe Krach! Manchmal bin ich schon aufgewacht mit Herzklopfen, weil ich gemeint habe, der alte Mann stünde mit einem Stock in meinem Stübchen; weißt du, in dem Zimmerchen, das er als Küche für seine Tochter haben will. Ich schließe jetzt immer ab, und seitdem träume ich das nicht mehr."

Margrit fragte nach Frau Ott, und Elfi antwortete:

„Die ist eigentlich ganz nett. Aber sie weiß doch, daß es die Mama so aufregt, wenn sie die Kellertür aufläßt oder wenn sie in der Stube wäscht, da könnte sie das doch lassen. Auch glaube ich wirklich, daß sie uns schon Briketts geklaut hat."

„Wirklich . . .?"

„Ja, weißt du, sie hatte mal welche im Eimer, auf denen stand ,Union'. Das sind unsere. Auf ihren steht nämlich nichts."

„Elfi, darüber würde ich aber deiner Mutter nichts sagen."

„Nein, nein, das tue ich auch nicht mehr. Früher habe ich das manchmal getan, aber da wußte ich noch nicht, was alles daraus entsteht. Am Anfang war die Mama auch noch nicht so aufgeregt wie jetzt. Weißt du, das ist das Schlimmste; und daß sie und der Papa jetzt andauernd hintereinanderkommen."

Sie erzählte nun noch manche unschöne häusliche Szene, und es ging Margrit sehr nahe, zu sehen, wie das Kind unter diesen Zuständen litt. Sie sprach abends mit Mutter und Bruder darüber und fragte: „Wie kann man das denn ändern?"

Die Mutter seufzte. Und Werner bemerkte:

„Dorthin muß das arme Ding jetzt zurück? Na, wißt ihr,

Luthers Gang zum Reichstag zu Worms ist ja nichts dagegen."

„Ich habe schon viel darüber nachgedacht", sagte die Mutter, „und muß täglich schon für das Kind beten. Ganz allein steht es demnächst in dieser Umgebung. Allein, meine ich, mit seinem Verlangen, als Gottes Kind zu leben. Wer wird sie verstehen? Viel sprechen kann sie nicht darüber. Was würde es auch nützen?"

„Nun, man redet viel von Fürbitte", warf Werner ein, „du sagst ja auch, daß du für sie betest. Da muß sich nun erweisen, ob was dran ist."

„Du meinst, ob Gott in Waldheim einen Wandel schafft? Ich weiß, daß Er das kann, und ich glaube auch, daß Er es einmal tun wird. Aber ich werde das Gefühl nicht los, daß Er erst noch ernst reden muß, und es kann auch sein, daß Elfi noch manches durchzumachen hat."

„Das wäre aber doch hart!" rief Margrit. Aber Werner sagte vor sich hin: „Wohl dem, der sein Joch in der Jugend trägt!"

Sein Gesicht blieb so ernst dabei, daß Margrit eine spöttische Bemerkung über seine eigene „schwere" Jugend unterdrückte.

„Ja, Kinder", sagte die Mutter nun entschieden, „unsere Gebete müssen Elfi umringen. Es soll sich zeigen, ob sie etwas ausrichten, nämlich dieses, daß Elfi auf dem Wege bleibt, den sie hier beschritten hat, daß sie die Kraft dazu erhält, denn sie ist ein schwaches, zartes Ding. Aber es heißt ja: Seine Kraft ist in den Schwachen mächtig! – Ich will's schon selbst sagen", fügte sie lächelnd hinzu, „sonst muß mein Sohn mich wieder daran erinnern."

„Eigentlich möchte ich die ganze Gesellschaft mal kennenlernen", sagte Werner nach einer Pause.

„Wie wäre es denn, Werner, wenn du Elfi heimbrächtest?" fragte Margrit, „mit Sonntagskarte ginge es doch."

„Das muß ich mir erst durch den Kopf gehen lassen."

Aber schon bald hatte er sich entschlossen. Und am Samstagmittag schritt er, Elfis Koffer in der Hand, zur Vorplatztür hinaus. „Macht's kurz!" rief er über die Schulter zurück seinen zwei „Frauen" zu, bei denen er mit Recht einen tränenreichen Abschied befürchtete. Elfi klammerte sich an die beiden, als könne sie sie gar nicht mehr loslassen. Die Tante machte sich schließlich frei: „Es wird jetzt Zeit, mein Liebling. Du kommst doch bald wieder, und du weißt auch, der Heiland ist bei dir!" –

Es war doch gut, daß gerade Werner mit ihr fuhr, denn so mußte Elfi sich sehr zusammennehmen. Andernfalls hätte sie sicher noch auf der Straße und nachher im Zug geweint. Er fing aber auch gleich an, sie auf allerlei drollige Dinge aufmerksam zu machen, so daß sie von ihrem Schmerz abgelenkt wurde und sogar ein paarmal herzlich lachen mußte.

Als sie nun der Heimat immer näherkamen, freute sie sich doch sehr, und als sie die Mutter am Bahnsteig stehen sah, konnte sie kaum abwarten, bis der Zug hielt. Sie flog ihr an den Hals, und das Wiedersehen ließ nichts an Zärtlichkeiten zu wünschen übrig. Werner stand daneben und beobachtete seine Tante, die er lange nicht gesehen hatte. Sollte diese blonde, zierliche kleine Frau gelegentlich so hart sein können? Auch er wurde dann herzlich begrüßt, man wußte von seinem Kommen. Elfi zeigte ihm ihren Garten und die Zimmer im Erdgeschoß. Sie fühlte sich als kleine Hausbesitzerin, was ihr dem Vetter gegenüber einmal ein Übergewicht verschaffte.

Von den Mietern hatte man bis jetzt nur Fritz Ott gesehen, als er mit einem kleinen Handwagen zum Hoftor hereinwollte. Er bekam die Kurve nicht und blieb stecken. Werner ging hin und schob hinten am Wagen, bis der die Richtung gefunden hatte. Fritz bedankte sich verlegen und sah zu Elfi hin, die stumm alles verfolgt hatte.

„Warum hast du dem Jungen nicht ‚Guten Tag' gesagt?" fragte Werner vorwurfsvoll. „Du hast ihn doch jetzt vier Wochen lang nicht gesehen."

Elfi wurde ganz rot. „Ich wußte nicht, wie. Und dort drüben steht auch die Mama, die hat gar nicht gern, wenn ich mit einem von oben spreche."

„Danach darfst du nicht fragen!" erwiderte er streng.

„Doch, das muß ich doch. Deine Mutter hat mir auch gesagt, ich darf freundlich sein zu Otts, aber ich soll doch achtgeben, daß ich die Mama nicht ärgere dabei. Wie soll ich das nur machen?" fragte sie kläglich.

Werner wußte hier auch keine Antwort. Doch da kam die Mama schon.

„Ach, guck nur!" jammerte sie, „da hat der eklige Bub doch den schönen Hortensienstock umgefahren!"

„Na, Tante Frieda, daß du mich aber gleich am ersten Tag so titulierst! Ich bin nämlich schuld. Ich habe falsch geschoben. Aber guck, der Stock hat nicht viel abgekriegt. Morgen siehst du ihm nichts mehr an!"

Elfi wußte nicht, was sie denken sollte, als ihre Mutter gar nichts darauf erwiderte, sondern sich still am Tor zu schaffen machte, das Fritz nicht vorschriftsgemäß wieder geschlossen hatte. –

Überglücklich war das Kind am Abend, als der Vater kam. Der war ja so aufgeräumt, wie sie ihn seit Monaten nicht mehr gesehen hatte. Sicher war daran auch Werners Gegenwart schuld. Der konnte so gelungen erzählen und alle zum Lachen bringen; aber auch ernsthafte Dinge besprachen die beiden miteinander. Elfi lag abends glücklich und zufrieden auf ihrem Sofa im Wohnzimmer. Ihr Stübchen hatte sie dem Besuch abgetreten. Die Mutter kam noch einmal zu ihr und fragte gewohnheitsmäßig, ob sie auch ihr Abendgebetchen gesagt habe. Da bekannte Elfi mit leichtem Herzklopfen, daß sie das Gebetchen gar nicht mehr spreche. Sie habe jetzt gelernt, dem Heiland alles ganz frei zu sagen, was sie denke.

„So, das hast du wohl von Tante Helene?" entgegnete die Mutter. „Erwachsene können das vielleicht tun, aber Kinder nicht. Die können sich gar nicht so schön ausdrücken, wie es in dem Verschen steht. Und i c h habe dich das gelehrt und möchte auch, daß du das noch weiter betest, bis du größer bist."

„Mama, das kann ich ja auch!" sagte das Töchterchen einlenkend. „Aber hinterher muß ich doch noch all das andere sagen, was nicht drin steht."

„Meinetwegen", murmelte Frau Steigerwald vor sich hin. Elfi hätte gern noch mehr gesagt, aber sie fühlte, die Mutter würde sie nicht verstehen, und so schwieg sie. Auch schob ihr die Mutter ein Stückchen Schokolade in den Mund, das Elfi auf eine sehr angenehme Weise beschäftigte. –


Werner Wohlmut hatte also für zwei Nächte Elfis Stübchen angewiesen bekommen. Das lag oben, vorn an der Treppe, die auch zu Otts Zimmern führte. So ergab es sich, daß er am nächsten Morgen nach und nach sämtliche Mieter kennenlernte. Er hätte noch gern etwas Waschwasser gehabt. Hinten im Flur war eine Zapfstelle mit einem kleinen Waschbekken, an der ständig jemand von Otts zu tun hatte. Es war Sonntagmorgen, und hinter der einen Tür schien eine große Wäscherei stattzufinden. Werner kam mit einem Krug, gerade als Frau Ott sich ihren Eimer füllte. Werner grüßte und fragte höflich, ob er hier auch Wasser holen dürfe. Die Frau sah ihn erstaunt an:

„Wir haben doch hier nichts zu sagen . . ."

„Nun, jedenfalls mehr als ich", war die heitere Antwort. Dann nahm er den inzwischen gefüllten Eimer von dem Waschbecken herunter und trug ihn bis vor Frau Otts Zimmer. Die wußte sich gar nicht zu fassen über diese ungewohnte Ritterlichkeit. Und als der kleine Lolo frischgewaschen im neuen Hemdchen ihr entgegenlief, sagte sie:

„Gib dem Herrn die Hand und bedank dich schön!"

„Der hat ja noch nichts zu danken", lachte Werner, „aber komm mal mit." Er führte ihn in Elfis Stübchen und holte aus einer Tüte ein paar Karamellen, die der Kleine strahlend in Empfang nahm. Die Karamellen hatten alle für Elfi sein sollen, Margrit hatte sie ihm zugesteckt: „Die sollen Elfi den Abschied von dir erleichtern", hatte sie gesagt.

Aber er wollte Elfi dann schon sagen, wer mit ihr geteilt hatte. Sie sollte das lernen! Sie war anscheinend ohnehin nicht allzu freundlich mit den Kindern.

Den alten Herrn Felsing traf Werner nachher auf der Treppe. Er war sehr zugeknöpft, doch Werner störte das wenig. Als der alte Mann nachher im Hof seine Hasen fütterte, stellte er sich dazu. Er hatte selbst als kleiner Junge Kaninchen gehabt während des Krieges, weit hatte er mit dem Rad fahren müssen, um Futter herbeizuholen. Das erzählte er jetzt, und manche Fragen über Kaninchenzucht hatte er zu stellen, die der alte Mann, der immer gesprächiger wurde, mit

Sachkenntnis beantwortete. Schließlich saß Werner neben dem Mann auf dem Bänkchen, das der sich selbst gezimmert hatte. Das war Herrn Felsings Platz jeden Sonntagmorgen, während seine Tochter mit den Buben in der Kirche war.

Tante Frieda geriet außer sich, als sie aus dem Küchenfenster schaute und das Paar auf der Bank gewahrte. „Elfi!" rief sie, „Elfi, wo steckst du denn? Warum läßt du denn unseren Besuch so allein?"

„Ach, Mama", rief es aus dem Wohnzimmer, „ich habe gesehen, daß er bei dem alten Mann ist. Und ich wollte so gerne auch mal meine Gitarre wieder probieren, ob die denn gar nicht geht."

Da kam Werner ganz eifrig herein. Seine Tante wollte ihm vorhalten, daß er sich so wenig mit ihr, umsomehr mit den Flüchtlingen abgebe, aber er ging gar nicht darauf ein.

„Wo ist Elfi? Sie soll mal ihre Gitarre herbringen; ich hör', sie hat sie gerade zur Hand. Der alte Herr draußen war ja Instrumentenmacher! Er kann doch einmal nach der Gitarre schauen. Es muß ein Fehler daran sein, ich merkte es gestern abend gleich."

„Ich bitte dich, Werner!" wehrte die Tante, „dem Alten das schöne Instrument geben! Außerdem will ich nicht, daß der etwas für uns tut!"

„Aber Tantchen, du bist gar nicht mehr so hübsch, wenn du so sprichst", sagte Werner, nahm Elfi die Gitarre aus der Hand und lief damit hinaus. Elfi folgte ihm zögernd und hörte, wie der alte Geigenbauer sagte: „Ja, das hätte sich mit der Zeit wohl etwas gegeben, aber ganz richtig wäre es nie geworden. Die Saiten liegen viel zu hoch. Da muß man schon Bärentatzen haben, wenn es einen klaren Ton geben soll.

Doch dem ist abzuhelfen. Ich habe noch einiges Arbeitsgerät oben." Und er ging die Treppe hinauf, Werner hinterdrein, als sei das die selbstverständlichste Sache von der Welt. Elfi blieb erwartungsvoll, aber doch auch bedrückt zurück. Und Tante Frieda, die mit dem Essen wartete, wurde immer aufgeregter. Zum Glück kehrte ihr Mann von seinem Spaziergang erst nach Hause, als Werner die Treppe schon wieder herunterkam.

„Schon alles erledigt. Da, versuch mal, Elfi!" rief er ganz begeistert.

„Der Mann hat was los", wandte er sich an den Onkel. „Ich hatte ihn gebeten, Elfis Gitarre einmal vorzunehmen. Und meine Geige bekommt er auch, da stimmt auch etwas nicht. Die oberen Lagen auf der D-Saite klingen nicht recht. Er versteht etwas vom Geigenbau, er hat mir gleich gesagt, woran es liegen könne."

Tante Frieda maulte, daß sie dem Mann nicht gern verpflichtet sei, aber Werner versuchte sie zu beruhigen: „Das kommt ja gar nicht in Frage, der hat das für m i c h gemacht. Ich habe ihm schon etwas dafür gegeben."

Elfi probierte unterdessen an ihrem Instrument herum: „Es geht wirklich besser", rief sie beglückt. „Papa, jetzt kann ich auch daheim spielen!" Da gab sich auch die Mutter zufrieden, und man hatte eine sehr gemütliche Mahlzeit bei Mutter Steigerwalds vorzüglich bereitetem Abendtisch.

Nachher ging es noch sehr munter zu, denn Werner sorgte dafür, daß keine Abschiedsstimmung aufkam. Er mußte am folgenden Morgen in aller Frühe abfahren, mit seinem Onkel zusammen. Da schlief Elfi noch fest. Als sie aufwachte, stand die Mutter im Zimmer, die neuen Kleider prüfend, die Tante Helene genäht hatte. „Komm, zieh das auch mal an; das Sonntagskleid sitzt schön, aber dies hier scheint mir zu

weit." So wurden Elfis Gedanken von Werners Abreise abgelenkt, und das Heimweh nach den lieben Verwandten kam
nicht gleich über sie. –


Werner erzählte zu Hause seine Erlebnisse. Tante Frieda, so
sagte er, sei sehr gut zu jedem, der zu ihrer Sippe gehöre.
Ihn habe sie zum Glück dazu gerechnet. Aber alle außerhalb
dieses Kreises lehne sie ab. Er meinte noch, es sei wohl viel
Zündstoff dort, aber er sei zurechtgekommen. „Ja", erwiderte seine Mutter, „d u , mein Junge! Aber Elfi? – Laßt uns nur
weiter an das Kind denken."

„Gewiß, sie wird es gar nicht leicht haben."

Und Elfi hatte es schon bald besonders nötig, daß man für
sie betete. Eines Mittags war sie allein in der Küche, die die
Mutter eben geputzt hatte vor einem Gang ins Dorf. Da hörte
sie jemanden die Treppe hinuntersteigen in den Keller. Es
war Frau Ott. Sie füllte sich einen Eimer mit Holz, einen zweiten hoch mit Brikett, um nicht allzu oft die Treppen steigen zu
müssen. Aber vor Steigerwalds Küchentür kam die Last ins
Rutschen, und Holz und Kohlen fielen polternd zu Boden.

Erschrocken sah Frau Ott nach Steigerwalds Küchentür. Da
– natürlich, sie öffnete sich. Aber heraus huschte Elfi, die
sich schon gedacht hatte, was da geschehen war. Ohne
etwas zu sagen, bückte sie sich und half Holz und Briketts
auflesen. „Laß doch, laß doch!" wehrte die Frau, aber das
Kind schüttelte nur den Kopf. Sie hatten beide nur einen
Gedanken, die Spuren des Mißgeschicks zu beseitigen, und
arbeiteten eilig und wortlos, als wenn sie ein schlechtes
Gewissen hätten. Als sie sich einmal gleichzeitig bückten,
geschah es, daß sie aufblickend einander ansahen, und da
war es ihnen, als sähen sie sich zum ersten Male. Ihre Augen
hafteten ineinander, die klaren blauen Augen des Kindes

und die dunklen, umschatteten der Frau. Da strich Frau Ott mit dem Rücken ihrer schmutzigen Hand über das Kindergesicht: „Bist ein liebes Mädchen", sagte sie weich, und das war das einzige, was zwischen ihnen gesprochen wurde. Dieses Wort aber hallte in Elfi nach und machte sie fröhlich. Immer wieder sah sie nachher von ihren Schulaufgaben auf und mußte an Frau Ott denken.

Die Mutter kam zurück und begann das Abendessen zu richten. Auf einmal sagte sie:

„Nanu, wer hat denn die Kehrschaufel so zugerichtet?"

Elfi zuckte zusammen. Das hatte sie nicht bedacht, daß die Kehrschaufel zu ihrem Verräter werden könnte! Die Mutter hatte die schöne weiße Schaufel am Mittag feucht abgewischt, nun zogen sich schwarze Streifen darüber hin, denn Elfi hatte sie noch feucht benutzt, um die Kohlenstückchen von der Treppe aufzunehmen. Daß sie aber nicht daran gedacht hatte! Was sollte sie nun sagen?

Nicht lügen, nur nicht wieder lügen! hieß es in ihr, und sie berichtete klopfenden Herzens, was sich auf der Treppe ereignet hatte. Die Mutter ereiferte sich, so wie es Elfi befürchtet:

„Was brauchst du deren Dreck aufzukehren! Wie kommst du denn dazu? Du hilfst m i r ja nicht!"

„Mama, ich will dir jetzt auch immer helfen. Ganz gewiß!"

„Das brauchst du ja gar nicht. Aber der da oben brauchst du auch nicht zu helfen, verstehst du mich?"

Was sollte das Kind nun erwidern? Es hatte doch das Rechte tun wollen, so, wie es dem Heiland gefiel. Die Mutter bemerkte sein Zögern und redete sich immer mehr in Zorn, schließlich schüttelte sie Elfi und rief:

„Willst du mir endlich versprechen, was ich will?"

Elfi begann zu weinen: „Mama, ich will ja, . . . ich weiß doch nicht . . . Tante Helene hat gemeint . . .“

„Hab ich's nicht gesagt? Die hat dich beeinflußt!" Und – klatsch! – bekam Elfi eine kräftige Ohrfeige. Bis der Vater kam, waren die roten Flecken in ihrem Gesichtchen verblaßt, die Augen jedoch noch verräterisch gerötet, so daß der Vater gleich wußte: da hat es wieder was gegeben.

Es wäre darum nicht nötig gewesen, daß die Mutter so ausführlich davon erzählte. Als sie dann aber auch noch in Tränen ausbrach, wurde es dem Vater zu viel. Er fuhr Elfi an:

„Du hörst auf deine Mutter! Hast du mich verstanden? Genug, wenn die da oben gegen sie sind. Was brauchst du dich auf deren Seite zu stellen! Wenn ich nur e i n m a l heimkäme und hätte meine Ruhe!" Und in gesteigertem Zorn schrie er sein Töchterchen an: „Verschwinde auf dein Zimmer, – und daß ich dich nicht mehr sehe!"

Elfi sah noch einmal flehend zum Vater hin, mit dem man doch sonst viel besser reden konnte als mit der Mutter, aber als er drohend die Hand wider sie erhob, floh sie schnell zur Tür hinaus in ihr Stübchen. Unten hörte sie noch eine Weile die heftigen Stimmen der Eltern. Das Kind war ratlos und unglücklich:

„Ach, Herr Jesus, was habe ich denn getan? Und wie soll ich's denn jetzt machen, wenn ich die Frau Ott sehe?"

Auf einmal stutzte sie: war da nicht die Haustür gegangen? Vorsichtig spähte sie zum Fenster hinaus; da sah sie die Eltern in Sonntagskleidung das Haus verlassen. Richtig, sie wollten ja heute abend ins Kino gehen. Elfi fiel ein Stein vom Herzen: O, da konnte sie ihre Gitarre nehmen und singen, das hätten die Eltern heute abend sicher nicht gern gehört.

Und sie sang und spielte sich Trost ins Herz mit den Liedern, die sie bei Tante Helene gelernt hatte.

Da wurde leise die Tür geöffnet und der kleine Lolo kam ins Zimmer. Er war viel zutraulicher zu Elfi geworden, die ihm auch jetzt wieder freundlich zulächelte. Das Bübchen schloß die Tür nicht wieder, und auf der anderen Seite des Flures blieb auch die Tür offen: Dort saß Frau Ott und lauschte auf jedes Wort, das das Mädchen sang.

Jetzt sang es wieder sein Lieblingslied: „Licht nach dem Dunkel", das es mit einiger Mühe auswendig gelernt hatte.

„Reichtum nach Armut, Freiheit nach Qual . . ." Wie das Frau Ott ins Herz drang! Wie arm war sie doch geworden, und wie beengt lebte sie in diesem Haus! Es war schon eine Qual.

„Nach der Verbannung Heimat einmal . . ." hieß es weiter.

Sie schluchzte auf. War das denn nicht gerade für sie gedichtet? Verbannt, ja, das war sie, verbannt, verjagt, verstoßen aus der Heimat, der geliebten. Und diese Heimat sollte ihr einmal wieder werden? Vielleicht auch wieder Heimat in einem Herzen, das sie verloren?

Das Lied drüben schloß mit den Worten: „Leben nach Sterben, völliges Heil ist der Erlösten herrliches Teil."

Ach, dazu müßte sie also erst gestorben sein! Dann erst würde sie erlöst, dann ihren Mann wiederfinden. Aber hier auf Erden war das vorbei, für immer vorbei. Ihre Tränen flossen immer reichlicher, aber es tat ihr gut, sich einmal so auszuweinen. Der Vater und Fritz waren nicht da, vor ihnen hätte sie es doch nicht gekonnt. Wie gerne hätte sie Elfi herübergerufen, aber sie wagte es nicht wegen Frau Steigerwald.

Und Elfi selbst vermied es in den kommenden Tagen, der Flüchtlingsfrau zu begegnen, was diese gar nicht verstand.

Sie hatte eine Neigung zu dem feinen blonden Kind gefaßt. Sie selbst hatte zwischen den beiden Buben zwei kleine Mädchen besessen, von denen eins als Säugling, das andere mit sieben Jahren gestorben war. Ja, viel, viel Herzeleid hatte sie schon erlebt. Und die andere da unten war so gut weggekommen, in jeder Beziehung so gut! Bitterer Neid erfüllte ihr Herz.

Voll trauriger Ratlosigkeit aber war Elfi. Sie sehnte sich oft nach Tante Helene und Margrit, auch nach Werner. Sie hatte schon Briefe von Tante Helene bekommen, aber die Mutter sah nicht gern, wenn Elfi wiederschrieb. So hatte sie meist nur kurz einige Worte unter ein Briefchen der Mutter gesetzt. Wie hätte sie auch alles schreiben können, was sie auf dem Herzen hatte? Tante Helene hatte der Mutter einmal geschrieben, Elfi hatte es gelesen: „Laß doch Elfi in die Sonntagsschule gehen im Haus eurer Bäckersfrau. Ich habe mit ihr schon gesprochen und mit ihrer Tochter, die die Sonntagsschule hält. Sie sind echte Christen."

„Grad nicht!" hatte die Mutter erklärt, „wenn schon, dann in die Kirche." Warum gab es eigentlich so verschiedenerlei Plätze, wo man von Gott hörte? dachte Elfi. Frau Ott ging wieder woanders hin, in die katholische Kirche, und so fleißig besuchte sie diese. Frau Ott war also auch fromm. Das verband Elfi noch mehr mit ihr.

Eines Tages stieg ein Herr die Treppe herauf, gerade als Elfi aus dem Zimmer kam. Die sah ihn mit großen Augen an, denn es war so etwas Fremdartiges an ihm. Der schwarze Rock war bis obenhin geschlossen, die ungescheitelten grauen Haare waren glatt zurückgestrichen, aus dem blassen, schmalen Gesicht leuchteten ein Paar dunkle Augen. Elfi grüßte leise.

„Grüß dich Gott, liebes Kind! Bin ich hier recht bei Frau Ott?"

Elfi zeigte ihm die Zimmertür der Mieter und ging langsam die Treppe hinunter. Sie hörte noch, wie Frau Ott erfreut rief: „Ach, der Herr Kaplan!"

Nachher traf sie ihn wieder, als er das Haus verließ. Er blieb stehen: „Ich wollte dir ein Bildchen schenken", sagte er und schaute in seiner Brieftasche nach, bis er eins gefunden, das ihm für Elfi passend erschien. Es stellte einen Hirten dar, mit langem Krummstab und Heiligenschein, ein Lämmchen auf dem Arm. Darunter stand: Des Heilands Schafe hören Seine Stimme. Elfi bedankte sich herzlich. Ihre Augen strahlten.

Sie konnte ihre Freude nicht für sich behalten. Als sie am Abend ihren Vater gemütlich rauchend auf der Gartenbank sitzen sah, trat sie zu ihm: „Vater, was ist ein Kaplan? Es war einer bei Frau Ott, und das hat er mir geschenkt." Sie zeigte ihr Bildchen.

„Das ist ein katholischer Pfarrer, ein rechter Mann, den lobe ich mir; der schaut nach seinen Pfarrkindern!"

„Darf ich zu ihm in die Kirche gehen?"

„Nein, Kind, da ist nicht unser Platz."

„Warum denn nicht?"

„Hm. Wir sind doch evangelisch. Es muß alles seine Ordnung haben. Du gehörst zum Beispiel in die vierte Klasse, da kannst du nicht auf einmal in die fünfte gehen."

Das leuchtete Elfi ein, aber sie fragte weiter: „Warum gehst du und die Mutter aber so wenig in die evangelische Kirche?"

„Hm." –

„Darf ich mal hin? Da gibt's doch auch Sonntagsschule, – Kindergottesdienst nennen sie das."

„Ich will mit der Mutter einmal darüber sprechen."

Wie glücklich schlief Elfi an diesem Abend ein! Sie durfte vielleicht dort hingehen, wo sie wieder vom Herrn Jesus hören konnte. –

Aber es kam noch lange, lange nicht dazu. In den folgenden Tagen gab es wiederholt Zusammenstöße zwischen den Eltern und den Mietern, so daß Elfi nicht wagte, mit eigenen Anliegen zu kommen. Überhaupt war der Vater abends meist wieder verstimmt und verstummt. Das Kinderherz, das nach Freude und Frieden verlangte und das seit jenem Vorfall auf der Treppe deutlich fühlte, daß auch in der fremden Frau dasselbe Sehnen lebte, fühlte sich mehr und mehr zu ihr hingezogen. Und so kam es, daß Elfi immer wieder einmal bei ihr stehen blieb und mit ihr sprach, oder sich des kleinen Lolo annahm, um seine Mutter einmal freundlich lächeln zu sehen. Ganz verändert sah die Frau dann aus, richtig hübsch. Elfi vergaß mit der Zeit alle Vorsicht. Sie erzählte der Mutter wiederholt von dem Kleinen, wie er bei ihr und ihren Freundinnen im Hof gespielt, und auch einmal, wie Frau Ott ihn ihr zum Verwahren gegeben, als sie in den Wald ging zum Holzholen. Doch das war der Mutter zu viel. Sie schalt über die ‚anmaßende Person', und Elfi beschlich wieder große Angst, der Vater könne ärgerlich werden:

„Bitte, Mama, bitte sag' doch Papa nichts. Ich will der Frau Ott sagen . . ."

„Gar nichts sagst du ihr! Ich verbiete dir jetzt ein für allemal, daß du noch ein Wort mit ihr sprichst!"

Wie konnte Elfi das halten? Das Verbot drückte sie schwer, so schwer, daß dem Lehrer im Unterricht ihr ernstes, verstörtes Wesen auffiel. „Was hast du denn? Fehlt dir etwas?" fragte er. Elfi schüttelte nur den Kopf.

Doch am nächsten Morgen war ihr Platz in der Schule leer!

Im Hause Steigerwald hatte sich das lange grollende Unwetter schließlich heftig entladen, und bis in den Schulsaal waren die Nachklänge davon zu vernehmen.

Als nämlich der Lehrer schon eine Viertelstunde unterrichtet hatte, kam Paul Höhnscheidt noch an, der Schulschwänzer und immer Unpünktliche. Heute war er glücklich, etwas zu haben, das von seiner nichtsnutzigen Person ablenkte, und ehe der Lehrer ihn wegen seines Zuspätkommens tadeln konnte, schrie er in den Saal:

„Steigerwalds Elfi ist fort! Sie haben schon die ganze Nacht gesucht, haben sie aber immer noch nicht!"

Da ging ein Ruck durch die Klasse, und auch der Lehrer erschrak sichtlich. Doch fand er noch Zeit zum Rügen: „Deshalb brauchst du aber doch nicht zu spät zu kommen!"

Die Handarbeitslehrerin, die gerade durch den Flur ging und durch die offene Klassentür alles gehört hatte, kam herein.

„Ja, es ist wahr, Herr Heinzerling. Die Eltern wollten es natürlich geheim halten, aber mittlerweile wird es das ganze Dorf wissen."

„Ja, aber was ist denn geschehen?"

Die Lehrerin wollte ihm leise antworten, da rief Paul wichtig: „Der Vater hat sie halbtot geschlagen, da ist sie fortgelaufen."

Er war tief befriedigt von dem Eindruck, den das auf die Klasse machte: Elfi, die niemandem je etwas zuleide tat, war von ihrem Vater verprügelt worden! Das war ja unerhört! Dem Mann geschah es recht, daß jetzt alle gegen ihn waren, daß er nun sein Kind verloren hatte! Doch der Lehrer fuhr Paul an:

„Halte deinen Mund! Du merkst ja gar nicht, was für einen Unsinn du redest. Halbtot geschlagen! Wie konnte sie da noch weglaufen!" Aber die Lehrerin flüsterte ihm zu, daß der Vater tatsächlich das Kind übel behandelt haben soll.

„Ich kann das nicht verstehen. Herr Steigerwald ist ein so besonnener Mann", war die leise Erwiderung. – Die Kinder konnten nicht abwarten, bis die Schule zu Ende war. Und in jedem Hause wurde nun lebhaft dieses aufregende Ereignis besprochen. –

Um diese Zeit, also gegen Mittag, meldete in einer benachbarten Großstadt ein Bahnpolizist auf seiner Dienststelle: „Die Waldheimer Ausreißerin ist gefunden."

„Wo haben Sie sie denn aufgegriffen?" fragte der Dienststellenleiter.

„Das Mädchen hat tatsächlich den genannten Zug benutzt, wie der Arbeiter angegeben hat. Der hat sie auch gut beschrieben. Schade, daß der Mann seine Meldung nicht früher machte, sonst hätte ich das Kind gleich an der Sperre in Empfang nehmen können. Ich fand es erst eine Stunde später im Wartesaal, ganz erschöpft."

„Bringen Sie bitte die Kleine einmal her!"

War das wirklich Elfi, die nun hereingeführt wurde? Blaß, verfroren, zerzaust, Schmutz- und Tränenspuren im Gesicht, das noch durch rote Flecken entstellt war. Ihr billiges Strickjäckchen hatte sie an, das sie sonst nur im Hause trug. Doch die Beamten, die sie aufmerksam musterten, waren noch anderes gewohnt. Sie erkannten sofort, daß es sich um ein Kind aus geordneten Verhältnissen handelte.

„Hier, Elfi, setz dich mal zu uns", begann der leitende Beamte der Bahnpolizei. „Erzähl uns mal, warum du von zu Hause weggelaufen bist."

Wie konnte Elfi das erzählen! Doch der Mann begann zu fragen und bekam nach und nach alles aus ihr heraus: daß sie bei Frau Ott in der Küche gesessen, als die Mutter ganz unerwartet von der Geburtstagsfeier bei Schmidts heimkam, daß die Mutter sich dann furchtbar darüber aufgeregt und noch darüber geweint habe, als der Vater eintrat. Der sei dann sehr böse geworden . . . Doch da konnte sie nicht weiter sprechen. Das würde sie nie erzählen. Gar keinem. Es war zu schrecklich, was da geschehen war. Das wollte sie nie, nie mehr durchleben. Das war ja gar nicht der Vater gewesen, sondern irgend ein ganz fremder, wilder Mann.

„Was hast du da am Hals?" fragte der Beamte nach einer Pause, Elfis Köpfchen hochhebend. Die zog den Kragen ihrer Strickjacke hoch und holte tief Atem. Es klang noch wie ein letztes Schluchzen nach langem Weinen, aber Antwort gab sie keine.

„Und wo warst du die Nacht über?"

„Ich bin erst in der Nacht fortgegangen, als alles geschlafen hat."

„Warum bist du denn nicht in Waldheim eingestiegen?"

„Weil mich die Männer am Bahnhof kennen."

„Sieh mal einer an! Und da bist du eine Stunde in der Nacht durch den Wald gelaufen?"

„Wald war da keiner", sagte Elfi, aber sie schauerte sichtlich zusammen in Erinnerung an die furchtbaren Ängste, die sie ausgestanden bei dieser nächtlichen Flucht. Doch die Angst war ja immer noch da, die würde sie wohl nie mehr verlieren. Denn was würden die Männer nun mit ihr machen? Sie heimschicken? Nur das nicht! Einsperren? Aber der Herr mit dem grauen Haar, der so viel fragte, war doch recht freundlich, ihm konnte man vertrauen, hätte sie ihm sonst das alles erzählt?

„Wo hattest du das Geld für die Fahrt her?" wollte er noch wissen.

„Das ist mein Kerbegeld. In Waldheim ist jetzt Kerb", war die leise Erwiderung.

„Ah so, Kirchweih. – Und wo wolltest du hin? Nach Mannheim?"

„Nein, weiter zu Tante Helene."

„Warum hast du dich in den Wartesaal gesetzt?"

„Ich war so müde. Ich wollte doch noch ein Stück laufen; mein Geld hat nicht gereicht."

Der Dienststellenleiter wandte sich an einen Kollegen: „Sagen Sie Frau Keßler, sie möchte einmal kommen."

Eine noch jugendliche Dame mit klugem, freundlichem Gesicht trat ein. Man hätte keine Polizeibeamtin in ihr vermutet.

„Sehen Sie sich das Kind mal an!" sagte ihr Vorgesetzter leise zu ihr. „Es ist mißhandelt worden. Ich fürchte, es hat am ganzen Körper solche Stellen wie da am Hals." Elfi folgte der Beamtin ins Nebenzimmer, doch als diese ihr nach dem Strickjäckchen noch das Kleid ausziehen wollte, wehrte sich das Kind ganz verzweifelt. Es sollte niemand sehen, was sie selbst so mit Entsetzen erfüllt hatte: die angeschwollenen blauroten Streifen, die sie an sich entdeckt hatte, ehe sie zu Bett gegangen war. Und warum wollten die andern das sehen? Das Kind brach in Tränen aus:

„Mein Vater ist gut. D o c h , er ist gut. Er hat mich noch nie geschlagen, noch nie – bis gestern."

Frau Keßler war ganz überrascht von diesem Ausbruch. Sie sah in das erregte Kindergesicht, und herzliches Mitleid ergriff sie. „Komm mal ganz dicht her zu mir – in meinen Arm", sagte sie, setzte sich in einen Sessel und zog Elfi an sich. Die wollte am liebsten gar nichts mehr sprechen und schloß die Augen. Sie war ja so müde, so müde.

„Nachher darfst du schlafen. Sag mir nur, warum du weggelaufen bist, wenn dein Vater doch so gut zu dir ist. Wer ist denn nicht gut zu dir?"

Elfi zögerte. Sollte sie sagen: die Mutter? Aber die Mutter war doch auch gut zu ihr; Elfi wußte ganz genau, daß die Mutter niemanden auf der Welt lieber hatte als sie, ihre Tochter. „Alle sind gut", sagte sie endlich und schloß wieder die Augen. In das „alle" wollte sie auch die gütige Frau einbeziehen, die sie so warm im Arm hielt.

„Warum wolltest du aber fort, komm, sag mir das noch. Du wolltest zu einer Tante. Warum zu ihr?"

Elfi seufzte. Wie sollte sie das erklären? So schwieg sie.

„Erzähl mir doch einmal, wie die Tante ist."

Die Kleine zögerte noch ein Weilchen. Dann sagte sie leise:

„Tante Helene spricht vom Herrn Jesus."

Sie verstummte, ein wenig erschrocken – was hatte sie da gesagt? Das wollten die Leute doch nicht hören, soviel hatte sie längst gemerkt. Aber Frau Keßler fragte nicht weiter, denn sie hatte mit sich selbst zu tun. Die unerwartete Antwort hatte sie schier außer Fassung gebracht. Nein, eine solche Ausreißerin hatte man ihr noch nicht zugewiesen bisher: ein Mädchen, das von zu Hause weglief, weil es jemanden suchte, mit dem es vom Herrn Jesus sprechen konnte!

Mit raschem Entschluß stellte sie das Kind auf seine Füße, ging an den Schreibtisch und klingelte. Ein junges Mädchen kam herein, gleichzeitig mit einem Bahnpolizisten. „Hier, Lore, wasch doch bitte dem Kind Gesicht und Hände und gib ihm etwas Ordentliches zu essen, dann leg es dort aufs Sofa!" ordnete sie an. Dann ging sie mit dem Beamten, der ihr leise zuflüsterte, daß der Vater des Kindes gekommen sei, es abzuholen. Der Chef bitte sie, mit dem Mann zu verhandeln, da er gerade einen anderen wichtigen Fall habe.

Das war Frau Keßler gerade recht. Doch auch sie wurde, als sie durch den langen Gang schritt, aufgehalten, und so saß Herr Steigerwald noch einmal fünfzehn Minuten lang allein in qualvoller Spannung. Wie sah er aus! In der einen Nacht schien er um zehn Jahre gealtert zu sein. Was hatte er getan? Sein Kind schlimm geschlagen, in maßloser Wut auf es eingehauen, sein Kind, das er doch so lieb hatte, das ihm nie im Leben eine freche Antwort gegeben. Wie war das nur möglich gewesen. Wie hatte er sich so vergessen können! – Aber s i e war schuld daran, sie, seine Frau, mit ihrem ewigen Gejammer. Das hatte er auf einmal nicht mehr aushalten können, er hatte sich Luft machen müssen. Und das Kind, seine Elfi, hatte das zu entgelten gehabt. Wohl hatte die Mutter sich ganz außer sich dazwischen geworfen; denn das hatte sie nicht gewollt. Aber sie w a r schuld. Warum war sie nur so anders geworden? Ach ja, wenn sie die Mieter nicht bekommen hätten! An denen lag alles. Oder auch nicht? Hatten nicht jene Männer die größte Schuld, die den unseligen Krieg angestiftet? Waren es nicht Folgen dieses Krieges, daß man mit fremden Menschen zusammenleben mußte, die einen nichts angingen, die ganz andere Ansichten und Gewohnheiten hatten?

Elfis Vater lauschte nach der Tür, bei jedem Tritt zusammenzuckend, den er draußen hörte. Ja, nun saß er bei der Polizei. Vom Nebentisch wurde er beobachtet, das merkte er genau. Er, Richard Steigerwald, hatte mit der Polizei zu tun bekommen. Das erste Mal in seinem Leben. Ob er das je verwinden konnte? Er hatte sein Kind mißhandelt; was für eine Strafe stand wohl darauf? Sein Kind war ihm weggelaufen, das furchtsame Kind, in die finstere Nacht hinaus. – Herr Steigerwald hatte vorhin einen weiten Bogen um den Zeitungskiosk gemacht – in seiner eigenen Zeitung konnte er lesen, was er getan hatte. Er stöhnte lauf auf und begann im Zimmer auf und ab zu gehen. Wollte denn dies Warten gar kein Ende nehmen? Hätte er doch seine Frau das Kind holen lassen! Er gestand sich, das Schlimmste war ihm der Gedanke: Wie wird Elfi mich empfangen? Würde sie ihn wieder mit solch entsetzten Augen ansehen? Diesen Blick, den konnte er nicht vergessen. Er war eigentlich nur gekommen, um diesen Blick auszulöschen. Alles andere war ihm nicht so wichtig wie dies, daß sein Kind ihm verzeihen sollte. Wie hatte er Gott gedankt, – ja, das hatte er getan, als er gehört, daß Elfi gefunden war. Aber ob er sie nicht doch verloren, ihr Herz verloren hatte?

Die Tür öffnete sich, eine Frau trat ein, – kein Beamter in Uniform, sondern eine richtige mütterliche Frau. Sie schloß die Tür zum Nebenraum und hatte nun eine lange Unterredung mit Herrn Steigerwald, aus der sie die Verhältnisse in seinem Haus kennenlernte.

„Ihr Kind wollte zu einer Tante, w e i l   e s   d o r t   v o n   J e s u s   h ö r t", sagte Frau Keßler schließlich mit ernstem Nachdruck. „Wenn es in Ihrem Hause von Ihm hören würde, lebte das Kind auf und alles würde anders, alles."

Herr Steigerwald nickte. „Ja, wenn ich so wäre wie meine Stiefschwester! Wir hatten dieselbe Mutter, eine fromme Mutter."

Die Beamtin schaute nachdenklich auf den Mann, der mit gesenktem Kopf dasaß, die verkrampften Hände zwischen den Knien. Es war nicht nötig und ganz überflüssig, ihn, der sich ein einziges Mal – getrieben durch äußere Umstände – hatte hinreißen lassen, zu verurteilen oder gar zu bestrafen.

„Es kann noch alles gut werden", sagte Frau Keßler, „aber kommen Sie jetzt, sehen Sie nach Ihrer Elfi!"

Daß man so milde mit ihm verfahren würde, hatte der Mann nicht erwartet. Aber wie würde sein Kind ihn empfangen?

Er folgte Frau Keßler klopfenden Herzens. „Sie ist eingeschlafen", sagte das Mädchen, das Elfi betreute. Und nun stand der Vater mit fest zusammengepreßten Händen und blickte unverwandt auf sein Töchterchen, das mit roten Bäckchen schlief. Die Bäckchen waren zu rot, und der Atem ging zu schnell, wie die Beamtin feststellte. Doch sie wollte dem geprüften Vater ihre Befürchtungen noch nicht mitteilen. Sie sagte nur, das zarte Gesichtchen betrachtend: „Sie hat mir erklärt: Mein Vater ist gut, er hat mich noch nie geschlagen..." Nun entrang sich doch ein Laut, fast ein Schrei, des gequälten Vaters Brust; Elfi erwachte davon.

Sie sah des Vaters Gesicht, da wich alle Angst, die für einen Augenblick über sie kommen wollte. Sie strich dem Vater über die Wangen und flüsterte: „Papa! Lieber Papa, du bist ja da!" Er wollte etwas sagen, wollte wissen, ob er mit ihr zu Tante Helene fahren solle, aber Elfi war wieder eingeschlummert. Da befiel ihn Angst. „Gelt, sie ist krank?" fragte er. „Ich fürchte, ja", war die Antwort.

„Wir geben Ihnen einen Wagen, daß sie möglichst schnell mit ihr nach Hause kommen. Bringen Sie sie gleich zu Bett und bestellen Sie den Arzt." –

Und nun lag Elfi schon den vierten Tag zu Hause im Bett, nicht in ihrem Stübchen, sondern im Schlafzimmer der Eltern; der Vater hatte im Wohnzimmer nebenan sein Lager. Elfi war krank, schwer krank. Die Neugierde, auch das Gerede im Dorf hatten sich etwas gelegt. Über die Frage, wer schuld sei, blieben die Meinungen geteilt. Aber auch echte

Anteilnahme umgab das Häuschen, dem der Wind den letzten Schmuck der roten Weinblätter geraubt, der kalte Novemberwind, der in jener Nacht Elfis dünnes Jäckchen durchblasen und die Lungen des Kindes zum Sterben krank gemacht hatte. Nun lag es da mit keuchender Brust, und neben ihm saß die Mutter. Tag und Nacht saß sie da, fast ununterbrochen.

Mit Frau Steigerwald war eine große Veränderung vor sich gegangen. Sie wußte, dachte und fühlte nur noch eins: meine Elfi! Sie war weiter nichts mehr als eine Mutter, deren Herz bangte und blutete um ihr Kind. Oft saß sie mit gefalteten Händen da. Sie wollte beten, wußte aber nicht wie. Das Vaterunser hatte sie schon oft gesagt, aber immer wieder stockte sie an der Stelle: „Dein Wille geschehe!"

Nein, das konnte sie jetzt nicht: Ja sagen zu Gottes Willen. Einmal fragte sie sich: Wer hat diesen Ausdruck nur gebraucht? Natürlich, ihre Schwägerin Helene. Wozu sollte sie damals ja sagen? Sie sann nach. Ach so, zu ihren Mietern. Aber das war doch mit diesem Kummer nicht zu vergleichen, dazu konnte man doch wirklich ja sagen. Wirklich . . .? Frau Steigerwald wurde ganz rot. Wie hatte sich doch ihr ganzes Denken und Fühlen gewandelt! Alles schien ihr so unwichtig, verglichen mit dem, was sie jetzt durchlebte.

Wie hatten Otts die letzten Ereignisse, vor allem Elfis Krankheit, aufgenommen? Der alte Vater sprach es aus: „So, jetzt kommt's auch mal an die da unten. Und unser Gott ist doch gerecht! Weil sie das Kind nicht mit dir sprechen lassen wollten, hat Er es so krank werden lassen und läßt's vielleicht noch sterben."

„Vater", wehrte die Tochter, „laß das! Erst hatte ich auch solche Gedanken wie du. Aber mir wäre es sehr schwer, wenn Elfi . . . Ich mag sie gern. Wie wird es ihr nur heute gehen?"

Als sie im Keller etwas holen mußte, zögerte sie eine Weile vor Steigerwalds Schlafzimmertür. Alles blieb still. Gleich würde der Arzt kommen; später wollte sie sich doch ein Herz fassen und fragen, was er gesagt. – Wie schmutzig ist der Vorflur! dachte sie auf einmal. Was sollte der Arzt denken, wenn er kam! Steigerwalds Vorflur ging Frau Ott gar nichts an, trotzdem holte sie Eimer und Schrubber und säuberte die Platten. Die Schlafzimmertür öffnete sich. Frau Ott wurde rot: „Verzeihen Sie, ich dachte nur, der Arzt kommt gleich. Und Sie können doch nicht von Ihrem Kind weg. Ich habe Zeit und hab' auch geschlafen die Nacht", fügte sie mit weicher Stimme hinzu, als sie die tiefen Schatten um Frau Steigerwalds Augen gewahrte. Ach, sie wußte ja, daß man nicht schlief, wenn man Todesangst ausstand um sein Kind.

Elfis Mutter, die sonst so schnell Worte fand, wußte nichts zu erwidern. „Das ist mir alles . . . so unwichtig jetzt, wie es hier aussieht", murmelte sie schließlich. „Aber ich danke Ihnen." Das waren die ersten freundlichen Worte, die Frau Ott von ihrer Hausherrin vernahm. Sie ermutigten sie zu der Frage: „Kann Fritz Ihnen nicht Ihren Bedarf für die Küche mitbringen? Schreiben Sie doch alles auf einen Zettel. Er tut's gern. Es ist uns allen leid, daß Ihr kleines Mädchen so krank ist." Frau Steigerwald nickte und zog sich schnell zurück, aber Frau Ott merkte, daß das nicht aus Unfreundlichkeit geschah.

Als Fritz Frau Steigerwald später die Waren in der Küche aushändigte, legte er ein Täfelchen Schokolade dazu: „Für Elfi."

„Nein, das dürft ihr doch nicht! Deine Mutter braucht doch das Geld nötig!"

„Das ist von m e i n e m Geld!" sagte Fritz da trotzig und lief hinaus.

Frau Steigerwald ging nun zur Tür und rief ihm nach:

„Willst du mir morgen wieder etwas mitbringen?" Dann schloß sie die Tür schnell wieder, denn daß Fritz sie mit großen Augen anstarrte, war ihr doch unangenehm. Ja, Fritz staunte über die Maßen; aber natürlich wollte er ihr die Einkäufe besorgen, schon Elfi zuliebe, die so krank geworden war – als Folge davon, daß sie zu seiner Mutter freundlich gewesen. –

Wieder kam nun eine lange Nacht. Vor dieser Nacht bangte dem Mutterherzen ganz besonders. Ob sie die Entscheidung brachte? Auch war es wieder Freitag – vor acht Tagen war dieser schreckliche Tag gewesen, an den sie nicht mehr denken mochte, nie mehr. Und doch würde sie diesen einen Augenblick nie vergessen können, wo sie nachts, von Unruhe getrieben, zu Elfis Stübchen hinaufgestiegen war und durch die offenstehende Tür das leere Bett ihres Kindes gesehen hatte. Nun lag es in ihrem, der Mutter, eigenem Bett, unruhig, schlimmer fiebernd denn die Nächte zuvor, geplagt von Schmerzen im Kopf und in der Brust.

Gewissenhaft führte die Mutter aus, was der Arzt verordnet hatte: Umschläge, Packungen. Ihr Mann hatte ihr sonst geholfen, jetzt lag er nebenan und schlief. Wußte er nicht, merkte er nicht, daß es diese Nacht so ganz besonders ernst stand? Ahnte er nicht, daß es zu Ende gehen konnte? Es war totenstill im Haus. Auch von draußen kam kein Laut durchs geöffnete Fenster, durch das nur der kühle Luftzug drang. Die von den langen Nachtwachen entkräftete Frau fröstelte. Doch die Kranke mußte frische Luft haben. Ach, wie wild das Kind sich umherwarf im Bett, wie das Gesicht glühte! Und nun begann es auch wieder zu sprechen, in seinem Fieberwahn die ganze Schreckensnacht vor acht Tagen noch einmal zu durchleben. Das zu hören waren jedesmal Qualen für die Mutter. – Jetzt war Elfi wieder auf der Flucht wie irgend ein Heimatloser, ein „Flüchtling", als wenn sie kein Zuhause, kein Elternhaus hätte. Aber vor dem floh sie ja gerade! Es war nicht zum Ausdenken! – „Lieber Heiland", stöhnte das Kind, „hilf doch. Da hinten steht ein Mann, doch, da, da. Es ist so dunkel, ich seh' ihn aber doch. Hilf, hilf, daß er mich nicht sieht . . . Nein, es ist nicht der Papa . . . ein fremder Mann ist's, ein ganz fremder mit einem Stock. Da, ich seh's, ach Herr Jesus, es ist der alte Felsing. Nein, der ist's auch nicht . . ."

Das fiebernde Kind richtete sich auf und starrte mit angstvollen Augen in die Ecke, dann rief es nach Werner, nach Tante Helene. Es sprang auf im Bett; die Mutter versuchte vergeblich, es wieder unter die Decke zu bringen. Daß Richard, ihr Mann, sie auch so allein ließ! Ach, er sprach ja nicht mit ihr, kein persönliches Wort hatte er gesprochen seit jenem schwarzen Tag. Das kam noch zu all dem Furchtbaren. – Doch auf einmal stand er neben ihr. Es gelang ihm, das Kind so weit zu beruhigen, daß es sich wieder legte. Aber immer noch schien es am Laufen und Fliehen zu sein. Es keuchte. „Ich kann nicht mehr, ich habe Seitenstechen, aber ich muß laufen, der Mann kommt . . ."

„Richard!" stöhnte Frau Steigerwald händeringend, „Richard! Kannst du beten? Bete doch! Ich kann's nicht. Ich komme nicht weiter!" Sie dachte wieder an die Bitte: „Dein Wille geschehe!" Der Vater hatte all die Tage viel mit Gott geredet oder reden wollen. Meist war es ihm, als wenn alles verschlossen bliebe, als wenn sein Gebet nicht durch die Decke des Zimmers dringe. Er wußte von seiner Mutter, wie man betet, wie man frei zu Gott fleht in der Not und Angst seines Herzens. Aber vor seiner Frau konnte er das nicht. Es stand etwas zwischen ihnen, eine Wand war da, die das Gebet ebenfalls aufhielt.

Doch das Vaterunser, an das seine Frau dachte, das konnte er beten. Er sprach es laut. Er kam, wenn auch mit bebendem Munde, über die Bitte, die seiner Frau solche Not bereitete: „Dein Wille geschehe." Doch bei der Bitte: „Und vergib uns unsere Schuld", konnte er schier nicht weiter. Seine Frau unterbrach ihn vollends. „Richard", rief sie, „Richard, ich habe Schuld, ich habe so viel Schuld vor Gott und vor dir. Vergib mir! – und sprich doch wieder mit mir . . ."

Da faßte der Mann ihre Hand. Und plötzlich war die Wand verschwunden, die die Eheleute getrennt, auch die Decke schien zu weichen, das Zimmer weitete sich, sie standen beide in einem weiten Raum vor Gott.

„Vergib uns unsere Schuld, wie auch wir vergeben unseren Schuldigern!" betete der Vater in tiefer Herzensnot. Auf einmal kniete er an dem Bett seines Kindes, die Mutter, neben ihm, und die Worte strömten ihm frei von den Lippen. Er flehte zu Gott um Vergebung ihrer beider Schuld und um Hilfe in ihrer großen Angst und Not.

Elfi war ruhiger geworden. Fühlte ihr gemarterter, fieberkranker Geist, daß etwas Neues im Zimmer war? „Tante Helene", flüsterte das Kind, „Tante Helene, bete weiter mit mir! Ich hab' so Angst, ich muß jetzt immer draußen bleiben, immer hier im Dunkeln. Ich will zu dir, – nein, bei dir darf ich ja doch nicht bleiben. Ich will in den Himmel, ich will zum Heiland, da ist Friede und nie Streit." –

Nach einer Weile sagte sie: „Ich war ungehorsam, aber die Frau Ott hat doch so traurige Augen . . ." Die Mutter weinte heftiger, und indem sie einen neuen kühlen Lappen auf die heiße Stirn des Kindes legte, flüsterte sie in sein Ohr: „Die Tante Helene kommt zu dir. Wir rufen sie." – „Ich habe heute abend schon telegraphiert", sagte der Vater da ganz selbstverständlich, und ein flüchtiges Lächeln flog über Elfis Gesicht.

Dann schlief sie ein. Die Eltern wagten kaum zu atmen, unverwandt beobachteten sie das Kind. War es eine Einbildung? Oder ging der Atem wirklich langsamer, regelmäßiger? Der Vater beugte sich über die Schlafende, er faßte ihre Hand, dann richtete er sich auf und sagte mit nassen Augen: „Frieda, das Fieber ist weg. Ich glaube, sie ist gerettet!"

Der Arzt bestätigte das am folgenden Morgen: Es bestehe keine unmittelbare Lebensgefahr mehr, doch seien Lunge und Herz sehr angegriffen und schwach. Größte Schonung sei geboten.

Wie kam es, daß beide Eltern, besonders die Mutter, diese Einschränkung gefaßt aufnahmen? War es nicht, weil sie in der Nacht Gottes Hand gespürt hatten und sich nun in Seiner Nähe und Hut wußten? Ihm wollten sie weiter vertrauen, ja, das wollten sie. Jeder hatte das still für sich gelobt.

Als Frau Steigerwald am Vormittag ihre Mieterin den Vorflur putzen hörte – es war schon selbstverständlich geworden, daß die eine es tat und die andere es hinnahm –, da rief Frau Steigerwald sie zum ersten Mal herein an Elfis Bett. Frau Ott kamen gleich die Tränen, als sie auf das schlafende Kind schaute, und wieder wie damals auf der Treppe strich sie mit dem Rücken der Hand über das schmalgewordene Bäckchen. Dann wandte sie sich zur Mutter: „Sie ist ein liebes Mädchen, und Sie dürfen sie nun behalten! Unser Herrgott hat geholfen. Und ich freue mich aufrichtig." Frau Steigerwald nahm die Hand, die sich ihr entgegenstreckte, mit beiden Händen nahm sie sie, nach Worten suchend. Doch Frau Ott verstand sie auch so. „Es ist gut", sagte sie, „alles ist jetzt gut."

Als sie mit leichtem Herzen weiterputzte im Vorflur, der sie eigentlich gar nichts anging, kam Besuch: ein junges Mädchen, die rote Mütze auf dem dunklen Lockenkopf, mit ein

Paar klaren Augen in einem Gesicht, das noch gebräunt war vom häufigen sommerlichen Aufenthalt im und am Wasser. Margrit! Wie das Leben selbst kam sie herein in dieses Haus, das der Tod in so endlos lang erscheinenden Stunden bedroht hatte.

„Sie sind genau wie Ihr Bruder!" rief Frau Ott begeistert.

„Meinen Sie?" lachte Margrit, „das hört er bestimmt nicht gern." Sie schaute sich um. „Wo muß ich denn hinein?"

Frau Ott wies sie zunächst einmal in die Küche und holte Frau Steigerwald herbei. Die begrüßte das Mädchen sehr herzlich, fragte aber gleich, an Elfi denkend, warum die Mutter nicht gekommen sei. Mutter habe die Grippe, habe trotzdem versucht aufzustehen, nachdem das Telegramm eingetroffen sei. Es habe sie so hierher gezogen die letzten Tage, sie habe immer an Elfi denken müssen und unbedingt zu ihr gewollt. Aber sie habe sich kaum auf den Beinen halten können. Da habe Werner vorgeschlagen, sie, Margrit, solle doch fahren. Und Fräulein Müller, die Untermieterin, habe sich angeboten, die Mutter zu pflegen und zu versorgen; sie habe der Mutter so viel zu danken, da wolle sie auch einmal etwas für uns tun. Werner wolle selbst zu ihrer Klassenlehrerin und sie abmelden. Das sei sehr großzügig von ihm. Denn eine Mädchenschule betreten, das sei sein Fall ganz und gar nicht.

Dann stand Margrit neben Elfis Bett. „Elfilein!" sagte sie leise und zärtlich vor sich hin, „du armes Elfilein. Jetzt ist sie ja noch durchsichtiger! Muß sie immer noch schlafen, darf ich sie nicht einmal ansprechen?"

„Sie muß jetzt etwas essen, da können wir sie schon mal stören. Sie schläft auch nicht mehr fest. Aber vorsichtig müssen wir sein, ganz vorsichtig", mahnte Elfis Mutter, die dem kräftigen, lebensprühenden Mädchen glaubte wehren zu müssen.

„Wie kann man überhaupt anders als vorsichtig mit ihr sein!" entgegnete diese gedankenvoll. Frau Steigerwald seufzte. Dann faßte sie Elfis Hand und sagte laut:

„Sieh mal, Elfi, wer gekommen ist . . ."

Das Kind schlug die Augen auf, und ein strahlender Blick umfaßte die Kusine. Daß deren Mutter nicht selbst gekommen, schien sie gar nicht zu enttäuschen. Da gab es nun eine sehr herzliche Begrüßung zwischen den beiden, wobei nicht Margrit, sondern Elfi die Stürmischere war. Die Mutter sah es ohne Neid, sie war nur glücklich, daß ihr Kind sich wieder einmal freuen konnte. Margrit hatte ihr von ihrer Mutter Apfelsinen und Schokolade mitgebracht, und zuletzt legte sie noch sechs duftende Maiglöckchen, in zartes Grün eingebettet, in die weißen, so schmalen Kinderhände. „Die sind von Werner!" Elfi strahlte: „Maiglöckchen im November!" Und sie hätte sie am liebsten gar nicht mehr aus der Hand gegeben. Aber die Mutter hatte schon ein kleines Väslein geholt; Margrit band die Blumen auseinander und stellte sie hinein.

Als der Vater abends heimkam, war er wohl erst enttäuscht, seine Schwester nicht anzutreffen, wie er gehofft. Aber welch ein anderes Heimkommen war es doch diesmal! Wohl kam er noch mit einiger Sorge hinsichtlich seines Kindes, aber da war keine Spannung, keine Verstimmung mehr. Und Margrit gefiel ihm. Wohl erinnerte sie nicht so sehr an ihre Mutter. Sie ähnelte ihrem Vater, dem Dr. Wohlmut, dessen Liebling sie auch gewesen, während Werner auf die Mutter herauskam.

Und nun wurde es wieder Nacht. „Tante Frieda, heute legst du dich aber ins Bett. Ich will bei Elfi wachen", bat Margrit.

„Es ist ja nicht mehr nötig", wehrte die Mutter.

„Ja, das sagst du nur, damit ich hinaufgehe zum Schlafen. Aber du bleibst dann doch wieder auf, das will ich nicht!"

„Ja, Frieda, du mußt jetzt endlich wirklich einmal schlafen", pflichtete Herr Steigerwald seiner Nichte bei. „Du wirst sonst noch krank." Solche fürsorglichen Worte hatte Frau Steigerwald lange nicht mehr bei ihrem Mann gehört, und sie schaute ihn dankbar an. Sie gab dann auch nach, als Margrit versicherte, sie werde sie sofort wecken, wenn irgend etwas vorliege. Und so legte sich Frau Steigerwald in das andere Bett neben Elfis Lager und schlief alsbald ein.

Die Stunden schlichen dahin. Margrit hatte doch mit dem Schlaf zu kämpfen, trotz des spannenden Buches. Plötzlich wurde die Kranke unruhig, sie wachte auf und sah Margrit. Die gab ihr zu trinken, ordnete ihr Bett und griff wieder nach dem Buch. Aber Elfi konnte und wollte nicht mehr schlafen. Sie war doch so froh, daß sie Margrit jetzt einmal ganz allein für sich hatte und sich mit ihr unterhalten konnte.

„Weißt du, warum ich krank bin?" war ihre erste Frage.

„Pst! Sprich leise, daß deine Mutter nicht wach wird. Ja, ich weiß alles. Aber du bist ja nicht mehr so krank. Du wirst gesund, mußt aber vernünftig sein und wieder schlafen."

„Ja, nachher. Aber ich habe doch so auf eins von euch gewartet. Ich wollte ja zu deiner Mutti." Margrit sah wohl, daß das Kind sich aussprechen mußte. Sie wollte nur selbst kein Urteil abgeben, denn sie war zu empört gewesen, als sie gehört, was geschehen war. Doch hatte Frau Ott ihr auch erzählt, daß sich jetzt schon vieles geändert habe, und das empfand Margrit auch selbst.

„Margrit, weißt du, ich hätte auch folgen und nicht mit Frau Ott sprechen sollen", begann das Kind wieder.

„Das weiß ich nicht", erwiderte Margrit fest. „Es steht in der Bibel, man solle Gott mehr gehorchen als den Menschen. Hier kann man das anwenden."

„Würde das deine Mutter auch sagen?"

„Ich glaube schon! Du hast doch sicher auch gebetet und wolltest tun, was recht ist."

„Ja, das habe ich. Ich bin ja eigentlich auch nur zu Frau Ott gegangen, weil ich ihr sagen wollte, daß ich nicht mehr mit ihr sprechen darf. Sie hat mich immer so traurig angeguckt." Nach einer Pause fragte sie: „Gelt, Margrit, e r l ö s t ist man erst im Himmel?"

„Wie meinst du das?" fragte die erstaunt zurück, „ – aber du mußt leiser sprechen, ich versteh' dich schon."

„Im Lied heißt's doch: ‚. . . ist der Erlösten seliges Teil'."

„Was denn? Welches Lied ist das? Ach so, ja ich weiß . . .'

„Ja, Heimat, Freude und Friede, Friede nach Kampf und Streit, das haben die Erlösten. Also muß man erst gestorben sein, sagt Frau Ott."

Margrit fühlte sich unbehaglich. Wenn doch Werner hier wäre! Er wüßte eine Antwort. Die Mutter erst recht. Margrit bekannte sich wohl zu Christus, aber sie richtete sich in ihrem Glaubensleben noch viel nach ihrer Mutter, während der Bruder ganz bewußt sein Leben mit dem Herrn Jesus führte. Was würde wohl die Mutter antworten? fragte sich Margrit.

„Mutter würde sagen", begann sie dann zögernd, „wenn man dem Herrn Jesus gehört, ist man erlöst. Ja", fuhr sie mutiger fort, „so ist's. Wir sind schon auf der Erde erlöst und finden das hier schon alles beim Herrn Jesus: Vergebung, Heimat, Freude, Frieden."

„Auch die Heimat, wenn man sie verloren hat, wie Otts, und

Frieden? Wenn fremde Leute im Haus sind, ist nie Frieden, sagt die Mutter. Das geht nicht."

„Doch, das geht; d a geht's, wo alle dem Herrn Jesus folgen wollen. Da werden die Heimatlosen sich nicht ganz fremd fühlen, und alle werden sich bemühen, Frieden zu halten."

Elfi dachte nach. Es blieb lange still, dann wiederholte sie mit einem Seufzer: „Ja, d a geht's. Aber hier nicht. Die Frau Ott weiß nicht viel vom Heiland, und die Mutter will nichts von Ihm hören, und der Vater, glaube ich, auch nicht."

„Nein, das ist jetzt nicht mehr so", versicherte Margrit freudig. „Weißt du, daß Frau Ott schon hier im Zimmer war? Und deine Mutter läßt sich von Fritz Brot und Milch mitbringen."

Doch das Kind hatte schon zu viel erlebt, um gleich etwas Gutes zu erwarten. Sie schüttelte den Kopf: „Das ist nur jetzt, wo ich krank bin. Es war schon manchmal besser, aber es kommt immer wieder so schlimm. Weißt du", fuhr sie geheimnisvoll fort, ihr Flüstern noch dämpfend, „ich wäre lieber in den Himmel gegangen. Nicht nur, weil ich den Heiland so lieb habe und es dann schön hätte. Es würde dann auch hier im Haus besser. Bei euch habe ich eine Geschichte gelesen, da ist ein Kind gestorben, und nachher sind die Eltern auch gläubig geworden, weil sie zu ihm in den Himmel wollten. – Und weißt du, wenn ich fort bin, dann wäre auch mein Stübchen frei, und die Frau Ott könnte es als Küche haben."

Hier wurde das Kind unterbrochen.

„Elfi, willst du denn gar nicht mehr bei mir bleiben?" schluchzte die Mutter. Sie war schon eine ganze Weile wach und hatte einen großen Teil der Unterhaltung mitangehört.

„Mamachen, ja, ich will schon bei dir bleiben", erwiderte das Töchterchen, seine Wange in die ausgestreckte Hand der Mutter schmiegend, „ich hab' nur solche Angst."

„Das brauchst du nicht. Gewiß nicht! Du sollst sehen, es wird jetzt besser. Ich habe vieles eingesehen, und ich will jetzt auch deinem Heiland folgen."

Diese Worte machten Elfi sehr glücklich, und im Nachsinnen darüber schlummerte sie ein.

Die Mutter aber lag noch lange wach und grübelte über etwas anderes nach, und am folgenden Tag besprach sie es mit dem Vater. Margrit kam dazu, wie ihre Tante sagte: „Doch, g l e i c h wollen wir es machen, so lange Elfi noch hier unten schlafen m u ß ." – „Aha, du willst gleich alle Brücken abbrechen, damit nichts mehr zu machen ist, wenn Elfi gesund ist und in ihr Zimmer könnte", meinte ihr Mann.

„Ach, laß doch! Jedenfalls ist's besser gleich. Aber wie machen wir's mit dir, Margrit, du schläfst doch jetzt oben? Und wenn das Spülbecken gesetzt wird, gibt es Dreck . . ."

Doch Margrit war Feuer und Flamme. „Das macht doch nichts. Räumt nur alles aus bis auf das Bett. Habt ihr keine großen Packbogen, die legen wir bei Tag darüber." Der Onkel schaute seine Nichte anerkennend an. „Und wie wir es unten machen, wo Elfi später schlafen soll, das weiß ich auch", fuhr Margrit fort. „Das Bett kann man tagsüber so einrichten, daß die schönste Sitzgelegenheit entsteht, die das Zimmer nur gemütlicher macht. Platz genug ist ja im Wohnzimmer." – „Ja, dabei kannst du mir helfen. Elfi soll doch auch ein schönes Eckchen für sich dort haben", erklärte die Mutter. „Sie schläft ja eigentlich sowieso immer lieber unten."

Schon am Nachmittag hörte man oben im Haus ein Klopfen und Poltern. Es geschah so leise wie möglich, doch konnten Otts nicht begreifen, daß man das nicht ganz vermied, so lange Elfi noch nicht völlig gesund war. Was es zu bedeuten hatte, wußten sie noch nicht. Aber Elfi dünkten die Geräusche, nachdem sie erfahren, was es damit auf sich habe, wie die schönste Musik. Sie hatte gelacht vor Freude, als die Mutter ihr gesagt, daß Otts jetzt das Stübchen als Küche bekämen. Und diese Freude zu sehen half der Mutter, den letzten Rest von Selbstsucht zu überwinden. Sie fühlte, daß bei ihrem Töchterchen auf einmal wieder Freude und Mut zum Leben erwachten. Und war das nicht hundert geopferte Wohnräume wert?

Als Herr Steigerwald am nächsten Tag Frau Ott und ihrem Vater eröffnete, daß sie nun eine richtige Küche haben sollten, konnten sie es gar nicht fassen, und Frau Ott meinte sogar wehren zu müssen: „Warten Sie nur, bis das Kind gesund ist. Das will dann vielleicht doch wieder in sein Zimmer, und wenn Ihre Frau es wieder leid wird . . ."

„Die wird's nicht leid, ich verbitt' mir das", rief es da von unten, und nun kam Frau Steigerwald selbst wohlgelaunt nach oben und besprach mit ihrer Mieterin, was noch eingerichtet oder geändert werden mußte.

„Und zeigen Sie mir mal bitte Ihr Zimmer!" bat Frau Steigerwald ihre Mieterin. „O nein", wehrte Frau Ott erschrocken, „da sieht es böse drin aus!" – „Das ist doch klar, wenn darin gekocht worden ist." „Und gewaschen", fügte Frau Ott kleinlaut hinzu, „das will ich aber nicht mehr tun in der schönen neuen Küche."

„Ja, hier im Wohnzimmer muß man neu weißen und tapezieren; das geht in einem hin. Ihr Vater versteht das ja so gut, der kann meinem Mann helfen." Der alte Vater war so bewegt, daß ihn seine Beine auf einmal nicht mehr trugen. Er ließ sich auf den Stuhl fallen, und als Steigerwalds wieder unten waren, sagte er vor sich hin: „Gott hat uns doch nicht ganz verlassen. Und daß du diese Freude erlebst, was ist mir das ein Trost!"

„Er hat ein Wunder getan", ergänzte die Tochter, „ich meine gerade, ich träume." –

Mittlerweile war es Winter geworden, richtiger Winter. Der Garten um das Häuschen war dick verschneit, daß man keinen Weg mehr erkennen konnte. Und es schneite immer noch. Oben in Frau Otts Küche war es behaglich warm; und sauber war's da! Es war Frau Ott ja jetzt eine Freude, alles ordentlich und rein zu halten. In den engen Verhältnissen vorher war das auch gar nicht möglich gewesen. –

Eines Nachmittags war die ganze Flüchtlingsfamilie dort versammelt, und Elfi mitten darunter, noch etwas blaß zwar, aber mit fröhlichem Gesicht. Da hörte man unten die Haustür gehen, Schnee wurde von den Schuhen gestampft, und Mutter Steigerwald rief:

„Elfi, komm mal runter, wir haben Besuch!"

Da rannte Elfi die Treppe hinunter, gerade in Tante Helenes offene Arme hinein. War das eine Freude! Die Mutter hatte ihrem Töchterchen nicht verraten, daß Tante Helene erwartet wurde, und hatte sie eben von der Bahn abgeholt.

Der liebe Besuch blieb einige Zeit da und schlief bei der Bäckersfrau. Tante Helene hatte selbst darum gebeten, und Herr Steigerwald brachte sie jeden Abend dorthin. Unterwegs hatten Bruder und Schwester dann manche ernste und schöne Unterhaltung über Gott, und was Er an der Menschenseele tut.

Elfi durfte nun auch dort die Sonntagsschule besuchen, und einmal hatte sie auch schon den kleinen Lolo mit hingenommen. –

Heute nun, zwei Sonntage vor Weihnachten, kamen Steigerwalds mit Tante Helene aus der Bibelstunde, die auch im geräumigen Wohnzimmer des Bäckerhauses stattfand. Ein Besucher von auswärts war dagewesen, der ihnen ein Kapitel aus dem Römerbrief vorgelesen und dann ausgelegt hatte.

„Wie schön hat der Mann das klargemacht!" sagte Elfis Vater zu Tante Helene. „Jetzt verstehe ich einiges schon ein bißchen besser. Gott in Seiner Gnade hat uns nicht nur errettet und freigesprochen von aller Schuld und uns mit sich versöhnt, Er hat uns sogar auch gerechtfertigt, ja verherrlicht. Und dies alles um Jesu willen!" Nach einer Weile fügte er hinzu: „Und nun darf unser Leben Ihm gehören. Wir sind Himmelsbürger, Menschen, deren Sinnen und Trachten nach geistlichen Gütern steht: nach Leben, nach Frieden."

Dabei strahlten seine Augen, wie es Elfi noch nie bei ihm gesehen. Und als sie nach der Mutter schaute, gewahrte sie auf deren Gesicht einen Widerschein dieses Leuchtens. Das Kind preßte daraufhin ganz fest die Hand der Tante, die neben ihm ging. Tante Helene beugte sich zu ihm hinunter und fragte:

„Was ist denn, Elfi?"

„Oh, es ist alles so wunderschön!"

# Quellennachweis

Die vorstehenden fünf Erzählungen entstammen folgenden Quellen:

**Schiffbruch**
Originaltitel: ‚Hochmut tut nimmer gut'
Verfasser nicht genannt
aus: „Kinderbote", Jahrgang 1921
Herausgeber: „Erziehungs-Verein in Elberfeld"

**„Alles mit Gott"**
von M. Rüdiger
aus: „Kinderbote", Jahrgang 1913
Herausgeber: „Erziehungs-Verein in Elberfeld"

**„Vergib uns unsere Schuld"**
von F. Henning
aus: „Kinderbote", Jahrgang 1922
Herausgeber: „Erziehungs-Verein in Elberfeld"

**Der Sohn des Künstlers**
Verfasser nicht genannt
Herausgeber: Verlag R. Brockhaus, Elberfeld

**Friede nach Streit**
von Lisa Heinz-Dönges
2. Auflage 1953
R. Brockhaus Verlag, Wuppertal-Vohwinkel

Im selben Verlag erschienen ferner:

**Alte Erzählungen – neu entdeckt**

**Der Weg nach Luv**   Band I, 240 Seiten
(Inhalt: Schiff in Not / Allein in London / Bessies Mission /
Hans Kohl)

---

**Der Weg nach Luv**   Band II, 240 Seiten
(Inhalt: Der Leuchtturm auf dem Glockenfelsen /
Lieschens Hauptmann)

---

**Der Weg nach Luv**   Band III, 320 Seiten
(Inhalt: Gold / Toon, der Landstreicher)

---

**Der Weg nach Luv**   Band IV, 240 Seiten
(Inhalt: Auge um Auge / Eigene Wege / Ja, ich bin glücklich)

---

**Der Weg nach Luv**   Band V, 248 Seiten
(Inhalt: Die Ferienreise / Giuseppe / Jenseits der Brücke)

---

**Der Weg nach Luv**   Band VI, 264 Seiten
(Inhalt: Überwunden / Weg hat Er allerwegen /
Die Fledermaus / Der Weidenhofbauer)

---

**Der Weg nach Luv**   Band VII, 232 Seiten
(Inhalt: Sturmzeiten / „Wer nur den lieben Gott läßt walten" /
Der Findling des Fenlandes / Die Versuchung)

---

**Der Weg nach Luv**   Band VIII, 248 Seiten
(Inhalt: In des höchsten Herzogs Dienst /
Der Sieg des Glaubens)